JN033509

NEW
MUNICIPALISM

ニューミュニシパリズム

グローバル資本主義を
地域から変革する新しい民主主義

山本 隆／山本惠子／八木橋慶一

編著

明石書店

まえがき

　グローバル資本主義は、一部の社会に繁栄をもたらす半面、不平等の拡大、貧困の蔓延、生態学的な破壊を引き起こしている。NGO の報告書に『現代の奴隷労働』（2013 年）がある。ショッキングなタイトルである。その中の説明では、「企業が労働者を奴隷のように扱って、強欲に利益を追求している」といった強い表現で非難している[1]。開発途上国において靴や衣類が安く生産され、日本などの先進諸国で売られている。大量生産・大量消費の裏で、児童労働など劣悪な労働環境を黙認してきた大企業の責任が問われている。これは利潤を最大化しようとする資本主義の構造が、平等、民主主義、自由、そして生態学的持続可能性を維持できないことを示している。

　国際非政府組織（NGO）オックスファム（Oxfam）は、スイスで年次会議の「ダボス会議」が開かれるのを前に報告書を出しているが、世界の富豪上位 2,153 人が 2019 年に独占した資産は、最貧困層 46 億人が持つ資産を上回ったと指摘した。また、世界の女性による日々の労働のうち、無報酬、または正当に評価されない労働の総時間は 125 億時間に上ると推計している[2]。さらには、世界で経済的な格差が広がり、固定化している一因として、富裕層や大企業向けの優遇税制が行われている。富裕層の多くがタックス・ヘイブン（Tax Haven　租税回避地）などを利用して、意図的な税金逃れを行っていることを指摘し、富裕層は本来支払うべき税額のうち、3 割にあたる額を逃れている。もし上位 1% の富裕層の富に今後 10 年間、0.5% の税金を追加すれば、教育、医療、高介護などの分野で 1 億 1,700 万人の新たな雇用を創出できるようになる。大企業の法人税率の引上げは、国際的に議論されて、実行に向かっている。

　では、わたしたちには、どのような政治経済体制のオルタナティブを追求できるのだろうか。世界的にも労働組合の組織率は下がり続けており、その力は大きく低下している。代わって、非正規の労働者が増えてきたが、その待遇改善はあまり期待できない。かつて資本主義に対抗していた社会主義諸国は、国民の生活水準の向上や自由を保障できなかった。また権威主義の社会主義を

標榜する国は、独裁国家の様相を呈している。自由が守られ、公正で、自己実現を叶える社会をわたしたちはどのように構想すればよいのか。

「ニューミュニシパリズム（New Municipalism）」という新たな市政活動が注目されている。これは基礎自治体レベルで権限を拡張し、従来型の政党政治を打破して、新たな市政を展開しようとするものである。その特徴は、住民の地域参加を最重要視し、オルタナティブな形で、集団的アイデンティティーと市民権を追求している点にある。

ニューミュニシパリズムの活動テーマは、①集会に基盤を置いた直接的なデモクラシー、②ヒューマン・ニーズを充足する基本政策、③シェアリング（分かちあい）と協同、④相互扶助と連帯、⑤女性のリーダーシップである。都市の市政改革派（ニューミュニシパリスト）たちは、ポスト資本主義の都市コモンズの構築を構想しており、その過程で協同組合や非営利組織などと提携しながら協同都市をつくり上げようとしている。

今まさに、グローバル資本主義に対抗すべくローカルなレベルで、ニューミュニシパリズムという国際的な連帯が生まれている。諸外国での実践事例を通して、今とは異なる豊かな社会のイメージを確信し、新たな公共の価値を学ぶのが本書の趣旨である。

内容を少し紹介すると、第Ⅰ部において、ローカル・ガバナンス理論と社会変革への突破力を持つニューミュニシパリズムを中心に政治変革の動向を考察する。まず、マデリン・ピル氏によるローカル・ガバナンスの考察において、いかにわたしたちが統治されているか、その分析とその実践で現れている「ガバナンス」の概念を解説する。そしてガバナンスと国家/社会の関係を形成する構造、プロセス、価値（焦点は国家と市民社会の関係にある）を明らかにしていく。中心テーマとなる第Ⅱ部「ニューミュニシパリズムの挑戦」では、脱市場化、フィアレスシティーズの運動を把握し、さらに英米の「コミュニティの富の構築」では、内発型地域経済を構築しようとする姿を捉える。

第Ⅲ部においては、台頭する社会的連帯経済の意義とその可能性を明らかにしながら、協同組合や社会的企業の意義と課題を明らかにする。メインは、リドリー＝ダフ氏による「フェアシェアズ・モデル－社会的企業と持続可能な開発」で、解題もつけている。第10章と第11章では、介護の市場化・民営化

を英日の介護政策の文脈にすえて、脱市場化への途を考察している。

　本書は、大きな政治経済の諸問題と改革運動の可能性を述べており、諸外国の動きを中心にさまざまな動向や知見を提示している。とりあげた課題は日本での日常生活に関連しており、その問題点を見過ごすわけにはいかない。本書のコンセプトをどうか理解していただき、叱咤激励を期待する。

　最後に、『ボストン市庁舎』原題 "City Hall"（2020年）というドキュメンタリー映画がある。カメラが市庁舎の中に入り込み、市役所の職員と相談に来所した市民の姿をあぶりだしている。警察、消防、保健衛生、高齢者ケア、出生、結婚、死亡記録、ホームレス支援、同性婚の承認など、市民に親身に接する公務員の姿が映し出される。最前線の職員に権限が移譲されており、ヒューマン・ニーズに応えているシーンでは、観ている者はうれしいショックをおぼえる。そこにはもはやマイケル・リプスキーの言う「ストリートレベルの官僚制」はない[3]。

　撮影当時の市長マーティ・ウォルシュが退任スピーチをする場面があるが、ニューミュニシパリズムにも通じる自治体民主主義のエッセンスに触れることができる。

　　大勢のボストン市民が扉から夢や未来に向かうように努めてきました。
　　市民に強さがあるからこそ、市が強くなれました。市を変えることがで
　　きれば、国も変わります（マーティ・ウォルシュの言葉）。

　また、フレデリック・ワイズマン監督の言葉も素晴らしい。「市役所は、アメリカ民主主義の中で重要な機関なのです。City Hall is one of key institutions in American democracy.」これはまさに、ニューミュニシパリズムの魂を代弁する言葉である[4]。

　民主主義は近隣の地域から始まるのである。

執筆者を代表して
山本　隆

注

1　ILO『現代奴隷制の世界推計　アライアンス 8.7 強制労働と強制結婚　ジュネーブ 2017 年』

2　資料の出典：https://www.newsweekjapan.jp/stories/business/2020/01/210046.php

検索日：2021 年 2 月 16 日

3　マイケル・リプスキー著（1986）『行政サービスのディレンマ　ストリート・レベルの官僚制』田尾雅夫・北大路信郷訳（木鐸社）では、教師、警官、法の施行に携わる職員、ソーシャル・ワーカーなどといった行政サービス従事者の行動の実態とその制約要因や可能性を理論分析している。

4　映画パンフレットでは、監督の紹介、制作意図を問うインタビュー、さまざまなストーリーが記載されている。2021 年 11 月 12 日発行、ミモザフィルムズ。

ニューミュニシパリズム
グローバル資本主義を地域から変革する新しい民主主義

目　次

第 I 部

グローバル資本主義と
ローカル・ガバナンス

　第 1 章では、資本主義の本質を解き明かす。そもそ
も資本主義と通常の経済活動とではどのように異な
るのか。経済と社会はどのような関係で結ばれてい
るのか。このような基礎的な理解を踏まえて、近年
のグローバル資本主義とわたしたちの生活への影響
を解説する。第 2 章では、グローバル資本主義とそ
の背景にある新自由主義が公共政策のエトスを根底
から揺るがしており、この問題に内在する構造的な
問題を明らかにする。

第1章
グローバル資本主義とは

山本　隆

はじめに

　わたしたちはグローバル化の時代に生きている。グローバル化とは、交通輸送手段やインターネットの発達によって世界の空間や時間が圧縮され、世界が国境を越えて一体化してゆくことをいう。グローバル資本の特徴は、調達・生産・販売という3つの資本の活動領域の国際化にある。国境を越えたグローバルな運動は、活動拠点をおく国の国民経済の発展をもたらすが、その反面で、当該国の経済構造を変容させ衰退へと導く可能性もある。開発途上国でモノが安く生産され、先進国で売られるブランド商品は、その華やかさの裏で、低賃金かつ長時間労働や児童労働などの劣悪な労働環境を強いている。その状況をつくり出したグローバル企業の責任が問われている。国際的な人権団体は、現代の奴隷労働としてグローバル企業への非難を強めている。世界経済の発展を導き、世界中の人々の幸福の増進に資すると多くの人々が信じてきたグローバル資本主義は、その本質的問題を露呈し始めている。

1．グローバル資本主義とは

（1）グローバル化の意味

　経済のグローバル化とは、資本や労働力の国境を越えた移動が活発化し、貿易を通じた商品・サービスの取引や、海外への投資が増大することによって世界における経済活動が拡大することを意味する。それは、分業によって経済活

動の専門化を進め、技術革新を伴いながら経済成長をもたらす。所得水準の上昇をもたらすことで、経済成長との好循環が実現し、消費者の立場に立てば、安くて質の高い商品・サービスを選択することが可能になる。

　グローバル化という言葉が使われ始めたのは1980年代後半以降で、その時代にIT革命が起こり、インターネットやマルチメディアが普及し始めた。こうした技術変革はこれまでの経済活動のあり方を革新し、金融面を中心に経済取引が瞬時に世界的規模で可能となるなどグローバル化の可能性を高めてきた。例えば、米中の対立が始まる前では、アップルのiPhoneでは、企画・デザインはアメリカ、部品は日本や韓国、組み立ては中国という国際分業が成り立っていた。

　また、多国籍企業は世界中に戦略的拠点を置き、それらを統合するグローバルなネットワークを形成している。例えば本社機能は、ニューヨークやロンドンなどのグローバル都市に、研究開発機能はシリコンバレー、ボストン、東京、ソウルなど、大学や関連企業が集中する都市に、そして生産機能は、中国、東アジア、中南米など、新興工業国の都市に置かれている。

　グローバル化に伴い先進各国は、競争力のある製品の自国内での生産に力を入れ、競争力の低い製品については海外から輸入するという「国際分業」を進めてきた。その結果、グローバル化には競争力の低い産業を淘汰する弱肉強食という側面がある。またグローバル化がさらに進むと、他国の政治情勢からも影響を受けるようになる。さらには、格差や不平等が拡大し、製造業をはじめとする産業の衰退や地域の荒廃を生み出すことになる。引いては、国・地域といった文化的、民族的なアイデンティティーが揺らぎ、対立を招くことにもなる。

（2）グローバル企業ランキング

　グローバル化時代を牽引している企業にはどのようなものがあるのだろうか。国際的な業界雑誌『フォーチュン』は、毎年世界最大の企業を売上高でランク付けを公表している。2019会計年度のグローバル500をみると、ウォルマートが7年連続、1995年以来15回目のトップの座にいる。中国本土（香港を含む）は前年より5社増の124社となり、リスト入り企業数で初めて最大となっ

ている。アメリカは 121 社で現状を維持しており、日本は 1 社増の 53 社である。2020 年度で、グローバル 500 社は合わせて、世界の GDP の 3 分の 1 超の売上高を生み出している。500 社は売上高で 33 兆 3,000 億ドル、利益で 2 兆 600 億ドルを生み出し、世界中で 6,990 万人を雇用している[1]。

　『フォーチュン』のグローバル 500 のトップ 10 は以下の通りである（2021 年版）。

1．ウォルマート（Wal-Mart Stores）（アメリカ）
2．中国石油化工集団公司・シノペク（中国）
3．国家電網公司・ステートグリッド（中国）
4．中国石油天然気集団公司・中国石油天然ガス集団（中国）
5．ロイヤルダッチシェル（Royal Dutch Shell）（オランダ）
6．サウジアラムコ（Saudi Aramco）（サウジアラビア）
7．フォルクスワーゲン（Volkswagen）（ドイツ）
8．ブリティッシュ石油（英国）
9．アマゾンコム（アメリカ）
10．トヨタ自動車（Toyota Motor）（日本）

（3）日本経済のグローバル化

　日本経済は、どの程度グローバル化が進んでいるのだろうか。世界の最先端を走ってこなかったものの、日本経済のグローバル化は、1990 年代以降に焦点を当てると次の 4 つの特徴がある。第 1 は、為替レートの変化とその経済への影響である。日本は、変動相場制移行後、80 年代後半には急激な円高に直面し、90 年代前半にも緩やかながら長期間にわたる円高を経験した。こうした為替レートの変化は、日本経済に大きな影響を与えてきた。第 2 には、日本の産業構造や貿易構造の高度化に伴い、貿易相手国や直接投資先としての重要性が、次第にアメリカから東アジア地域へと移ってきた。これは海外経済との関係が密接になる中での企業の積極的な活動の結果である。第 3 には、日本の金融・資本取引が、近年海外からの株式投資は増えてきたものの、我が国の国際的な金融・資本取引は、バブルの一時期を除いて活発化していない。貿易

面に比べて、金融・資本の動きは低調である。第4には、欧米諸国と比べると、日本経済の国際的な結びつきの深まり方は緩やかである[2]。

2．グローバル資本主義と経済発展史

（1）資本主義経済とは

　では、そもそも資本主義とはどのような経済なのだろうか。資本主義経済というのは、一般に生産手段を所有する資本家が、労働者を雇用して商品を生産することで利潤を獲得する経済体制をいう。そのような経済体制は、イギリスを中心にしてヨーロッパで、16 ～ 17 世紀の絶対王政の時代に工場制手工業で準備され、18 世紀の産業革命によって成立した。

　18 世紀の産業革命を契機にして、市場経済における自由な競争を原則的な理念とする。

　その経済理念は、自由な利潤競争による市場原理に則り、アダム・スミスの説く「見えざる手」にゆだねるというものである。19 世紀の中頃までには資本主義による商品経済はほぼ世界全域に及んだ。

　資本主義は好況と不況を繰り返し、時として恐慌に見舞われる。不況と恐慌期に資本は淘汰されて大資本に吸収され、独占資本が形成されていく。特に銀行などの金融資本が産業資本を配下に治めた段階で、国家権力と結びついて領土や植民地を拡大し、市場と原料供給地を確保しようとした。それが 19 世紀末から 20 世紀の初めのことである。

　恐慌、失業者の増大、大量貧困という資本主義のリスクを回避するために、イギリスの経済学者ケインズは国家の財政運用による経済への介入を強める公共事業主導のマクロ経済政策を打ち出し、アメリカのニューディール政策に大きな影響を与えた。第二次世界大戦後はケインズ経済学が主流となった。

　戦後期を経て、1970 年代になると欧米諸国ではケインズ政策は「大きな政府」を維持するものとして批判されるようになり、1980 年代からはイギリスのサッチャーやアメリカのレーガンに見られる新自由主義型の経済運営が採用されるようになった。

　資本主義経済はマルクスの予想に反して崩壊することなく 21 世紀を迎え、

グローバル資本主義の隆盛の時代を迎えている。現在は世界的な通貨危機への対応など、世界恐慌の再発を避ける調整が図られているが、富と貧困の格差、環境破壊、資源問題といった世界共通の問題を抱えている。

（2）『大転換』からグローバル資本主義を考える

　さらに資本主義の本質をみていくと、カール・ポランニー（Karl Polanyi）の経済学説に行き当たる。ポランニーの代表的な著書『大転換』からグローバル資本主義を考えてみたい。ポランニーの主題は、19世紀文明を象徴する市場経済がなぜ生まれ、そして20世紀に崩壊したのかを探ることである。19世紀文明を支えた4つの制度、とりわけ金本位制に焦点を当てている。市場経済＝自己調整的市場というシステムが持つユートピア的性格が、人間の社会防衛の動きと矛盾し、この二重の運動が緊張を高め、崩壊の原因と説明した。互酬・再分配・家政・取引交換の原理が併存し、近代では取引交換の原理が主流になったが、そもそも市場経済のしくみ自体が人類にとって特異なものだという見解であった。

　ここで、『大転換』の要点をまとめてみると、それはポランニーが自己調整的市場を否定したことにある。社会は何らかの種類の経済を持つものであるが、経済が市場に支配されるというのは以前にはなかった。昔、部族社会では個人の経済的利害を最重要視する慣習がなく、共同体自体が成員を保護していた。それゆえに、社会的紐帯の維持が決定的に重要であった。労働・土地・貨幣の3つは生産の本源的要素で、他の商品と同様に市場形成が必要になる。しかし、この3つは商品ではない。労働とは人間活動の別名であり、土地は自然の別名、貨幣は購買力の表象である。販売のために生産されたものではないため、この3つを商品扱いするのは擬制（fiction）ということになる。ポランニーの見解として、市場メカニズムを人間と自然環境の運命を左右する唯一の支配者とすることは、社会の壊滅をもたらすと批判した。

　教科書的な説明になるが、労働・土地・貨幣という要素は市場経済にとって必須である。ポランニーによれば、社会の中の人間と自然という実在、その企業組織が市場システムという「悪魔のひき臼（devil's mill）」の破壊から守られていない限り、むき出しの擬制により成立するこのシステムの影響に耐えきれ

ない。自己調整的市場はうまく機能せず、市場の欠陥は、とくに貧困者に重大な影響を及ぼすため、政府の介入が不可欠だとポランニーは指摘した[5]。

　ポランニーによる産業革命とその影響に関する歴史的考察は、次のように概括できる。すなわち、産業革命が生じた結果、社会防衛の仕組みは脆弱になり、次第に「悪魔のひき臼」（市場経済が社会を侵食する様子をウィリアム・ブレイクの詩 Jerusalem の言葉を借りている）が作動して、社会の混乱が生じたのである。生産用具の進歩など、技術の進歩に伴って、「悪魔のひき臼」は古くからある社会的紐帯を解体し、人間を浮浪する群衆へとひき砕いていった。産業革命は国王の統治から資本階級の政府へと権力を移行させたが、国家の貧民保護機能は国家の経済発展を阻害するものとされたのである（ポランニー 2009）。

（3）グレーバー『負債論』からグローバル資本主義を考える

　資本主義の経済は、負債（ローン）をつくり出し、それを拡大させながら成長してきた。デヴィッド・グレーバー（David Graeber）の著書『負債論』は負債の持つ秘密について、貨幣と暴力の 5000 年史から解き明かしている。世界で初めて設立された中央銀行は、1668 年のスウェーデンのリクスバンクであるとされ、次いで 1694 年にイングランド銀行が誕生している。中央銀行は通貨を発行する組織で、通貨を発行するには信用創造機能を働かせる。中央銀行制度と通貨発行権によって、巨大な負債を発行することが可能になり、多額の負債を利用して、巨大な事業を可能にしてきた。

　金融の要である紙幣を生み出したのが国家である。イングランド銀行の設立によって紙幣が発行されたが、国王による負債を認める見返りとして、商人たちは銀行券発行の許可を得た。これが紙幣と負債の起源である。資本主義国家は貨幣の循環の拡大をめざし、債権者が次々と債務者をつくり出し、貨幣を回収し続けるのであった。それを媒介するのが商品である。近年の国際金融に目を向けると、1971 年 8 月のニクソン・ショックによってブレトンウッズ合意は崩れ、変動通貨体制が始まったが、この国際金融の協調が日本経済を直撃した。

　戦後のケインズ経済の時代には、GNP は膨れ上がり、賃金も上昇して、消費者経済の基礎がつくられた。しかし 1970 年代後半以降、サッチャー、レー

ガン政権が誕生すると、ケインズ主義は支持をなくして、生産性と賃金の連動性は薄れた。代わって、市場機構の作用に信頼をおき、貨幣増加率の固定化を主張する、マネタリズムが登場し、以降は貨幣が投機の対象と化したのである（グレーバー 2016）。

（4）ハーヴェイ『新自由主義』からグローバル資本主義を考える

　近年グローバル資本主義を推し進めたのは、新自由主義の思潮であることは間違いない。新自由主義は、国家の管理を可能な限り小さなものにして、さまざまな問題の調整を「市場にできることは市場に任せる」ことを基調にし、自由競争と市場活動にゆだねる。私的所有の擁護、民間による取引の自由、プライバタイゼーションが主軸の政策となる。新自由主義者たちは、これらの政策は、富の創出、すなわち大部分の人々の生活水準を向上させるために必要なものであるとした。

　グローバル資本主義と新自由主義の動きについて、デヴィッド・ハーヴェイ（David Harvey）の著書『新自由主義』からみていきたい。ハーヴェイによれば、新自由主義の創始者たちは人間の尊厳、個人的自由という政治的理念を根本的なもの、「文明の中核的価値」であるとした。彼らは、個人の自由は市場と商取引により保障されるという前提に立ち、国内外の資本に有利な蓄積条件を促進することを基本任務とする国家機構を持つように促す。このような国家機構を「新自由主義国家」と呼ぶ。これらが体現する自由は、私的所有者、ビジネス界、多国籍企業、金融資本の利益を反映している。

　新自由主義への転換はなぜ起こったのか。そこには、福祉国家の後退と新自由主義台頭といった経緯がみてとれる。第二次世界大戦後、国家体制や国際関係の再編で意図されたのが、第1に、1930年代の大恐慌下での資本主義秩序を脅かした破滅的な状況の再来を防ぐこと、第2に、戦争の原因となった国家間の地政学的対立の再出現を防ぐことである。国際的には、先にも触れたブレトンウッズ協定を通じて構築され、国際連合、世界銀行、IMF（国際通貨基金）、国際決済銀行（BIS）といった機関が樹立された。その後、世界中で様々なタイプの国家が誕生したが、共通していたのは、①完全雇用、経済成長、市民の福祉の重視、②この目的達成のために、国家権力は市場プロセスと歩調を合わ

せ、状況に応じて介入することであった。

　新自由主義の目的は、こうした制約から資本を解放することであった。「埋め込まれた自由主義」のもと、1950 〜 60 年代に、先進資本主義諸国では高い経済成長を実現した。ただし、第三世界諸国、特にアフリカの国々ではうまく機能せず、その後の新自由主義の進行後も貧困状況を物質的には変えなかった。また先進資本主義諸国では、再配分政策、自由な資本移動に対する規制、公共支出の拡大、福祉国家の建設、経済への積極的な国家介入、一定の経済発展計画の策定を推し進めた。これらが相対的に高い成長率とともに進行し、こうした国家機構の内部で労働組合や左翼政党などの諸機関はきわめて現実的な影響力をもったのである。

　しかしながら、1960 年代終わり頃に「埋め込まれた自由主義」は解体していった。その背景には、1970 年代における世界的規模のスタグフレーション（失業率とインフレ率の上昇）、税収の急落、社会支出の急増があった。その結果、各国で財政危機が起こり、ケインズ主義的政策が機能しなくなったのである。また資本が流出入し、固定相場制が維持できなくなった。

　では、なぜ新自由主義が唯一の回答となったのか。そこでは、1970 年代の資本蓄積危機が失業率の上昇とインフレによって万人に影響したのである。左派政党は支持を広げ、政権をとることもあり、支配階級の経済的脅威が肌で感じられるようになっていた。アメリカでは人口上位 1％が保有する資産の割合が戦前最高 16％から戦争末には 8％に下落したが、経済成長が非常に強力だったのでこの制約は問題にはならなかった。

　新自由主義理論の台頭の背景には、モンペルラン協会の創設がある。経済哲学者フリードリヒ・ハイエクらが 1947 年に創設したもので、ルートヴィヒ・ミーゼス、ミルトン・フリードマン、カール・ポパーらが集まった。個人的自由の理念に原則的に忠実であることをもって「自由主義者」を自認した。彼らの思想によれば、市場は、強欲、富、権力への渇望といった人間の卑しい本能さえも万人のために動員する最良の装置だとした。これは、ケインズ主義＝中央集権的な国家計画性とは激しく対立するものであった。

　1974 年にハイエク、1976 年にフリードマンがノーベル経済学賞を受賞したことで新自由主義はアカデミズムの世界でも権威を勝ち取っていった。国家レ

ベルの公的政策を規制する新しい経済的正統原理として確立されるのは 1979
年のイギリスとアメリカにおいてであった。

　こうした動きと並行して、オイルマネーをニューヨークの投資銀行に預金さ
せる措置がとられた。これは、投資機会を求めるアメリカと借入先を求める発
展途上国（すなわち安全な投資対象としての政府）の利害の一致を示す動きで
ある。この投資のために、国際金融市場の自由化が必要となっていた。

　この時期以降、アメリカの金利が少しでも上がると債務国は危機に陥る状況
がつくり出された。そのため、ニューヨークの投資銀行も深刻な損失を受ける
こととなった。いわゆるボルカーショック後[3]、アメリカ財務省と IMF は協力
して債務の繰り延べを認めて、各国に新自由主義改革を実施させることに活路
を見出したのである。重要なのは、これ以降、IMF と世界銀行は「自由市場
原理主義」と新自由主義の理論を普及、実施する中心機関となったことである
（ハーヴェイ 2007）。

3．グローバル資本主義と金融経済

（1）リーマンショック

　トレーダーという金融仲買人がいるが、彼らの過度な投機的行為は経済的混
乱を引き起こす。とりわけ新自由主義のもとで、規制による束縛や障壁から自
由になり、証券化、デリバティブ（金融派生商品）などあらゆる形態の新種の
金融市場が形成された。新自由主義が意味したのは、あらゆるものの金融化（福
祉の金融化を含む）で、生産から金融への権力移行（パワーシフト）が生じた
のである。

　サブプライム・ローン問題を契機とした、2008 年 9 月のリーマンショックは、
グローバル資本主義と金融経済の問題点を明らかにした金融資本主義の無謀さ
を表わす事件であった。サブプライム・ローンは 2003 〜 2005 年にかけてアメ
リカで急増し、同時に住宅価格・地価のバブルを生み出した。それは、アメリ
カの信用度の低い借り手向け住宅ローンを指していた。

　リーマンショックを起こしたのは投資銀行であった。投資銀行は、1970 年
以降の規制緩和と金融資本の膨張を背景に債券市場という新たな場で、新手の

金融商品や取引手法を編み出し、金融の枠組みそのものを変えていった。投資銀行は、主に大口の個人や法人顧客に代わって金融取引を行い、コンサルティング業務をベースとした金融サービス企業である。

　リーマンショックが引き起こした金融危機の背景には、金融工学の発達とそれへの過信があった。「レバレッジ[4]」「リスク管理の限界」など、サブプライム・ローンにつながる巨大なリスクを、投資銀行が激しい競争を繰り広げる中で自ら抱え込んでいった。住宅価格の上昇は担保価値の増加を意味することから、借り手も担保を売却すれば返済は容易だと考えた。

　しかし、2006年には住宅価格にかげりが見えはじめ、ローン延滞者が増え始めた。2007年には住宅ローンの債務不履行が増加し、不良債権を抱えた住宅ローン会社が倒産していった。その結果、サブプライム・ローンを含んだ住宅ローンの証券化にたずさわっていた投資銀行が経営危機に陥ったのである。

　証券化・再証券化された商品[5]は米国のみならず欧州の機関投資家などにも保有されており、不良債権を抱えた金融機関の危機につながった。こうして欧米の金融危機にも飛び火した。金融機関の融資や証券購入が減少し、事業会社にも流動性危機が及ぶようになると、実体経済への悪影響が顕著に現れ、欧米は深刻な不況に陥っていった。サブプライム関連商品への関与が浅く金融危機とは無縁に思えた日本も、欧米への輸出や中国への輸出が減少し、不況にまきこまれた。アメリカの一部金融問題どころではなく、世界同時不況に拡大したのである[6]。

（2）繰り返されるバブル経済と金融資本主義の危険性
1）金融緩和とバブル崩壊の危険

　マネー資本主義が隆盛を極めた時期に大きな危機が起こった。それがリーマンショックである。リーマンショックが引き起こした世界同時不況への対応策として、2008年11月、「金融・世界経済に関する首脳会合（G20）」が開かれた。会議では世界の金融システムの連携を確認しつつ、金融規制について、BIS（国際決済銀行）やIOSCO（証券監督者国際機構）といった国際機関の役割を議論した。銀行、証券、保険にまたがって、包括的に協議する国際機関として、

金融安定理事会を 2009 年に発足させている。リーマンショック後の世界経済であるが、政府・中央銀行が金融緩和に踏み出し、財政出動への依存を強めているのが懸念される。「金余り」による投資活動がバブルまたはそれに近い状態を生み出しているのである。

アフターコロナの経済の見込みであるが、今後はますますデジタルの活用が進み、巨大 IT 企業の寡占が強まると予想される。社会の安定と国民の統合のために、あらためて政府の役割が問われてくるだろう。所得の再分配や、生活のセーフティーネットを再点検していく必要がある。また、産業構造の変化に対応した人材の育成や、新たな労働市場を形成しなければならない。

2）テーパーリングの議論

国際的には、法人税改革への動きが出ている。2021 年 7 月 1 日、経済協力開発機構（OECD）は加盟国を含む 130 の国と地域が、共通の法人税の最低税率を 15％以上とすることで合意した。このスキームにより、大企業に対して、事業展開している地域に関係なく公平な税負担を課すことが可能となる[7]。

国際課税の制度は約 100 年前につくられたもので、製造業が中心の社会において、「形のあるもの（tangible）」を資産とする制度が基礎とされた。しかし、デジタル化が進む今日では、その発想は時代にそぐわない。特に問題となるのは、逃税の措置として、多国籍企業が著作権や知的財産権といった「形のない intangible」資産を、タックス・ヘイブンに移していることである。また、巨大 IT 企業がインターネットを通じた動画や音楽配信などで莫大な利益を得ているにもかかわらず、その利益にみあうだけの納税をしていない。

そこで、世界の 139 の国と地域は、OECD を事務局にして、新たな国際課税のルールを策定しようと 10 年近く、交渉を続けてきた。今回、抜本的な税制改革への同意に至った背景には、巨大企業に富が集中しているという実態がある。さらには、新型コロナウイルスによるパンデミックが引き起こした経済停滞に対処するための支援金や給付金などの財源保障の課題が、交渉を加速させたとみられている。ただし、巨大企業への課税強化の動きは予断を許さない。

まとめ

　産業革命の時代において、市場は社会の諸制度に埋め込まれ、倫理的規範や政治的規制などに従う「自己調整的な市場」が考えられていた。しかし、ポランニーが呼んだ「擬制的商品化」は、人々の生活やコミュニティに壊滅的な影響を及ぼした。純粋な市場経済のシステムの中では、あらゆる生産活動が、価格設定の機能を持つ市場が中心となり、需要と供給によって自動的に統御されている。それ以来、市場経済という考えは、社会の諸制度から分離され、市場メカニズムによって完全に運営統御される経済システムとなっている。

　近年になり、冷戦終了後、グローバル資本主義が加速した。その結果、グローバルにヒト・モノ・カネ・情報が駆け巡ることとなり、高税率国では工場移転が進むとともに、低価格商品が国内に流入し、労働者の賃下げや非正規雇用の拡大が進んだ。また先進工業諸国は自国への企業誘致を目標にしたことで、法人税率の引き下げ競争が進んだ。しかし、地球環境の悪化はとどまることはなく、世界各国が脱炭素社会を希求するようになり、公正で倫理的な企業の態度が重視され始めている。

注

1　「FORTUNE が今年の FORTUNE Global500 リストをリリース」

https://jp.prnasia.com/story/48929-3.shtml

検索日：2021 年 5 月 20 日

2　内閣府「日本経済とグローバル化」

https://www5.cao.go.jp/j-j/wp/wp-je04/04-00301.html

検索日：2021 年 5 月 6 日

3　ボルカーショックとは、ポール・ボルカー元連邦準備制度理事会（FRB）議長が行った金融引き締め政策とその余波を意味する。アメリカ経済は、1979年に起きた第 2 次オイルショックによりスタグフレーションに見舞われていた。ボルカー元議長は政策金利を引き上げて、インフレ退治を行った。その結果、インフレ率は下落したものの、高金利の影響もあり雇用は落ち込み、失業

率も上昇した。1982年後半に金融政策が緩和されたことによって経済は回復基調に乗った。

4 レバレッジとは、経済活動において、他人資本を使うことで自己資本に対する利益率を高める手法である。「梃子の作用」を意味する。

5 証券化商品とは、原資産の譲渡を主な目的として当該原資産から発生するキャッシュフローを裏付けとして発行され、または実質的に原資産のリスクの移転を主な目的として当該原資産のリスクを参照して発行される証券を指す。

6 リーマンショックの経緯については、NHKスペシャル取材班著（2002）『マネー資本主義』（新潮社）第1章を参考にしている。

7 OECDによれば、法人税最低税率を15％以上と定めることで、年間約1,500億ドルの税収が発生するという。また各国は、大手多国籍企業の課税対象に関する新ルールに署名したが、これにより1,000億ドル以上の利益に対する課税権は、企業が本社を構える国ではなく、実際に利益を生み出した国に移ることとなる。

第2章
国民国家とローカル・ガバナンス
―グローバル資本主義の影響を受ける公共政策

マデリン・ピル
（山本　隆 訳・解題）

はじめに

　ローカル・ガバナンスを理解するには、機能、空間、法制度、経済、政治、そして行政などといったさまざまな領域から、地域の権限を見定めて、より広い政府間の文脈からみておく必要がある。言い換えれば、国家の異なるレベルに位置する権力関係の重要性を理解しておく必要がある。

　本章では、地方政府の政治的自律性と、これがローカル・ガバナンスに何を意味するのか。この点に焦点を当てる。まずはガバナンスの概念を簡単に述べることとし、次にローカル・ガバナンスにかかわるガバナンスそのものの文脈〔訳注：ガバナンスをめぐる各国の諸事情〕を検討する。英国の事例分析では、自律的なローカル・ガバナンスに向けた展望への結論を出す前に、ローカル・ガバナンスを介して緊縮財政をもたらしている政治戦略としての「新しいローカリズム（new localism）」が、どのように政治的に利用されているかを考察していく。

1．ガバナンスと公共政策

　まず、国家と社会の関係を形成する構造、過程、価値といった観点から、ガバナンスを考察しておくことが大切である。ガバナンスは「政府の機能を超え

るもの」であり、組織的利益、市民社会、民間企業から引き出された、他のさまざまなアクターに影響を与える。もちろん、それは国家の交渉過程を経ることになる。ガバナンスで重要な定義の1つは、「集合的利益の追求において、公的ならびに私的な資源が調整される過程」である（Pierre 2011 : 20）[1]。よって、ガバナンスは公共政策の伝統的概念を政府が実行するものとして再定義されている。これは、公共政策の形成と実施において国家のアクター（行為主体）とともに、他の非国家的なアクターも活動するが、何よりも社会全体にわたる調整過程の舵取り（steering）における政府の役割につながっている。国家の中心性やネットワークの重要性、協働的な形態のガバナンスは、研究者の間ではその認識は異なるものの、ネットワーク化が進んだ形でのローカル・ガバナンスを想定する場合でも、政府は決定的とは言わなくても、「1つのガバナンスの主要なアクター」だとされている（Pierre 2011）[2]。

　なぜ研究者、実務家、政治家の間でガバナンスの概念が世界的に支持されているのだろうか。それは、「ローカル・ステート（local state)」に注目が集まるからである。ローカル・ステートとは、地方の統治過程と公共サービスの供給において、さまざまな社会的アクターを関与させる形態である。しかし、理論、政治的言説、慣行におけるローカル・ガバナンスの広がりは、必ずしも地方自治の拡大を意味するわけではない。ローカル・ガバナンスのアクターが直面する大きな課題の1つは、統治する際のテコ（levers）の作用が、人々、金融、資本のグローバルな流れなど、より広範な構造的な力よりも劣っていることである。同様に、何を達成できるかは、地方からみれば、より高次の国およびリージョン（広域の地方）を単位とする政府、そして身近な地方政府の憲政上の取り決めとの関係にかかわる。たとえばスカンジナビアの国々には、比較的自律性の強い地方自治体が存在している。アメリカ、英国、オーストラリアなどの国では、地方自治体は上位の政府が許可する事務しか行えない。したがってガバナンスの文脈は、他の地方のアクターと実施事務を定めており、それらを実行する権限を総合化させる力とかかわって、政府体系の中に位置する地方政府の政治的自律性の範囲を規定している。国家のより高いレベルでは自治権は一部しか認められず、地域社会の舵取りをするための何らかのテコが欠落する場合には、市民や他の社会的利益においてローカル・ガバナンスとかかわる動機

はほとんど見当たらなくなるのである。

２．コンテキスト（文脈）からみたガバナンスの過程

ローカル・ガバナンスの過程は、マルチスカラー（multi-scalar）またはマルチレベルといった文脈で生まれる。これら用語の違いは、規律（discipline）に関連してくる。地理学者はスケール（規模）の観点から考える傾向があるが、政治学者や政策学者は異なるレベルの政府とこれらの相互作用に内在する権力関係の観点から考える傾向がある。スケールとレベルの両方の発想を組み合わせることで、状況に応じたローカル・ガバナンスの理解を深めることができる。スケールは、社会的に生み出された空間の概念的な体系である。したがってスケールは、「自然」に固定されるのではなく、社会的および政治的なものとなる。スケールは権力と政治に関係するために改変されるか、または「再スケール」が起こり得る。たとえば、「新しい都市空間は、国家空間の再スケーリングによって構築される」と言われている（Brenner 2019：23）[3]。

グローバルな政治経済の変化は、「スカラーの持つ権力の取り合わせを再編成する、組み合せにもとづく再バランス」に関連する（Parker 2011）[4]。このような解釈で共通するのは、国民国家の支配力の弱体化である。そして、権限と責任が国民国家から引き離されて、上向きのガバナンスである超国家形態（欧州連合など）と、下位国家（リージョナルと地域）の双方に大きな役割が生じることになる。つまり、超国家的な形態のガバナンス（たとえば欧州連合）の上方の動きと、地方分権化のプロセス、または政府の国家レベルから下位レベルへの公的機能に対する権限と責任の移転を介した、下位国家の下方の動きがある。

再スケール化は、グローカリゼーション（glocalisation）の過程と呼ばれる。これは、グローバルな政治経済のグローバル化とローカル化を同時に行うことである（Swyngedouw 2004）[5]。下位国家のスケールでは、国家の再スケール化の一環として、「新しいリージョナリズム（new regionalism）」および「新しいローカリズム（new localism）」の２つの台頭があることを研究者は明らかにしている。

スカラーについて考えると、垂直的な国家の地理的な階統制（ハイアラー

キー）においては、自律性をめぐる政治対立、ならびに地理的な階統制とアイデンティティーといった課題が重要視される。権力が政府の異なるレベルにどのように配分されているのか。こうした疑問が湧き上がってくる（図2−1参照）。ローカル・ガバナンスへの関心に引き寄せて、ここでは地方レベルと国と地方政府レベルの関係に焦点を当てることにする。

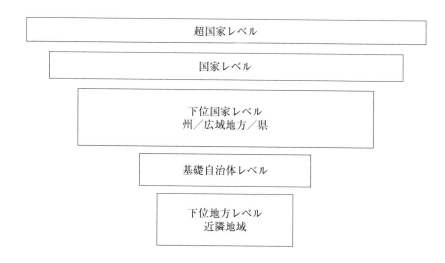

図2−1　政府間関係の文脈におけるガバナンスの過程（マディリン・ピル作成）

3．地方政府の政治的自律性

　地方政府の政治的な立ち位置を確認する際に、異なる政府システムの垂直的な上下関係が存在するが、その場合に、どこに権力が集中するのかを理解しておく必要がある。わたしたちの考えは次の通りである。すなわち、上位政府の政策を超えたアジェンダを追求した場合、地方政府の財源能力を地方の政治的自律性と捉える。地方レベルにおいて、ガバナンス・アクターによって、地方政府の主導の下で、実行可能な決定を下せる能力を見定めるということである。
　権力がどこに集中するかを考えていくと、それは財政連邦主義（fiscal federalism）という公共財政の概念にたどり着き、そこでは権力の出どころに気

づく。財政連邦主義では、能力（異なる政府レベルの責任を実現するために支出できる権限）と財政手段（特に起債と課税、利用者料金）が、政府の垂直レベルで全体的に割当てられている。国の制度に対する地方政府の相対的な強さは、財政と歳入の自律性にもとづく権限と責任に関係する。特に財政的な自律性は、地方自治体の起債権と課税上限によって決定される。歳入の自律性は地方税によって調達された歳入と、他のレベルからの移転の割合を意味するのである。したがって、地方の政治的自律性は地方の経済活力と課税権限と関連し、より高次の政府が移転、政策目的型と法定／非法定の機能を定める支出パターンの決定、そして地方自治体の借入を統制する規則にかかわってくる。これらの要素にもとづく特定の組合わせは、地方自治体が、どの財源から、何に、いつ、いくらを支出するかを定める際に行使できる効果的な政治的自律性を確保する要素となる。

　地方の「財政危機」は時として生じるが、それは国が財政手段（したがって税収の大部分）を保持しながら、権限（支出を伴う責任）を引き継ぐ際に発生する。たとえばアメリカの例では、地方税収への依存度の高まりと連邦移転の縮小、国家が課す制限枠などといった複数の要因が組み合わせされることから、ペック（2017）[6] は、固定資産税、売上税、所得税などの地方税、および基礎自治体の借入の民営化（privatisation of municipal borrowing）を注視している。ペック（2017）[7] は、財政ストレスが「地域や都市に集中する」パターンを明らかにすることで、これらの措置には財政危機下にある自治体が自治権を失ってしまったとする「教化とスケープゴート化（moralising and scapegoating）」の実態を指摘している。こうして彼は、コストとリスクの多くが移譲される（縮小される）状況が生み出され、他方で財政統制が集中化されている（拡大されている）と結論づけている。アメリカ、英国、そして世界中の地方政府は、高いレベルの政府から新しい権限を引き出して、税金を徴収し、税収のより大きな割合を維持し、新しい自主財源のメカニズムを開発することを目指して、より大きな自己決定権を追求しているのである。

4．異なる政府システム

　もちろんこれらの過程は多様な政府システムの内部で実行される。システムは、3層（国、地域、地方または地方自治体）の構造を広く共有しているが、一部（フランス、ドイツ、中国など）では、地域レベルと地方レベルの中間レベルがある。表2－1は、選択した国の地方組織を示している。

表2－1　諸外国の地方制度

国	地方／市町村レベル（平均人口）	中間レベル	広域圏／州レベル
オーストラリア	571 基礎自治（41,005）	——	6州、　2特別地域政府
ブラジル	5,570 市町村（36,400）	——	26州、1連邦直轄区
カナダ	3,805 市町村（8,205）	——	10州、3準州
中国	2,852 県級地方 district municipalities	334 県	23省、4直轄市、5自治区、2特別行政区（2019）
フランス	35,885 市町村（18,853）	101 県	18 州
ドイツ	11,902 市町村（7,302）	402 県	16 州
ギリシャ	325 市町村（33,410）	——	13 地域圏
インド	250,671 地区 local bodies（5,167）		28州、7連邦直轄領
インドネシア	508 県・　市 regencies and cities（500,894）		34 州
アイルランド	3市カウンシル、2一層性の市とカウンティ・カウンシル、26 カウンティ・カウンシル（149,530）	——	——
イタリア	8,047 市町村、14 大都市圏を含む（7,545）	——	20 州
日本	1,718 市町村と 23 東京特別区（72.715）	107 県	47 都道府県
メキシコ	2,457 市町村（45,740）	——	31州、1準州
ポルトガル	308 市町村（33,400）	——	2 自治州
スペイン	8,119 市町村（5,605）	50 県	17 自治州
英国	389 地方自治体（166,060）	26カウンティ、大ロンドン自治体、10統合自治体（2019）	3 自治政府
アメリカ	35,879 市町村（8,990）	3,031 カウンティ	50州、1準州

出典：OECD and United Cities and Local Government (2016)[8]

簡単に言えば、一体権力の配分のあり方は何を意味するのか。この視点から、（分散型）連邦制の州と（中央集権型）単一国家を対比するとわかりやすい。このことは、公共支出と課税に関する決定を下すのに、どのレベルが最適かといった議論と関係してくる。すべての国民国家は地方政府に財政移転を行うが、これはより集権化されたシステムにおいて重要になる。地域レベルにおいて、州（アメリカ、オーストラリア、ドイツなど）には、予算および立法権と税を徴収する権限を備えた、選挙で選ばれた強力な地方政府が存在している。また、「古典的な」単一国家（ギリシャ、アイルランド、ポルトガルなど）においては、広域の政府では選挙も行われず、予算権限も税を徴収する権限もない。つまり、すべての財源は「中央（国の政府）」から移管されるだけなのである。

　これらの2つの極端なタイプには、2つの中間のシステムがあり、広域行政では、管轄内で国の移転をどのように割り当てるかといった、意思決定の権限が認められている。地域によって分割された国家（スペインやイタリアなど）では、広域レベルにおいて選挙を通して選ばれた議会があり、予算権限と課税権は制限されている。権限委譲を進める単一国家（英国やフランスなど）では、権限委譲の過程—選挙で負託された下位政府に国の政府が権限を移譲する分権化—があり、選挙で負託された広域政府の議会を設けて（1999年以来の英国におけるスコットランドとウェールズ）、限られた予算権限および課税権を持っている。

　スペインと同様に英国でも、一部の地域には強い国民的アイデンティティーがあり、自治への要求を高めている。たとえばスペインの17地域の「自律的なコミュニティ」のうち3つは、独自の言語と文化を持っていることから、「歴史性を持つ国民性（historic nationalities）」と呼ばれる。これらのうちの2つである、カタルーニャとバスク地方には、スペインからの独立を求める強力なナショナリスト運動がある。

　これらの多様な構造は、地方レベルにおいて何を意味するのか。重要な点は、直接的な国の政府介入の伝統を持つ英国の中央集権システムと、地方レベルにおいて、限定されてはいるが相対的に高いレベルの介入を特徴とするアメリカの地方分権システムとの（権限委譲前の）比較である。英国では、地方政府は「中

央政府の創造物（creature）」と揶揄される（Wolman and Goldsmith 1990）[9]。これは、地方政府が国レベルで特別に認可された権限しか持たないことを意味している。英国では、権限委譲と以下で検討する「新しいローカリズム」の観点から、権限（または少なくとも責任）を下方に移行させる試みがあったが、権力の位相は国レベルでしっかりと保持されている。英国の地方自治体は、中央集権化された政府への「依存の文化」として知られる（Davies and Blanco 2017）[10]。

　アメリカ（カナダやオーストラリアなども同様）の連邦制度では、地方政府は州（広域レベル）政府の創造物であり、したがってそこから地方レベルの権限が決定される。しかし多くのアメリカの州は、「ホームルール」の条項（地方自治体による自治原則）を通じて、地方自治体にさまざまな一般的権能を付与している。そのため、権限と責任の場は地方レベルに集約している。しかしアメリカでは、地方政府は比較的大きな権限を持つものの、その責任を履行するための歳入が不足するために、自治を行使する能力は「財政の逼迫」によって厳しく制約されてくる。

　対照的に、カナダとオーストラリアの連邦制度において、地方政府は「ホームルール」の規定がないものの、他方で、地方政府（プロビンス、州または準州）の「創造物」として比較的弱い立場にとどまっている。オーストラリアでは、基礎自治体は機能の範囲が相対的に狭いこともあり、国の統治体制において大きな役割を果たしていない（Aulich 2005）[11]。そのため、警察、消防、学校、公営住宅などの集合的なサービスは州政府によって提供されている。しかしながら、高度に都市化された国においては、特に国益とみなされる主要なインフラプロジェクト（空港や主要道路など）に資金を提供するという観点から、国民国家は選択時において介入することができる。オーストラリアの極端な「垂直的な財政不均衡（それによって国が大部分の税収を集め、それは支出責任をはるかに超えている）」は、州が歳入のほぼ半分を助成金に依存することを意味している（Tomlinson 2017）[12]。以上から、政府は、選択する場合には、理論的には国の憲法の下で、州の管轄となる政策分野に発言権を持つことができるのである（Pill and Rogers 2019）[13]。

5．英国の政治戦略としての「新しいローカリズム」

　上記で説明したように、研究者たちは、政治経済学の変化、特にグローバル化する新自由主義について、国民国家が権限と責任を地域に向けて下方に移すという国家の再スケーリングの過程と関連づけている。ここでは、こうした過程に起因する「新しいローカリズム」に焦点を当ててみたい。アメリカの主流の学派によって奨励された理論上の政策構造として、「新しいローカリズム」は、経済成長を促進するための地方における「政府、ビジネス、慈善活動、大学、そして広範なコミュニティ」（Katz and Nowak 2018）[14] の営為として説明されている。したがって、それは地方の政治にある程度の自律性を容認している。しかし批評家は、「新しいローカリズム」を、地域の自己決定とリーダーシップから生じるものではなく、「マルチスカラーにもとづく国家戦略の政治的な表現」として解釈している（Brenner 2019:23）[15]。地域のエリートや市民が引き起こす地域の行動といった進歩的な可能性を軽視すべきではないが、「新しいローカリズム」という用語は、この点で批判的な学派では用いられていない。

　ここで、新しいローカリズムの政策方針が英国でどのように利用されているかに注目してみたい。そのことで、中央 - 地方政府の権力関係に焦点を当てた公共管理への鋭い視点と、これらがどのように緊縮財政の影響を受けたかを知ることができる。また、地方の自律性あるいは地域で発揮されるリーダーシップの重要性、つまり地方政府がローカル・ガバナンスのアクターと協力して地方の政治課題を提起し、取り組むことにも光を当ててみたい。より高次の政府では、輸送、住宅、健康、教育などの部門や諸機関の責任と優先順位といった観点から、「サイロ型思考」をもつ傾向がみられる。地方政府は、地域で選出された指導者や地方公務員とともに、地域コミュニティが直面している課題を包括的に把握することが求められる（Hambleton 2015）[16]。同様に、これらのコミュニティは、より高次の、より抽象化された、より遠いレベルの政府ではなく、地域と一体化する可能性が高くなる。地方政府の正当性として、集合的サービスの供給の恩恵を受けた、保護が必要な児童、学習障がいのある成人、要介護の高齢者、ホームレスの危険にさらされている家族など、最も脆弱な人々に資

源の多くを当てている。そのような「法定（statutory）」サービスの提供は、他の法定外サービスよりも優先されなければならず、緊縮財政の下ではこれまで以上に切実なものになっている。

　高度に集権化された英国では、「ローカリズム」と「新しいローカリズム」が分権化をめぐる政策論議で大きく取り上げられるが、それは意外なことではない。ローカリズムは英国では比較的最近の傾向と考えられるが、その発想は市民によるアソシエーショナリズム（associationalism）の長い歴史に根ざしている（Wills 2016）[17]。現代のローカリズムの概念のルーツは、1980 年代のサッチャー政権が戦後の福祉国家の集権化に対抗した新自由主義改革にさかのぼる。これは、国家介入の役割が縮小し、ボランタリー・アクション、インフォーマルによる援助、市場による供給がより重視される「福祉の混合経済」の台頭をもたらしたのと軌を一にする。ニュー・パブリック・マネジメントを通じた公共サービスの提供に市場規律が導入されるのに伴い、中央政府とその機関が戦略的監督者として行動するなど、中央と地方政府の関係はますます敵対的になっていったのである。

　第 1 期のニューレイバー政権（1997-2001）は、地方政府を中央との厳格な実務関係に限定した（Stoker 2004）[18]。しかし第 2 期になると、「新しいローカリズム」の概念が示されて、代替案が実施されていった。地方自治体が他の地方のアクターと協力することを要請したコミュニティ・ネットワーク・ガバナンスというアイデアが生まれ、その利点をいかしたことから、「斬新な」プロジェクトが始まった（Stoker 2011）[19]。それは、コミュニティ戦略の政策化とイングランドの各地方政府の地域戦略パートナーシップの組織化を含む自治体改革を生み出したのである。これらのパートナーシップにより、公共、民間営利、民間非営利、コミュニティの各セクターの代表者が地方政府を中心にして結集した。しかし、これらの進展にもかかわらず、「新しいローカリズム」は「国家による枠組みの設定と資金調達といった文脈」で制約を受けていたのである（Stoker 2004）[20]。

　2010 年に（保守党 - 自由党）連立政権が発足したことで、地域政策の意思決定をめぐっては、これまでの継続性が確認された。しかしニューレイバーによる行政統制は、資源拡充の議論はあったとしても、公共サービスの最低基準

を保証するのに汲々としていた。地方自治体は、一般原則として公平性が優先されることから、「自律性を獲得する（earn autonomy）」必要があった。これに対し、連立政権の下では、サービスの成果と地方の資源の整備は分断されていった。保守党の政策文書が説明しているように、地方間の差異は、地方の優先事項の結果として解釈され、「わたしたちは中央 ... 官僚機構からカウンシルを解放し、地方のニーズに応じて地方のサービスが提供されることを保証する」とされた（Conservative Party 2009）[21]。しかしながら地方自治体には、「獲得」する自治ではなく、それは推定された（presumed）自治に矮小化されたのである（Coaffee 2005）[22]。

このようなローカリズムの変種は、公平性と効率性、選択と統制といったトレードオフを不可避とする、「統治に不可欠な戦略的ジレンマ」（Davies 2008）[23]を示すものであった。ニューレイバーの変種では、サービス提供に国家基準を適用することによってバランスさせようとしたため、中央集権化によってローカリズムを稀釈化してしまった。これに対し、連立政権の変種は公平性に関心がなく、ローカリズムに大きな責任を持たせるために、地方の権限を譲ることはしなかった。全国ローカリズム法（HM Government 2011）[24]は、公共サービスの提供を引き継ぐものの、図書館やパブなどのコミュニティ資産を管理するという新たな試みを行った。そして、コミュニティに入札権を与えることにより、ローカル（およびサブローカル、近隣）のレベルで付与される権限を表面上容認することとした。しかし実態としては、中央政府が緊縮財政下でイングランドの地方政府への資金を3分の1も削減したために、財政責任の縮小の下で必要な資金が補填されることはなかったのである（Pill and Bailey 2014）[25]。批判的な解釈としては、分権化は地方政府（およびコミュニティ）に責任を転嫁するものとみなされ、（「大きな政府」が地域コミュニティの自己決定能力を抑制すると断罪する）新自由主義の価値観と一致するとされた。このような変化は、ローカリズムを推進するアメリカのホームルールにならって、基礎自治体任せの議論の特徴を裏付けている（Davies and Pill 2012）[26]。

英国では、このようにローカリズムは政治戦略の道具として利用されている。まさに中央と地方の政府間関係における権力の不平等をめぐる懸念が生じているが、政策の言説においては正当化される言葉になっている。実際には、ロー

カリズムは国家が資金を撤回し、公共サービスを削減する一方で、地域に「責任をもたせる」ために実行されている。「地域社会に運営を任せる」という最初の政策提案（Conservative Party 2009）[27]は、サッチャーによる福祉の混合経済の導入に関連した公共サービス供給の多様化を受け継ぐもので、インフォーマル・セクターやボランタリー・セクターの能力への依存度を高めているのである。コミュニティに「自分たちの流儀で物事を行う」という権限を重視するのは、「公共財政の地方管理を強化する」という約束と相まって、財源不足をぼやかし、地方政府への権限拡張の誇張した表現と化している。したがって、連立政権の政策は「ローカリズムへのイデオロギー的な確約への道筋」を示すものとみなされている。ある批判的な解釈は、自律的なローカル・ガバナンスの路線から離れて、「無謀な公共支出の削減と実績不振に対する責任を外部に追いかぶせる必要性にかられた」産物として政府の政策を説明している（Lowndes and Pratchett 2012: 22, 38）[28]。これは、必要な追加財源が不足しているために、コミュニティ・ネットワーク・ガバナンス（Stoker 2011）[29]の概念において想定される地方自治体の「形成する（shaping）」の役割を制約しているのである。

　緊縮財政下の英国では、「地方」は社会的責任と市民参加の重要な場として形成されており（Featherstone et al. 2012: 177）[30]、コミュニティは（以前は公共の）サービスを自ら産みだす役割をますます求められている。市民／サービス利用者が各自のウェルビーイングにより多くの責任を担うこと（Sullivan et al. 2013）[31]は、集団的なリスクに備える福祉の供給から、個人のリスクと責任へと新自由主義的な転換（Clarke and Newman 2012）[32]につながっている。緊縮財政による国家機能の縮小を考えると、地方政府がそのような慣行を刷り込ませる（そうするための道徳的および社会的責任を呼び起こす）動機は明らかである。サービスの運営と送達における責任とリスクは、国家から市民社会に転嫁されており、社会空間的な不平等の固定化と広がりに重大な影響を及ぼしているのである。

　したがって、国家の再スケール化は、地方分権化／権限委譲や「ローカリズム」による権限委譲よりも、むしろ政治的統制の拡張およびコストと責任の"ダウンロード"にかかわるものであった。地方の政治的自律性、または政府のものとは異なった政策課題を追求する際に、資源の拡充を図る能力に焦点を当てれば、2010年の連立政権の発足以降は地方政府の資金が大幅に削減されてきた。

中央と地方の財政ギャップを埋めるために地方税を拡充する権限は、中央政府によって制限されている。また、成人社会的ケアの法定部門の供給への需要の高まりは、「財政の逼迫」を悪化させている。その結果、地方自治体は法定外サービスを大幅に削減することを余儀なくされてきたのである。たとえば、都市計画開発サービスと住宅サービスの純支出は、2010年以降半分超になった。また、高速道路、輸送、文化およびレジャーサービスへの純支出は40％以上減少した（住宅、コミュニティ、地方自治体の特別委員会、2019年）[33]。これは、英国では、地方政府が追加的な中央政府の資金移転または地方でより多くの収入を確保する権限を持たない限り、法定サービスを実施できないことを意味する。住宅、コミュニティ、地方自治体の特別委員会の委員長が説明するように、地方サービスの減少に伴う閉塞感の強まりは大きな懸念となっている。

> 現代の地域民主主義において、過去10年間悪化してきたように、危険な民主的断絶が目の前で広がっている。「代表なくして課税なし」という古い言い回しは、「わたしたちは、代表を持ってして、多くの税金を納めてきた。しかしその納税に見合う血の通ったサービスは受けていないのだ!」という言葉に置き換わっている … 今もなお人々は、縮小されるサービスに、増額される支払いを求められており、まして投票が状況を変えることはできないとすれば、シニシズム（斜に構えた態度）と閉塞感が地方民主主義への信頼を損なうだろう（Betts 2019）[34]。

「新しいローカリズム」という修辞にもかかわらず、地方政府は中央政府によってさらにその政治力をそがれている。"ダウンロード"による責任のすり替えは、財政移転の縮小と地方の収入減の圧力とを一体化させており、地方自治体に法定外サービスの施策を放棄するように圧力を強めている。さらには、起業家型のローカル・ステートを想定して、地域マーケティング（place-marketing）を通じて、そして新自由主義の理念を携えて、ボランタリー・アクションとインフォーマルの援助を奨励することで、課税基盤の維持に努めている。

まとめ

　英国の経験は、地方の政治的自律性の観点からは、法定ならびに法定外のサービスに財源を付与し、地方全体に富を再分配するといった国の平衡化メカニズムに代わるものはないことを示している。現行の「新しいローカリズム」は新自由主義を強化するもので、地方政府に与えられる政治的選択肢を狭める独自の政治的メカニズムと言えるもので、これにより、オルタナティブなローカル・ガバナンスを目指す急進的左派の運営が資源を活用できない状況をつくり出している。英国の事例（プレストンについて Schaefer 2018）や、特にスペインの動向（Russell 2019）[35] など、一部の国において「ニューミュニシパリズム（New Municipalism）」を実現する取組みが進んでいるが、そのフォーマルな政治的能力を枯渇させかねない上方および下方の制約など、地方自治体はさまざまな難局に直面している。これらは、集権化と分権化の両方のプロセスから生じており、前者は柔軟性を低下させ、後者は責任を増大させているのである。

　　　　　※【参考文献】については、巻末（p.244）を参照のこと

原注

1　Pierre, J. (2011) *The politics of urban governance.* Basingstoke: Palgrave Macmillan

2　Pierre, J. (2011) *The politics of urban governance.* Basingstoke: Palgrave Macmillan

3　Brenner, N. (2019) *New urban spaces: urban theory and the scale question.* Oxford: OUP

4　Parker, S. (2011) *Cities, politics and power.* Abingdon: Routledge

5　Swyngedouw, E. (2004) Globalisation or 'glocalisation'? Networks, territories and rescaling. *Cambridge Review of International Affairs* 17:1: 25-48

6　Peck, J. (2017) Transatlantic city, part 1: conjunctural urbanism. *Urban Studies* 54(1): 4-30

7　Peck, J. (2017) Transatlantic city, part 1: conjunctural urbanism. *Urban Studies* 54(1): 4-30

8　OECD and United Cities and Local Government (2016) *Subnational Governments around the world: Structure and finance Subnational Governments around the world: Structure and finance.* https://www.oecd.org/regional/regional-policy/sngs-around-the-world.htm

9   Wolman, H. and Goldsmith, M. (1990). Local autonomy as a meaningful analytic concept - comparing local government in the United States and the United Kingdom. *Urban Affairs Quarterly* 26(1): 3-27

10   Davies, J.S. and Blanco, I. (2017) Austerity urbanism: patterns of neo-liberalisation and resistance in six cities of Spain and the UK. *Environment and Planning A: Economy and Space* 49(7): 1517-1536

11   Aulich, C. (2005) Australia: Still a Cinderella? In: B. Denters and L. Rose (eds). *Comparing Local Governance*. Basingstoke: Palgrave Macmillan, pp.193-210

12   Tomlinson, R. (2017) An argument for metropolitan government in Australia. *Cities* 63: 149-153

13   Pill, M. and Rogers, D. (2019) Urban policy, In: P. Chen, N. Barry, J. Butcher, D. Clune, I. Cook, A. Garnier, Y. Haigh, S. Motta & M. Taflaga (eds). *Australian politics and policy: senior edition*, Sydney: Sydney University Press

14   Katz, B. and Nowak, J. (2018) *The New Localism: How cities can thrive in the age of populism*. Washington DC: Brookings Institution Press

15   Brenner, N. (2019) *New urban spaces: urban theory and the scale question*. Oxford: OUP

16   Hambleton, R. (2015) *The inclusive city: place-based innovation for a bounded planet*. Bristol: Policy Press

17   Wills, J. (2016). *Locating localism: statecraft, citizenship and democracy.* Bristol: Policy Press

18   Stoker, G. (2004) *Transforming Local Governance*. Basingstoke: Palgrave Macmillan.

19   Stoker, G. (2011) Was local governance such a good idea? A global comparative perspective. *Public Administration* 89(1): 15-31

20   Stoker, G. (2004) *Transforming Local Governance*. Basingstoke: Palgrave Macmillan.

21   Conservative Party (2009) *Control Shift: Returning Power to Local Communities*. London: The Conservative Party

22   Coaffee, J. (2005) New localism and the management of regeneration. *International Journal of Public Sector Management* 18(2): 108-113

23   Davies, J.S. (2008). Double-devolution or double-dealing? The Local Government White Paper and the Lyons Review. *Local Government Studies* 34(1): 3-22

24   HM Government (2011) *The Localism Act*. London: HMSO

25　Pill, M. and Bailey, N. (2014) The Potential for Neighbourhood Regeneration in a Period of Austerity: Changing forms of Neighbourhood Governance in Two Cities. *Journal of Urban Regeneration and Renewal* 7(2): 150-163

26　Davies, J.S. and Pill, M.C. (2012) Hollowing-out Neighbourhood Governance? Re-scaling Revitalization in Baltimore and Bristol. *Urban Studies* 49(10): 2199-2217

27　Conservative Party (2009) *Control Shift: Returning Power to Local Communities.* London: The Conservative Party

28　Lowndes, V. and Pratchett, L. (2012) Local Governance under the Coalition Government: Austerity, Localism and the Big Society. *Local Government Studies* 38 (1): 21-40

29　Stoker, G. (2011) Was local governance such a good idea? A global comparative perspective. *Public Administration* 89(1): 15-31

30　Featherstone, A., Mackinnon, D., Strauss, K. and Cumbers, A. 2012. Progressive localism and the construction of political alternatives. *Transactions of the Institute of British Geographers* 37(2): 177-182

31　Sullivan, H., Williams, P., Marchington. M. and Knight, L. 2013. Collaborative futures: discursive realignments in austere times. *Public Money & Management* 33(2): 123-130.

32　Clarke, J. and Newman, J. 2012. The Alchemy of Austerity. *Critical Social Policy* 32(3): 299-319

33　Housing, Communities and Local Government Select Committee (2019) *Local Government Finance and the 2019 Spending Review* (HC 2036, 2017-19). [Online]. London: House of Commons. https://publications.parliament.uk/pa/cm201719/cmselect/cmcomloc/2036/2036.pdf

34　Betts, C. (2019, 21 September) Local government has suffered the biggest cuts of any part of the public sector over the last decade. *The House.* https://www.politicshome.com/thehouse/article/britains-real-democratic-crisis-is-the-disconnect-caused-by-cuts-to-local-services-and-facilities

35　Russell, B. (2019) Beyond the Local Trap: New Municipalism and the Rise of the Fearless Cities. *Antipode* 51(3): 989-1010.

第2章 ◆解題◆

　日々の生活の中で、いかにわたしたちは統治されているのか。その分析と実践に使われるのが「ガバナンス」の概念である。ガバナンスは社会的な調整であり、階統制（トップダウン型の命令）、市場（需要と供給、競争）、ネットワーク（組織間、部門間の調整、互酬と信頼）の3つの様式がある。ガバナンスはパートナーシップを活用して、「ヨコ（水平）」の連携による「協治」を実践する。一方、公共政策では、政府が決定事項を「タテ（垂直）」に下すことから、タテとヨコの関係で乖離が生じることがある。ゲームのプレーヤーは市民であるにもかかわらず、ゲームのルールは国が決定するからである。

1. ガバナンスにおける「統制」「合理化」「抵抗」

　公共ガバナンスを規定する基本的な3つの要素を紹介しておきたい。国家は、国民の統合を目的として、その体制を構築し、交渉し、正統化を強化しようとする。ガバナンスも、国家と非国家との関係性を重視し、調整と合意に向けて、さまざまなネットワークから新たな社会的政治的編制を導く。ガバナンスが機能する中で、「統制」「合理化」「抵抗」の3つの要素を見出すことができるが、その要点は以下の通りである。

　第1に、「統制」は、税財源と法の権限を用いて行われる。第2に、「合理化」は、政策の運営実施の場面で発揮され、事業効果をあげるために、さまざまな実施主体に協力と政策目的の達成を求める。制度の定着を目的として管理技術を重視する[1]。第3に、「抵抗」は、国家権力の不当な行使がある場合、市民から自発的に生じる。その際、当事者と市民の共鳴と協力が必要になる。国家に譲歩と改善を求める手段には、後述する改革の運動、デモなどの批判キャンペーン、行政裁判などがある。

　「統制」「合理化」が市民に対して不利益を生み出した場合、それを乗り越えるのは、やはり民主主義の力である。市民自身が社会的政治的な「参加」を実践し、民主主義的なシステムを守り抜かなければならない。その意味で、ガバ

ナンスはソフトな統治の編制形態ではなく、対立という要素も内包している。ガバナンスでは、市民的抵抗が閉塞状況を打開し、市民と不利な立場にある人々の連帯を必要とする場面も出てくる。

　「抵抗」は、国家権力の不法な行使がある場合に、市民の利益を守ることを目的として、反対活動が起こる。異なる文脈であるが、かつてガルブレイスが「拮抗力（counterveiling power）」という用語をつくり出して、国家と産業間のバランスを説明した。抵抗や反発は、市民社会で容易に起こりえる。「市民的不服従（civil disobedience）」も、権力支配に立ち向かう行為である。ソロー（Henry David Thoreau）は、税の支払いを拒否することで権力に抵抗した。最近では、ミャンマーの軍事政権に対して市民が抵抗運動を繰り広げている。抵抗については、ミシェル・フーコーの "Gouvermentalite（統治性）" も理解しておく必要がある。いずれにしてもガバナンスにおける統制への抵抗は、民主主義の発露であり、市民の権利を守るための行動である（山本隆 2019）。

2.「ウォール街を占拠せよ」
―大都市で発生した抵抗の烽火（のろし）

（1）発生と事態の推移

　格差社会に抗する声がニューヨークで起こった。それが 2011 年 10 月 1 日から始まった「ウォール街を占拠せよ（Occupy Wall Street）」という社会運動はわたしたちの記憶に鮮明である。金融業界の強欲ぶりに異議を唱えて、1,000 人を超える人々が集まり、貧困や環境など社会の不均衡是正を訴えてデモ行進をした。

　そもそもは中東の民主化運動「アラブの春」に触発された抵抗運動であった。ツイッターやフェイスブックを通じて集まった若者を中心とするグループは、ウォール街近くのズコッティ公園（Zuccotti Park）を本拠地に泊まり込みを続けた。そのスローガンは、「我々が国民の 99％ だ。もはや 1％ の強欲と腐敗を容認しない」というもので、少数の富裕層への敵対姿勢を鮮明にした。

　その後、この運動はロサンゼルスやボストン、シカゴなどにも飛び火したが、背景にはリーマンショック後、破綻寸前の金融機関を政府が巨額の税金で救済

したこと、これまでの大企業優先の政治、高い失業率への不満などがあった。当初はあまり注目されなかったが、警察がデモ隊の取り締まりを強化する様子がウェブ上に掲載されると、大手マスコミが報道に乗り出した。仕掛け人は、反商業主義、環境問題を掲げる雑誌『アドバスターズ（Adbusters）』で、活動家、作家、教育者、学生、起業家が順次呼びかけをリレーした。当初は学生などの若者が中心で、労働組合やコミュニティ活動家などが率いた運動ではなかった。また、リーダー不在の運動からスタートした。そこに映画監督や俳優が応援し、さらには労働組合も支持を表明して、大きなムーブメントとなり、世界でも注目されるに至った。

　「ウォール街を占拠せよ」は、ニューヨークに始まって、ボストン、ロサンゼルス、サンフランシスコ、シカゴのほか、国境を越えてトロントにも拡大した。参加した関係組織は、権利擁護、労働組合、コミュニティ運動、反核、平和、宗教家などさまざまであった。

（2）目的と戦略

　デモ参加者はズコッティ公園において自家発電でノートパソコンを使い、抗議行動の情報をライブ発信するなど、参加者の優れた組織力を発揮した。アメリカの他の都市でもデモに呼応する動きが出た[2]。

　目を引いたのは、IT戦略であった。彼らの活動はインターネットの動画生中継サイト・ライブストリームや、動画投稿サイト・ユーチューブを通して世界中に発信された。動画で映し出された運動の姿は、生々しく、労働組合の従来型の運動とは異なっていた。参加者は自分の境遇や想い、体制の理不尽さをプラカードに表現し、飾らない素朴な抵抗感覚をビュアーに訴えた。

　次なる重要な展開は、「ウォール街を占拠せよ」に対して、労働組合とコミュニティ運動の参加によりさらに拡がりをみせたことである。全米運輸労組ローカル100、介護・看護労働者を組織するサービス従業員労組、全米鉄鋼労組、ニューヨーク市AFL－CIO、教員連盟、米国通信労働者組合のほか、これらの組合を統括するニューヨーク市中央労働組合評議会も参加を表明した。さらには、コミュニティ単位で労働者の権利擁護や住宅問題、貧困問題などの活動を行ってきたコミュニティ運動と労働組合が合体した活動も「ウォール街を占

拠せよ」を後押しした。オバマ元大統領がコミュニティワーカーとして地域運動をしたが、コミュニティ活動は弱者保護の視点から発展し、労働組合の運動と連携する動きをとってきた。

（3）イデオロギー

　「ウォール街を占拠せよ」の主張は、高額所得者に対する税制優遇措置の廃止、所得上位 1％に対する残りの 99％への再分配、金融関連企業などへの企業減税の廃止、介護・教育・医療などへの予算削減の阻止であった。彼らの最終目標は、不平等と格差の是正、公共サービスの充実、教育支援・職業訓練支援、労働条件改善、権利擁護などで、コミュニティ運動や労働組合関係者だけでなく、大学生や高校生から熱い支持を得た。

まとめ

　ガバナンスの主な議論は、ネットワークと階統制、中央 − 地方の政府間関係、公共サービスの市場化（およびハイブリッド化）、民営化、政治参加などである。総じて、国家 - 市民社会関係としてのガバナンスが主要テーマになる。国家は、国民の統合を目的として、その体制を構築し、交渉し、正統化を強化しようとする。ガバナンスも、国家と非国家との関係性を重視し、調整と合意に向けて、さまざまなネットワークから新たな社会的調整を図ろうとする。ガバナンスが機能する中で、「統制」「合理化」「抵抗」の 3 つの要素が鍵を握る。

注
1　「統制」「合理化」「抵抗」の 3 要素で注目されるのが「合理化」である。公共ガバナンスが専門のベビアーによる合理化の理解は、リチャード・セイラーの「ナッジ（nudge）」という行動経済学に由来する。ナッジという言葉は「ひじで突っつく」という意味で、セイラーとキャス・サンスティーンが提唱した。この用語は、人が何かを選択する際、より良い選択につながるように工夫することを意味する。ただし、ナッジをあまり評価しない経済学者は少なくないと言われている。2010 年に発足したキャメロン政権は、セイラーの協力を

得て、内閣府の下に「行動洞察チーム（ナッジ）」を組織した。ベビアーはナッジと国家理論を結びつけているが、両者は次元が異なるもので、ガバナンス学に応用するには無理があると考える。むしろ「合理化」とは、マネジェリアリズム（managerialism）が公共政策ではなじむ。新自由主義の流れを汲むニューパブリックマネジメント（NPM）は英米諸国の政策ネットワークを広めたが、NPM の主要な手段の１つが準市場の導入やマネジェリアリズムである。マネジェリアリズムは、民間部門の経理手法を公共部門に導入する慣行で、専門的な経営の追求、目標水準の設定、成果の測定、費用対効果などを指向する。

2　朝日新聞　http://www.asahi.com/english/weekly/1016/03.html

検索日：2021 年 6 月 12 日

第Ⅱ部
ニューミュニシパリズムの挑戦

　近年の経済格差、貧困問題、気候変動などといった危機の時代において、わたしたちは資本主義の矛盾を感じている。では、どのような社会で暮らしたいのか。どのようにグローバル資本主義を乗り越えて、その先を見据えたオルタナティブがあるのか。今、グローバル資本主義に対抗すべくローカルなレベルで、「ニューミュニシパリズム」という国際的な連帯が生まれている。第Ⅱ部では、この運動の実践例から多くを学びとり、今とは異なる豊かな社会のイメージを持ち、新たな公共の価値を述べることにする。

第3章
ニューミュニシパリズムの胎動

山本　隆

はじめに

　ニューミュニシパリズムという新たな市政活動が注目されている。これは基礎自治体レベルで権限を拡張し、従来型の政党政治を打破して、新たな市政を展開しようとするものである。その特徴は、住民の地域参加を最重要視し、オルタナティブな形で、集団的アイデンティティーと市民権を追求している点にある。

1．ニューミュニシパリズムとは

　ニューミュニシパリズムは、世界的な金融危機（リーマンショック）を契機にして、都市部で発動された新自由主義にもとづく緊縮財政に対抗するために登場した。ミュニシパルとは基礎自治体を指し、「近接性の政治学」を志向している。それはまさに「反乱する都市」の抵抗精神を示しており[1]、地域民主主義の実践を通して、国民国家に対する地方の民主的自治を復活させようとしている。この市政改革の思想は、都市への権利として構成されている。
　ニューミュニシパリズムの活動テーマは、*Fearless Cities*（2019）で以下のようにまとめられている。
 ・集会に基盤を置いたデモクラシー
 ・ヒューマン・ニーズを充足する基本姿勢
 ・シェアリング（分かちあい）と協同

・相互扶助と連帯

　・女性のリーダーシップ

　都市の市政改革派（ニューミュニシパリスト）たちは、ポスト資本主義の都市コモンズを構想しており、その過程で協同組合や非営利組織などと提携しながら多くの協同都市をつくりあげようとしている。最終的な目標は、グローバル資本主義の変革と脱市場化とみてとれる。

2．ニューミュニシパリズムの政治思想

　ニューミュニシパリズムは何を目指しているのか。この新たな市政改革運動の目的は、格差の拡大、民主主義の赤字や社会的不公正に抵抗し、都市民主主義を確立することにある。ニューミュニシパリストたちは伝統的な政党政治、緊縮財政や資本主義による人間の搾取に異議を唱えており、ポスト資本主義、環境社会主義の未来を構想している。彼らの企図する実験は、国家の空間をつくり直し、再領土化する際に、グローバル資本主義に果敢に挑戦し、公共空間を再創造することである。

　ミュニシパリズムの活動の軌跡をたどってみると、かつては国際的ミュニシパリズムがヨーロッパ諸国で展開され、非政治的で科学技術的なものとして発展した。その創設に向けて「共通善（common good）」を追求し、異なるイデオロギーを横断して自治体のつながりを構築しようとするものであった。同時に、革新的な都市政策を形成するのに必要な共通知である「共同科学」を求めていた。その後、社会主義インターナショナルと協同組合活動を基調にして都市運動が継続されていった。20 世紀初頭には、国家を超えたミュニシパリスト運動に成長した。当時、ガーデンシティ・都市農村計画運動（Garden Cities and Town and Country Planning movements）があり、このような集合的経済活動の試みと公共的な供給の要請は福祉国家の機能に吸収されていった。1980 年代以降は、共産主義諸国への幻滅とともに、オルタナティブを予示させるミュニシパリズムが東ヨーロッパとアジアにも伝播した。権威主義体制の民主的崩壊後には、ラテンアメリカの諸国へと広がった（Thompson 2020 :3-4）。

　国際的ミュニシパリズムはユートピア社会主義の色彩を否定できないが、現

在では新自由主義に抗する、進歩的なアーバニズムとして再び光彩を放っている。国際的な都市ネットワークは、グローバル資本主義の動きに呼応するかのように世界で拡大しており、2017年までに200以上のネットワークへと発展している。

　興味深いのは、ニューミュニシパリズムは既存の政党政治とは距離を置いており、科学技術的ツールを駆使している点である。都市においては協同組織を重視しており、多彩な政策集団を築くために、オンラインまたはオフラインで熟議を深めている[2]。

　ニューミュニシパリズムの持つ思想的な特徴は5つある。第1に、運動の出発点ではネオマルクス主義やフェミニズムの理論から影響を受けている。マレイ・ブクチン（Murray Bookchin）によるリバタリアン的ミュニシパリズムは、運動の中で広く共有されている政治用語であり、その名前の由来となっている。またアンリ・ルフェーヴル（Henri Lefebver）の『都市への権利』も参考にされている。すなわち、社会的権利は、国民国家の構成員により規定される「領土」にもとづく市民権の抽象的かつ排他的な法的権利ではなく、空間の（社会的）生産への参加により導かれたダイナミックで広範な居住権として再考されている[3]。

　第2に、コモンズを扱っている。それは「民衆の共通事項」として表される「空間的創造力」として、ニューミュニシパリズムが重視している。

　第3に、フェミニスト思想が基軸になっている。特に熟議デモクラシーの中で中心的な理論の1つとなっている。「政治のフェミニズム化」では、対話、共感、相互のいたわり、傾聴の精神を掲げている。「横断型フォーラム」において熟議し、ヒエラルキー、競争社会、家父長主義にもとづく諸関係を超克して、オープンで率直な意見交換、協同的な関係を築こうとしている。特に重要なのは、商品化を徹底させた市場主義的生産よりも、社会的再生産に重点を置いた脱市場化の途を描いている点である。

　第4に、伝統的な政党政治から脱却しようとしている。これは、マイケル・ハートとアントニオ・ネグリ（Michael Hardt and Antonio Negri）によるリーダーシップの役割の逆転、つまり「運動の戦略とリーダーシップの戦術」に影響を受けながら、公選の代表者の垂直的意思決定と社会運動の水平主義をともに拒絶している（Hardt and Negri 2017, 2018）。

最後に、ニューミュニシパリストたちが選挙での勝利を追求する場合、それ自体が目的ではなく、より広範な社会民主主義的な戦略を実施するための手段ということである。ミュニシパリストたちは、政治的民主主義と経済的民主主義とを統合することで、グローバル資本主義からの転換を図ろうとしている。

　ニューミュニシパリズムが目指す脱市場化の戦略とは何か。この点では、新自由主義的なアントレプレナーシップ（entrepreneurship 起業家的活動能力）からの離脱が重要で、社会的企業や協同組合も市場化に親和的なグループとそうでないものとで峻別されよう。その際のポイントは2つある。まず、従前に民営化された公的資産の（再）公営化を行うことである。公営化という介入は1800年代後半から1940年代において多くの欧米諸国で普及した自治体社会主義の伝統をラテンアメリカやヨーロッパ諸国が復活させている。もう1つは、民間市場における自治体企業、つまり、かつてリバプールやバーミンガムで試みられた「ガスと水道の社会主義」、ウィスコンシン州ミルウォーキーの「下水管社会主義」の教訓が再び重視されている点である。

　今日の景色では、自治体企業は金融資本主義の支配的なルールの下で破綻に追い込まれてきた。例えば緊縮財政の下で、公共サービスへ相互助成（cross-subsidy）を求められて、ショッピングセンターのような商業資産の積極的購入や安価な営利型住宅を建築する特別目的を掲げた事業体に変身する事例がみられる。

　このように、新自由主義的なアントレプレナーシップは「金融化された自治体の起業家精神」を誘導し、公的資産を直接的に民営化することなく、金融化されているにもかかわらず、表面的に資産とサービスを自治体の所有に戻そうと企図している。「アントレプレナーシップを持つミュニシパリズム」は楽観視できず（セルアウトの危険性）、ミュニシパリストたちがアントレプレナーシップに満ちたパワーを、地域内発型の経済を意識し、それをどのように包括的かつ包摂型の手法につくり直せるかは、重大な課題である。

3．ニューミュニシパリズムの政策展開

　ニューミュニシパリズムの斬新さは、国家の論理よりもむしろ、都市への権利を具現化する新しい制度形成への営みにある。それは、新たなローカル・ス

テートの形を目指しており、「非政治」と「反政治」で対照をなしている。後述する一部の日本の協同組合やNPOなどにみられる非政治性のスタンスはとらない。ニューミュニシパリズムは新たなローカル・ステートに向けたラディカルな改革主義の方向に舵をきっている。その姿勢は以下の通り、きわめて明確である。

- ・デジタルを介した市民プラットフォームの確立
- ・伝統的な政党政治への異議の申し立て
- ・アンカー機関と協同組合の非政府都市ネットワークを通じた経済開発への挑戦
- ・国家に代わる都市議会を通した自治連合の構築

ニューミュニシパリズムのオンラインのサイトを閲覧すると、自治体プラットフォーム用のツールキットを記載している。そこでは19カ国、140人以上が現代の諸課題とニューミュニシパリズムの役割を説明するエッセイを寄稿している。資金はクラウドソーシングで調達し、選挙のマニフェストを公開している。この政策ツールキットは世界中の都市で実践されている改革政策を例示しており、世界中の50の先駆的なミュニシパリストのプラットフォーム集となっている。

プラットフォーム集で記載された一連のエッセイは、資本主義の負の部分を強調しており、国家権力に抵抗する行動を呼びかけている。寄稿者の1人であるデビー・ブクチン（Debbie Bookchin　マレイ・ブクチンの娘）は、投票行動を通じて大きな変化は生じないと述べて、議会制民主主義よりも直接民主主義を支持している。彼女には、ニューミュニシパリズムは中央集権化に抵抗する理にかなった手法なのである。

この実践ガイドから示唆された、ミュニシパリズムとは何か。この疑問に対する回答が以下の通り述べられている。

- ・政治の女性化—組織と権力の家父長的なモデルに対して、政治的解決策の中心にケアワークを置き、地方の分散型の具体的な行動に焦点を当てる。
- ・ミュニシパリスト運動の国際主義的コミットメント—地域基盤の組織と行動に基づいた解決策を優先するが、利己主義やパロキアリズム（偏狭主義）と誤解されないように配慮する。

その急進的なイデオロギー的枠組みは、フェミニズム、平等主義、反資本主義、人々の自由な移動、公正な家賃管理、公共支出の増加、最低賃金の引き上げなどで構成されている。このようにニューミュニシパリズムの思想は、進歩的で社会的にリベラルな政策アジェンダとして認識されている。これを政治学からみると、超党派のプラットフォームを形成し、ミュニシパリズム、財政連邦主義、ローカリズムで理論武装していることがわかる。重要な戦略は「合流（confluence）」である。自治体プラットフォームにとって、思想を分かち合う政治諸派の「合流」は、組織強化として、避けて通れない。「合流」は、個々の政治プロジェクトで提携を図り、市民を結びつけて政治参加させることになる[4]。

　先にニューミュニシパリズムが目指す脱市場化の戦略に触れたが、所有権のあり方として、公有化というテーマも重要政策になっている。すなわち、公共スペースはあくまで地域住民のためのリソースだと強調する。公共スペースは、民営化に走ることはやめて、地域での協議とその利用を不可欠とする住民のニーズを配慮して設計し直す必要がある。同様に、住宅、ジェントリフィケーション、観光などは、地域への脅威となっているが、ミュニシパリストたちは、投機的な不動産投資を制限し、公正な家賃管理と都市計画を実施して、手頃な価格の住宅の建設を公約している。また新たに建物や土地を購入し、新しい住宅を建設し、既存の市営地や財産を転用することによって、公営住宅のストックを拡大することを確約している。

　さらには、都市開発の持続不可能にも言及する。すなわち、高炭素排出モデルを否定し、健康的で持続可能なオルタナティブを示している。つまり、まち中はコンパクトで歩きやすく、適正規模の都市を築き、再生可能エネルギーを利用し、すべての人がアクセス可能な公共交通機関を提供する風景を描いている。周知の通り、都市では人ではなく車のために設計されている場合が多い。例えば税金が自動車用の道路インフラに多く支出されている。この車中心のアプローチは、大気汚染や騒音、交通事故、車用に偏った公共スペースを生み出してきた。ガイドが推奨する提言では、自動車専用のスペースの削減、高公害車の禁止または課税、制限速度の徹底、混雑料金の導入などがある。

４．ミュニシパリスト活動の事例

―欧米を中心にして

　参加型のミュニシパリスト活動の事例について、以下に示しておきたい。

（１）アルメンドロ３―スペイン・マドリード市

　アルメンドロ３は、マドリード市の放置された土地区画で、子どもたちの手でよみがえった遊び場である。2015 年に、市議会は文化スペースへの転用を提案したが、地元住民や子どもたちから代替案が出された。その空き地は、遊び場や居場所の価値を持ち、加えて協同の思想を学ぶ場とすることを提案した。そこで市議会は、子どもたち自身で遊び場を設計し、両親が管理と責任を担う参加型プロセスを開始した。アルメンドロ３は、今は子どもや高齢者のためのレクリエーション用のエリアとなっている。噴水と砂場があり、ヤシの木、生け垣、季節の花、箱木、アロマ植物をとり入れたスロープ沿いにベンチが設けられている。市民の手でつくられた憩いの場の例である[5]。

（２）持続可能な観光を求める近隣集会 ―スペイン・バルセロナ市

　2017 年に、バルセロナ市は旅行客用宿泊施設を配慮した特別都市計画を承認した。それは、ホテルと観光用アパートの許認可を規制することで、オーバーツーリズムを防ぐ目的を持ったゾーニング計画を盛り込んだ。この計画は、粘り強い社会運動により都市政府が住宅に対して大胆な措置を講じた一例である。特別都市計画が策定される数年前に、バルセロナ全域の近隣地区でオーバーツーリズムに対する批判が噴出していた。この運動は、観光が家賃を高騰させている現状を争点にして、ホテル開発に反対する意見を集約していた。2015 年に地元住民が近隣集会に参加して、住宅の権利を提唱して、「持続可能な観光を考える近隣集会」を組織化し、住民の連帯を図った。その結果、市計画案は、歴史的シティセンターでの「脱成長」ゾーンを設置する内容を記載することにした[6]。

（3）スーパーブロック —バルセロナ市

　バルセロナ市では、市内すべての旅行の 25％以下は車による移動に任されている。そのため、公共スペースの約 70％は車とその駐車場の専用に当てている。そこで考えられたスーパーブロックは、自家用車の利用を特定のブロックに制限し、歩行者専用道路の交差点に新しい公共の「広場」を設けることで、車中心のスペースの不均衡を是正する試みである。スーパーブロックに入るのは、居住地からの交通、公共サービスの送達、緊急車両、配送車両（特別な状況下）のみで、時速 10km の制限速度を順守する必要がある。スーパーブロックは、コミュニティの生活、緑地、スポーツと運動用のスペースにもなっている。2016 年にポブレノウ近郊に最新のスーパーブロックが設置されて、この企画を支持した地元住民が集まり、市議会の評価プロジェクトチームも参加している[7]。

（4）ポートランド借家人連合 —アメリカ・オレゴン州ポートランド市

　2016 年、ポートランド市内の家賃は過去 4 年間で 30％上昇した。市の年次住宅報告書によれば、市内の 2 ベッドルームのアパートの中央値価格は、一般世帯には手が届かない状況にあった。特にラテン系、アフリカ系、ネイティブアメリカン、ひとり親世帯にとって、中央値価格の家賃を支払うことはできなくなっていた。この家賃危機が市民の運動を呼び起こす契機になった。この住宅問題を機に、ポートランド借家人連合が生まれ、家賃統制を行い、理由なき立ち退きを家主に認めさせない規定を要望した。2016 年 11 月、これらの草の根の活動が始まり、選挙戦を左右するまでになった。その結果、市は手頃な価格の住宅を実現するために 2 億 5,800 万ドルの市債を承認した。以来、ポートランドの住宅政策では、12 ヶ月間での理由なき立ち退き、10％以上の家賃引上げを求められた借家人に対して、2,900 ドルから 4,500 ドルの範囲の引越援助金を家主に課す「強制借家人引越援助」の条例を制定した。この新しい条例は、何千人もの借家人に安定した暮らしを保障することになり、市は賃貸サービス局を設置して、借家人と家主との紛争を調停し、市内のすべての家主に登録を求める条例を準備している[8]。

（5）最も緑豊かな都市行動計画 ―カナダ・バンクーバー市

　2008 年、地域プラットフォームである「ビジョン・バンクーバー」は、バンクーバー市を 2020 年に世界で最も緑豊かな都市にする公約を打ち出して当選した。3 万 5,000 人以上の地域住民（人口の 5% 程度）が、2 年間の定例会議を通じて緑化計画に参加し、180 以上の市民組織、労働組合、学術機関が参加した。2015 年 4 月には、市は徒歩、自転車、公共交通機関による移動を規定した計画を 50% 以上実現している。この計画の成果のおかげで、市は世界のグリーン指数で同年に第 4 位にランクインしている[9]。

（6）アリアペサ（Aria Pesa）草の根大気汚染測定活動
―イタリア・ボローニャ市

　2017 年、ボローニャ市の空気は粒子状物質、オゾン、二酸化窒素の規定基準の限界を超えていた。市民プラットフォームの「ボローニャ市民連合」は大気汚染を測定し、マッピングする目的で、各家屋の近くに空気サンプリングセンサーを設置して、アリアペサ市民ネットワークを支援している。350 以上のセンサーが市内のいたるところに設けられており、空気の質の監視を行う公式機関だけでなく、個々の住民、学校、近隣の団体、大学が大気汚染測定に関与している。ボローニャの住民は大気の質を改善し、人々の健康を守り、市政の改善を要求するために、クラウドソースによるデータ収集を行っている[10]。

（7）人民宣言 ―ロンドンの街を取り戻す

　ロンドンのミュニシパリスト運動は、2015 年の市選挙の際に学校教員と若者によって進められた。市内の 75 のグループと面談し、ロンドンの課題、希望、アイデアビジョンが何であるかを尋ねることによって、「人民宣言」を策定している。オンラインで意見集約をして、対面イベントを開催した。特に清掃員やホームレスの人々など、疎外されたグループに手を差し伸べることに配慮した。彼らは合計でマニフェストに約 2,000 件の意見を盛り込んだ。プラットフォーム型の活動はクラウドファンディングで資金調達され、寄付は一口平均 10 ポンドであった[11]。

（8）シェア（SHARE）
──英国フロム市（人口2万7,000人）の独立組織

　シェアは、地域の社会的企業と連携して、自治体によって設立された組織である。それはイノベーション志向で、低コストの参加型プロジェクトの優れた事例である。フロム市は7,000ポンドの資金を提供して、8人の若者がコミュニティビジネスの専門家を養成する目的を掲げて、特別な訓練事業を立ち上げた。図書館にある廃棄予定の備品をリサイクルし、使用していない用具を住民に低料金でレンタルしている。最初の1ヶ月で、300以上の備品が寄付され、または貸し出され、60人のメンバーがレコードプレーヤー、プロジェクター、PAシステム、玩具、楽器など30以上を借りた。図書館にあるスペースは、織物などの地域イベントにも活用され、電気製品の修理方法を学ぶ無料講座にも使われている。この事業のマネージャーは、ショップやレストランから食べ物の寄付を受けて、生活困窮者のためのコミュニティ冷蔵庫を管理している[12]。シェアは、廃棄物の削減、生活困窮者の支援、社会的包摂の創造、伝統的なクラフト技能の継承、若い起業家のための訓練の提供など、複数の目標を達成している。それは非常に少ない費用で、ニューミュニシパリズムを機能させている好例である[13]。

5．考察

（1）よみがえるミュニシパリズムの思想

　ミュニシパリズムの思想を検討する際、マレイ・ブクチンの著書『エコロジーと社会』が参考になる。ブクチンのミュニシパリズム論は明快である。ミュニシパリズムは、市民と公的機関の関係を再規定しており、両者の協力が相互信頼を強め、参加型の公共計画と政策を強化するための基本になるという。相互主義（reciprocity）と連帯にもとづいた協働により、国民国家（nation state）に対する対抗権力となることも可能で、新しい政治の展望を開くとしている。彼は、社会資本の整備はローカルルールと住民参加による社会的意思決定にもとづくべきだとして、ミュニシパリズム論を提起している（ブクチン 1996）。

ブクチンが求めるのはリバタリアン型ミュニシパリズム（Libertarian Municipalism）である。これは直接民主主義に依拠する政治行動で、連合形式（confederate form）で構成された都市基盤のアセンブリ（assembly 集会）を通じて実践されるものである（Bookchin 1998）。この運動は国家の権力を暴力的に奪うことなく弱体化させ、それを一般市民の手に戻すというシナリオにもとづいている[14]。

　ミュニシパリズムの問題意識を確認しておくと、その根幹には、官僚的で非人間的となった国民国家と、住民に寄り添う地方自治体の間に、実践のみならず、イデオロギー的な乖離が広がっていることがある。ミュニシパリストたちは、国家、資本主義、専門家による支配が「ヒエラルキー」という社会政治的病理をつくり出し、環境問題や福祉問題を放置していると認識している。

　国民国家が政治単位になって約 400 年になるが、20 世紀末にはグローバル資本主義が台頭し、各国政府は法人税率を相次いで引き下げ、公害規制を緩和し、市場開放を通してグローバル企業を優遇してきた。その半面で、地域経済はそのしわ寄せを受けて衰退し、財政難を余儀なくされている。この結果、国民国家の基礎である地方自治体は衰弱している。国家管理主義に抗して、市民に向けて分権化された、自立した自治体の連合による運動が求められるのはこうした事情からである。集権的な国民国家に対する民衆的なオルタナティブの要求の声が世界の各地で増幅している。

　ミュニシパリズムは、社会の根底にある人々の権力剥奪（disempowerment）という流れをせきとめることから始まっている。そうであるから、意思決定において、直接的な熟議のシステムを手段にして、「参加民主主義」を単に政治のみならず、生活の側面において、草の根型の参加主義を構築しようとしている。その解決の手段が直接民主主義の実行なのである。国民国家の弊害をなくすめために、国家の収奪的な性格を薄め、その権力を対面型の住民集会と自治体の連合に移すことをねらいとしている。

　ミュニシパリズムはまさしく政治運動であり、国民国家に対する対抗権力となりえるものとして、世界の各地でその萌芽がみられている。地域社会の連帯は、リバタリアン型ミュニシパリズムにつながり、新しい政治の展望を抱かせるものと考えられている。その系譜は、アメリカ革命とフランス革命、パリ・コミュー

ンに遡るもので、これがオールド・ミュニシパリズムである。現代によみがえっ
たミュニシパリズムの運動は地域社会を変革し、自治団体の間の連合が変革運
動のコアになることが期待されている。それは、自らの権限で地域権力を構築
する運動である。このアプローチがどこまで広がるのかは、地域の生活の伝統、
市民的な資源、直面している諸問題を市民自身が認識することが鍵となる。

　現代での1つの例は、スペインのカタロニア市民の政治綱領であるバルセロ
ナ・アン・コム（バルセロナのコモン）である。それはまさにミュニシパリズ
ムを都市政治の文脈で実践している。ほかにも、「ウォール街を占拠せよ」の
運動、近隣地域の諸組織、社会福祉のグループ、社会的企業の実践例が各地で
生まれている。これらは、生成と消滅を繰り返すものの、国民国家に自制と軌
道修正を迫る存在となっている。この数年間、都市コモンズとミュニシパリズ
ムの理論は、対抗的政治アクターのための都市における2つのオルタナティブ
として台頭している。

（2）ニューミュニシパリズムの性格

　ニューミュニシパリズムは旧来のミュニシパリズムからさらに進化しており、
社会変革と都市への権利を生み出す重要な実践として評価されている。それは
ポストグローバル資本主義の未来を占う「多様な経済」を推進し、日常生活の
場面では都市空間が再形成され、コーポラティブ・ハウス[15]や代替通貨、コミュ
ニティガーデン、社会センターなどといったものを通じて、変化する社会的ニー
ズを充足できるオルタナティブな都市システムや経済空間を構築しようとして
いる。それは地方自治制度を革新することで一歩前を踏み出しており、国家の
論理を超越した「都市の政治的地平」の出現を予示させる。「合流」という概念は、
都市の空間的仮想的なアゴラに集まる「複数性」の政治を示唆している。アゴ
ラは、古代ギリシャの都市国家を想起させる[16]。

　「フィアレスシティ」を掲げる諸集団はポストグローバル資本主義を意識し
ており、新しい諸制度（近隣から都市圏へ）に向けてブクチンの思想を借り
ている（Bookchin 1987, 2014）[17]。ブクチンの思想は、中東シリアにあるロジャ
ヴァの活動家に最も影響を与えているが、他の「フィアレスシティ」集団でも
支持されている。アテネの直接民主主義や、ハンナ・アレントの公共哲学、パ

リ・コミューンを前提としたポスト国家の自治社会を構想している点は興味深い[18]。

　合意形成については、アレントは観察者と公共性といった言説で理論化している。公共性という言葉は、19世紀半ばから20世紀の思想家の間では必ずしも肯定的な意味で用いられてこなかった。アレントは公共哲学をより発展させて、カントとともに、行為者よりもむしろ、観察者の果たす役割を重視した。観察者は、行為者のように意思形成にかかわるのではなく、自らの意思判断を公にすることにより、相互の判断と意見を交換することにより、公共的領域に必要な内省の次元を形成していくのである。彼女の議論では、意見の交換の中にこそ、合意が形成されるという公共的領域の意義を説いた。これは第8章で触れるアルペロヴィッツの「多元的コモンウェルス論」と共通するもので、複数性を条件とする公共性を描いている。

　人民集会による合意形成とはどのようなものなのか。それは、都市コモンズの一部を共同所有に近づけ、直接民主主義の手段にして、政府ではなく都市社会の代表者たちによって民主的に統治される独立した組織を構想している。これは、国家の論理を根底から覆すものであり、形式的な代表政治を避けている。この逆説的な「政治的反政治学（political anti-politics）」は、自由民主主義的な代表制メカニズムを超えたものにみえてくる。都市ミュニシパリズムの地平を見据えて、政治の変革は、ローカル・ステートの輪郭を混ぜ合わせることで、再構成し始めている。この点を理解するためには、第2章のピル理論を再読してほしい。

　マシュー・トンプソン（Mathew Thompson）がニューミュニシパリズムをうまく類型化している。3つのタイプについて、以下で紹介しておく。

　　・第1のタイプ：「市民プラットフォームを基礎とするミュニシパリズム」
　　　　　　　　　　　　　　　　　　　　　　　　　　—バルセロナ・アン・コム

　新しい市民プラットフォームを確立するために、市民社会の動員によって、国家やプラットフォーム資本主義に対抗する。デジタルなプラットフォームのテクノロジーを利用しているのが特徴である。

　　・第2のタイプ：「都市自治を志向するミュニシパリズム」
　　　　　　　　　　　　　　　　　　　　—アメリカ・ミシシッピ州ジャクソン市

表3−1　ミュニシパリズムの3つのモデル

	プラットフォーム型ミュニシパリズム	自治型ミュニシパリズム	経営型ミュニシパリズム
例	バルセロナ、スペイン式合流（Spanish confluences）、ベルリン	ロジャヴァ、ジャクソン（アメリカ）	プレストン（英国）、クリーブランド（アメリカ）
起源	社会運動志向、居住／近接の都市の政治にルーツあり	社会運動志向、地域に基盤を置いた文化／人種的アイデンティティーにルーツあり	テクノクラート型／シンクタンクのプロジェクト、コミュニティの富の構築にルーツあり
触媒作用	金融化、所有権獲得、新自由主義型緊縮アーバニズム	人種差別的、抽出的、環境破壊的な植民地資本主義国家の因習・慣行	新自由主義の経済衰退、都市の縮小、産業空洞化の解決策の失敗
戦略／目的	二重権力を通じてローカル・ステートを変化させる（反国家や超国家）	民主主義、環境社会主義、セルフガバナンスの実現（外部に新しいポリスを構築）	地域経済の改善／再生（内部から国家を改革する）
手段vs目的	アゴラの弁証法	アゴラモデル（政治過程志向）	テンプル寺院モデル（経済的成果の志向）
制度的形態	新しい国家機関（デジタルなプラットフォーム／協同組合、参加型予算、人民集会）	自立した自治型コミューンや協同組合の連合	コミュニティ所有の機関（労働者協同組合、コミュニティ土地トラスト、アンカー機関）
歴史的影響	アナルコ・サンディカリズム、協同組合主義、連邦主義	アナーキズム、国民の自己決定の闘争	自治体社会主義、フェビアン主義（英国）、ギルド社会主義
理論的影響	フェミニズム、都市の権利（ルフェーブル）、リバタリアン・ミュニシパリズム（ブクチン）	フェミニズム、脱成長、環境社会主義、リバタリアン、ミュニシパリズム、ローカリズム	協同組合主義（モンドラゴン）、多元主義的コモンウェルス（アルペロヴィッツ）
仮想空間	都市プラットフォーム、合流（流れ、オーバーフロー）、都市の日常生活	連合コミューン、生態地域主義	水漏れバケツ、トリクルアウト型経済の抑制、アンカー機関の流入）
経済的介入	プラットフォーム資本主義の社会化（デジタル主権、プラットフォーム協同組合）	脱商品化された価値の循環（社会的再生産、コモニング）	地域に特化したサプライチェーン（進歩的な調達政策、労働者協同組合）

出典：Thompson M (2020) What is so new about New Municipalism?, pp.11-12

集合的で自己組織化を通じた協同都市を目指している。協同組合の連合、コミューン、人民集会といった国家なきポリスを目指している。エコ経済・エコ地域を構築し、文化的人種的な自己決定の権利を獲得するために、反国家主義闘争に動機づけられている。

・第3のタイプ：「内発型地域経済を志向するミュニシパリズム」

　　　─アメリカ・オハイオ州クリーブランド市および英国プレストン市

テクノクラート工学により地域経済の民主化と発展のために、ローカル・ステートの改革を目指している（Thompson 2020 : 10-12）。

まとめ

新自由主義イデオロギーとそれに伴う福祉国家の後退によって、社会的に弱い人々を保護する国家モデルは後退した。これに対抗して、ジェンダーの平等や環境正義を求める地域運動が勃興している。世界の各地域において、持続可能なコミュニティ開発、経済民主主義、社会正義、コミュニティの所有権の拡張を実現しようと努めている。

こうした解決困難な生活問題の解決に向けて、自治型地域福祉、協同、相互扶助の原理を掲げて市政改革を進めるのがニューミュニシパリズムである。それはエコロジー運動、女性解放運動など、現代の様々な社会運動が提示している価値を積極的に組み込んでいる。何よりも、グローバル資本主義に対抗するための1つの可能性として構想され、実践されている。

ニューミュニシパリズムは公権力を志向することで、そして地域の連帯経済を承認することで、集合的行為モデルを提示している。このモデルにおいては、公権力が社会化と集合的プロジェクトを推進していく力を支援している。その活動は、地域での共通課題を解決するために構築されたアンカー機関（anchor institution）の下で、集合的な福祉活動の形態を考案し、協力と社会的交換を重視ながら市民権や生活保障の実現を推進している。

注
1　デビッド・ハーヴェイ著（2013）『反乱する都市』森田成也・大屋定晴・中

村好孝・新井大輔訳（作品社）は資本とアーバナイゼーションの内的な結びつきとそれが生み出す階級闘争を詳述し、1％の人々の手にある「都市への権利」すなわち「われわれの内心の願望により近い形で都市をつくり直し、再創造する集団的な権利」（26頁）を99％の人々のもとに取り戻す道を模索するものだと述べている。

2 *Fearless Cities* : 44

3 　ルフェーヴルからの影響は、「民主主義はあなたが住んでいるところから始まる（democracy begins where you live）」という、難民の行動をめぐるミュニシパリストのキャンペーン行動に示されたとおり、スペイン式合流のモットーとなっている。

4 　ミニ・マニフェストには、次の項目がある。率先することを恐れてはいけない、ジェンダーのバランスと多様性を確保する、共通の目標を中心に置く、プラットフォームを公開する、集団的な情報を保護する。とりわけ政治から見落とされて、声が聞こえない人々に手を差し伸べるために特別に配慮するといった諸点が示されている。他にも、様々な形でコミュニケーションをとる。政治を楽しくするために、文化、音楽、芸術、ゲームを楽しむ。署名収集など、立候補候補に対する一般的なサポートを試してみるという指南が掲載されている。

5 *Fearless Cities*, Op Cit: 95-96

6 　Ibid : 100-101

7 　Ibid : 115

8 　Ibid : 101-102

9 　Ibid : 113-114

10 　Ibid : 114

11 　Ibid : 36

12 　コミュニティ・フリッジと呼び、住民が立ち寄って冷蔵庫から自由に食べ物を取り出す。食料は寄付で集められたもので、賞味期限が近いもの。近隣住民がさりげなく食べ物を置いていく。

13 *Fearless Cities*, Op Cit: 72

14 　リバタリアンは、個人的な自由、経済的な自由を重視する思想である。自

由主義上の政治思想・政治哲学の立場をとり、新自由主義が経済の自由を重視するのに対し、リバタリアニズムは個人の自由を重んじる。

15　もともとは18世紀にロバート・オーウェンが自ら経営するスコットランド、ニュー・ラナークの繊維工場の傍らに始めた協同組合に端を発する。近年では、コーポラティブ・ハウスは都市再生の手段として活用されている。

National Cooperative Law Center

https://nationalcooperativelawcenter.com/national-cooperative-law-center/the-history-of-housing-cooperatives/#:~:text=The%20cooperative%20housing%20movement%20began,a%20king%20controls%20his%20kingdom.

Accessed on 2021-03-01

16　アゴラは、古代ギリシャで、市民の政治、経済にまたがる生活の中心をなした広場である。市民総会や公開裁判の慣行を早くから備えたギリシャ都市国家（ポリス）に特有の公共空間である。もともとは市民の集いを意味したが、集会の開かれる場に転用された。

17　Bookchin, M.(1987) *The Rise of Urbanization and the Decline of Citizenship,* Sierra Club Books.

Bookchin, M.(2014) *The Next Revolution : popular assemblies and the promise of direct democracy,* Verso.

18　「フィアレス」は、貧困、生活苦、環境悪化、乱開発といった恐怖から解放されていることと、恐れを知らない勇猛果敢なという二重の意味を持たせている。

第4章
スペインのバルセロナ・アン・コムの戦略

山本　隆

はじめに

　バルセロナ（Barcelona）は、スペイン・カタルーニャ州バルセロナ県のムニシピ（基礎自治体）である。カタルーニャ州の州都で、バルセロナ県の県都である。人口はマドリードに次いでスペインで第2位に位置する。国際的な観光都市であると同時に、国際会議が世界で最も多く開かれる都市の1つであり、政治・文化・学術の面で大きな影響力を持っている。

　スペインの「バルセロナ・アン・コム（Barcelona en Comú）」はニューミュニシパリズムのモデル的な運動を展開している。バルセロナの市政は、2015年と2019年に連立の市議会となり、安定した運営はできない状態にあった。住宅政策のような重要な分野では政策が決まらずに混乱が生じていた[1]。そうした混乱期に、バルセロナ・アン・コムはラディカルな改革を促すために、大胆な戦略を練り上げて、市の権限を最大限に拡張しようとした。また中央政府に反抗する形で社会運動を展開し、地域組織との連帯を強めた（stakeholder report; Blanco et al. 2020）。緊縮財政と保守的ナショナリズムに対抗して、公的な領域の拡張を主張する、これが政治信念である。市長アダ・コラウ（Adau Colau）は言う、「公共空間が多ければその質は格段に良くなり、民主主義の質も向上する」と（アダ・コラウの言葉 2018）[2]。

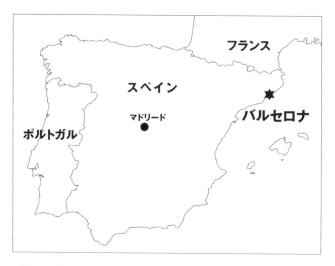

スペインのバルセロナ

1．バルセロナ・アン・コムの思想と活動

（1）概況

　バルセロナが位置するカタルーニャは、スペインとフランスにまたがる地中海に面した地域で、スペイン側カタルーニャは現在カタルーニャ自治州となっている。その中心地がバルセロナである。カタルーニャ自治州の面積はスペイン全体の6.4％を占め、人口は約750万人でスペイン全体の16％を占める。言語はカタルーニャ語で、独自の歴史を持ち、1714年まではカタルーニャ公国として存在していた。独自のアイデンティティーとメンタリティを有する。歴史的に商工業が盛んで、スペインで唯一産業革命が生じた地域であり、GDPはスペイン全体の約20％を占める。

　カタルーニャは商工業が盛んで、スペイン随一の観光地としても有名である。ただし、この地域には小売店の休日を決定する権限などはなかった。また、財政赤字に苦しむカタルーニャ州政府への財政的締め付けも行われた。カタルーニャ自治州には、特別財政制度下にあるバスク自治州やナバーラ自治州が有する徴税権は与えられていない。スペインで最も豊かな地域であるものの、リー

マンショックに起因するスペインの経済危機の影響を受けて、緊縮財政による締め付けを受けてきた。その結果、不利な租税配分に端を発して、自決権をさらに意識し、独立を主張するようになっている。カタルーニャの独立問題については、2017 年 10 月 1 日にスペインからの独立の是非を問う住民投票が行われた[3]。

　近況であるが、2019 年 5 月末の統一地方選挙（州議会・市議会）の結果を受けて、全国の市長が 6 月 15 日に新たに選出された。バルセロナ市議会選挙で、独立賛成派のカタルーニャ共和左派（ERC）が第 1 党となったが、僅差で第 2 党となった急進左派ポデモス系の地域政党のアダ・コラウ現市長がカタルーニャ社会党（PSC）やシウダダノス（C's）から造反した一部市議の支持を得て、市長に再任されている。今後は、コラウ体制の続投は予断を許さない。

（2）思想

　前節でみたように、ニューミュニシパリズムはグローバル資本主義に対抗する形で登場した。世界的な金融危機（リーマン・ショック）を契機にして、都市中心部（特にスペイン）で断行された緊縮財政に対応するためである。権力奪取という野心もあらわにしている。2015 年半ばから、スペインの主要都市で、バルセロナ・アン・コムのような市民プラットフォームは、「二重権力」の戦略を通じて、自治体議会を支配し、反緊縮財政運動の力を結集して、候補者を市議選に選出していった。候補者の多くは、この運動から引き出された[4]。

　2015 年にバルセロナ市長に選出されたアダ・コラウは、住宅問題に対して住宅差し押さえに異議を唱えて、反立ち退きと公正な住宅政策をプラットフォームに掲げた。先に触れたミュニシパリストの「合流」という政治戦略は、都市街区で広がった緊縮財政に対する抗議の高まりで実現した。15-M 運動またはインディグナドス（Indignados 怒れる人びと）といった社会的運動のエネルギーは新たな政治的可能性を生み出し、市民の期待を膨らませた。スペイン式合流（Spanish confluences）には、市民主導の自治体ガバナンス改革と、都市の政治経済の民主化といった 2 つの側面があるが、これは幅広いグローバル運動のモデルとなり、最先端の政治運動へと発展している。スペイン式合流のモットーは「現在は共通で（Ahora en Comú）」というもので、アホラ・マドリード

（Ahora Madrid）、バルセロナ・アン・コムなどの多様な都市プラットフォーム
で反映されている。

活動理念

　基本的な政策理念は以下の通りである[5]。

①すべての人に基本的権利と尊厳ある生活を保障する

　バルセロナでは、基本的なニーズを満たせない生活困窮者が増えている。地
方自治体は生活困難を軽減するために、すべての権限とリソースを生活問題に
当てるべきだと宣言している。例えばヘルスケアでは、無料で、普遍的で、効
率的な医療をすべての地域においすて保障する。医療の不当な技術を提供する
のではなく、人々の真のニーズに向けられた、より人道的で、より公平で、よ
りパーソナルなヘルスケアを尊重する。

　教育では、公教育と質の高い教育は市の未来そのものであるとしている。こ
れまでの教育予算の削減の結果、特殊教育を担当する教員の数は減少した。教
育を受ける権利をすべての人が享受できるように、市議会は公立学校の人的お
よび経済的資源を増やし、教員の待遇が改善されることを要求する。

　住宅では、生活と住宅を密接につなぐ方針をとる。スローガンは「適切な住
宅なくして、適切な暮らしはない」である。住宅危機の状況において、市は立
ち退きを認めてはいけない。社会的住宅、公正な家賃、住まい確保のために、
協同組合の活用などを優先する自治体政策を望む。住宅を反社会的に利用して
いる金融機関や家主に対する適切な制裁を求める。

　住宅、健康、教育に関連する社会的ニーズは、社会福祉や他の基本的なヒュー
マンニーズにまで拡大されなければならない。市は社会的排除に反して行動し、
社会的に脆弱な人々をケアし、個人の自立を促進する政策を強化して、地域の
福祉に取組む必要がある。また、住民は公共交通機関の料金が高騰し、栄養失
調の人々が増えるような都市を望んでいない。バルセロナのすべての住民が最
低限の所得、十分な食料、水、電気、ガスの供給を利用できるように、市の権
限と資源を活用しなければならない 。また地下鉄、バス、トラム、自転車で
首都圏を安価な料金で移動できるように配慮する必要がある。

②社会的および環境的正義にもとづいた経済の確立

　現在の経済的生産的モデルを変革しなければ、すべての住民に権利と尊厳ある生活を保障することは不可能である。近年経済危機の代償は一般の人々に降りかかっており、これに対し、公共政策は大手の金融業、不動産業、観光業に利益をもたらしてきた。

　市場型経済は市民生活の基本を破壊し、常に投機的な経済を生み出している。このような状況を逆転させ、将来を見据えて、社会的で持続可能な経済を促進したい。ニューエコノミーへの移行には、コミュニティでの働き、生産、消費、流通、新しい生活様式が必要である。

　観光モデルを再考することは、最初に取らなければならない課題の1つである。バルセロナは年間約750万人の観光客を受け入れている。しかし、観光のメリットは少数の手に集中しており、そのコストは市民の大多数が負担している。

　地方自治体の財政政策は積極型で生態学的指向を持たなければならない。空きアパートに対する厳格な管理、再生可能エネルギー施設の促進、観光税の導入、土地投機に対する規制的税制、水消費に対する関税の引き上げ、廃棄物処分への支払いなど、これらの目標を達成する。

　住宅改修では、エネルギー効率基準を順守した建設を進める。都市農業、ケアサービス、依存症、高齢者および子どもへのケアとサポートを充実させる。また文化活動の促進、生態学的に持続可能な技術の研究は、すべての市民にディーセントワークと健康的な生活の礎となる。

③民主化された制度と市民の自己決定にもとづいた都市の建設

　市民は、自分の生活の範囲において、すべてのことを自己決定する必要がある。他の分野では、地方自治体とその管理者が常に市民からの監査を受けなければならない。

　市民の福祉を保障するために必要な自治体機関が多く設けられている。しかし、特定の者に利益をもたらし、公的資金を貪る不透明な機関も存在する。業務の合理化と透明性を保障する刷新的な計画を策定する必要がある。またすべての自治体関係者の給与システムを見直し、上限を設定する必要がある。市民

には、自分に影響を与えるすべてのものを適切な方法で決定する権利がある。

　市民参加メカニズムを包括的に改革して効果的に運用し、平等とジェンダーの基準を打ち立てることも望んでいる。そして、地区評議会委員が直接選出されることを望んでいる。そして、地方自治体の協議と公聴会の意義を広く認識する必要がある。都市改革やマクロ計画など、予算に大きな影響を与えるすべての決定は、拘束力のある市民協議の対象となる必要がある。

　都市の民主化は、地域の事業、一般的な財とサービスの自己管理ネットワークを促進することでもある。それらは社会センターから、生活協同組合、地域菜園、タイムバンク、幼児期の家族向けスペースにまで及ぶ。教育機関は自律性を尊重し、スペース、資源、技術なサポートを提供する必要がある。

④市民への倫理的なコミットメントの確立

　新しい公共政策を提案するだけでは不十分で、政治のあり方を大きく変える必要がある。民主主義では、すべての市民が行政や政治的代表の任務を引き受けることができなければならない。市区町村は近接しているため、この特性を実現するのに理想的である。

　市民と代表者の間の緊密なつながりは重要で、個人的な美徳の理由で市政が改善されるという幻想と戦うことから始まる。政治の代表者は、監視され、制約を受ける必要がある。そうでなければ、事実上権威主義に走り、民主主義が容易に棄損されかねない。

　ミュニシパリストは、職務の遂行において拘束力を持つ倫理的コミットメントを負うことを望んでいる。市民と代表者の間のこの社会契約は、政治を人々に近づけ、崇高な意味を取り戻すことにつながる。

　給与と職務の制限を決める必要がある。市民主権の代表者は職務と責任に対して適切な金銭的報酬を受け取るが、不必要な特権を享受することはできない。所得と資産は定期的に公表されなければならない。また政治の専門化主義を避けて、制度的任務への市民の関与を促進するために、選出されたすべての議員に2期限りの任期を設けることが適切である。

２．バルセロナ・アン・コムの個別の政策提案

　バルセロナ・アン・コムのホームページにおいて、政策綱領が掲載されている。以下、それらをフォローしてみたい[6]。

・大手銀行と投機家の規制

　大手不動産資本は空き家アパートを所有し、電力会社はエネルギーの権利を保障せず、エア B&B（Airbnb）は観光用アパートを買い占めている。このような事態から、不動産がもたらすハラスメントに対してカタルーニャ州全体で苦情を申し立てている。

・開発業者への社会住宅の誘導

　新しい住宅建設と大規模な改修では、保護対象の住宅に30％のシェアを割り当てることとし、公営住宅ストックの拡大を保障する措置をとっている。また農場の改修によって賃料の大幅な引き上げや住民の退去につながらないように配慮する。

・立ち退き防止対策室の設置

　居住排除対策室（Residential Exclusion Unit）は、小作農立ち退きの影響を受けた家族を守る先駆的な取組みをしている。6,500件の事案を調停し、立ち退きを22％削減した。住宅と雇用の喪失に対する介入サービス（SIPHO）は、立ち退きに直面した人々に情報、支援、および法的助言を提供している。

・オーバーツーリズム対策

　4,900の違法な観光用アパートの閉鎖を命じており、不正な観光事業を停止させている。過密な地域において、住宅が観光客向け宿泊施設に悪用されるのを防ぐこととする。そのために、観光客用宿泊施設計画を練り直し、民間の施設に制限を設けている。

・市民サービスの再公営化

　5つの保育園の管理、女性向けの情報とケアポイント、DVに苦しむ女性の
ケアと相談受付サービスを復活させている。基礎教育と保健サービスを制定し
ていることから、市町村管理の改善を要請している。

・バルセロナ・エネルジアとエネルギー貧困との闘い

　2019年1月、スペイン最大の公共電力会社であるバルセロナ・エネルジア
は市民向けに操業を開始している。バルセロナ市は再生可能エネルギーに取組
んでいるが、市民にエネルギー効率の意義を周知し、市内に11の新しいエネ
ルギー諮問ポイントを設けた。5万6,000人が参加し、1万6,500回の停電を止
め、水道料金を9.5％引き下げた。

・国際的な連携

　気候変動と闘うために都市のC40ネットワークという組織に参加し、EUと
協力して、民間経済団体のロビーに対抗するために、世界中の42の主要都市
を結ぶ自治体連合を牽引している。

・リバブル（居住可能）な都市の追求

　汚染対策を推進するためのベンチマークとして、健康的で住みやすい都市を
目指して、効率的な公共交通機関を利用し、多くの緑地と地域の結びつきを強
める公共オープンスペースを開拓している。多くの緑や多くの歩行者スペース、
遊歩道や広場を整備して、250の街路や広場を改装し、1億5,000万ユーロ以
上の投資を行った。89の新しい子ども用遊び場プレイエリアを設けて、うち
150を改装した。

・自転車専用レーンのネットワーク化

　最大200kmに達する自転車専用レーンのネットワークを建設した。うち
85kmは新設で、住民の90％に対して自宅から300m離れた場所に自転車専用
車線を設けている。快適な自転車を用意し、多くのステーションや24時間サー
ビスによる自転車レーンを稼働させている。

・汚染防止プロトコル

　気候変動と闘うためのバルセロナ戦略「気候計画 2018-2030」を策定した。これは、ヨーロッパの主要都市の間で最良の計画として認められている。汚染防止のプロトコルを策定し、2020 年から（例外を除いて）市内で 5 万台以上の環境汚染をもたらす車の通行を許可しない低排出ゾーンを規定しており、2024 年には 12 万 5,000 か所に達する。

・公共交通機関への取組み

　対角線レーンの路面電車の運行に合意しているが、公共交通機関のチケットの値上げを防ぎ、到着時からの料金を据え置くように配慮している。2018 年には 2％の値上げに抑えた。これは、資金調達の面では、地方自治体の拠出が 95％増加したことで実現できた。また、新しいバスネットワークを最大 28 回線まで延伸させた。さらに効率を上げるために、30 km の新しいバスレーンを敷設して、信号機を改善し、367 のバス停で運行させている。

3．バルセロナ・アン・コムの実績

　バルセロナ・アン・コムのホームページでは、これまでの政策実績も掲載されている。以下は、それらの要約である[7]。

・社会的投資の強化

　スペインで最初の社会的投資都市として、支出を 50％増やし、社会的包摂と不平等削減のための戦略 2017-2027 を策定した。これは、市議会と全会一致で承認された 700 の団体との間で交わされた主要な都市協定の成果である。さらに、自治体社会福祉サービス予算を 3 分の 1 増とした。

・近隣地域における不平等との闘い

　最も生活困難にあえぐ近隣地域の改善に尽力するために、近隣地域計画に 1 億 5,000 万ユーロを割り当てた。計画の実行はすでに 67％に達しており、2017 年から 2020 年まで続き、人口の 12.6％が住んでおり、社会的不利な状況

が多くみられる都市の 16 の近隣をカバーしている。

・市立歯科医の増員

市場価格より 10％〜40％安い料金で歯科治療を提供できる市立歯科医を増員している。社会福祉サービスを利用している 400 人以上の生活困窮者のために歯科医を増やす手立てを講じている。

・社会住宅の増設

5,250 戸の社会賃貸マンションを買い上げた。住宅問題の根本的かつ緊急的な解決策を導き出すために、特別プロジェクトを開始し、手頃な価格の住宅ストックを増やすために共同住宅の増設に取組んでいる。公有地ではすでに 9 つのプロジェクトが実施されている。

・ヘルスケアへの優先政策

バルセロナでは最初のメンタルヘルス計画を策定してきたが、特に幼少期と青年期に重点を置いている。健康への優先政策を実行に移すために、1 億 8,000 万ユーロを提供する健康機器計画の導入を医師たちと合意した。また、1 万人以上の参加者がいる 23 の地域で、麻薬に関する行動計画と地域保健計画を策定している。

・高齢者ケア

高齢者向けの介護事業計画に 1 億 3,800 万ユーロを投資した（60％増）。居住型施設のリノベーションを行い、4 つの市営住宅のうち 3 つを改修した。また、テレケアサービスの利用者数を 2015 年の 8 万 7,000 人から現在の 10 万人に増やした。高齢者の孤独に対処するために、孤独防止プログラムを拡張している。

・教育ネットワークの拡大

教育の充実に向けて、多くのリソースを動員している。6 つの新しい保育園と 500 以上の新しい教育の場を設けて、0 からスタートして、17 の新しい学校、研究所、学校研究所を増やした。数十年ぶりに、公立学校の需要は増えている。

・スポーツの奨励

　市営スポーツ施設を改善し、新しいスポーツエリアを稼働させている。ベデリダ公園（7,000 m²）の整備、新しいスポーツ施設や市営サッカー場の開設、スポーツグラウンドを改修している。

・最も生活困難な人々へのサポート

　社会サービスを通じて 8 万人のサポートをしている。その数は 10％増加し、1,350 のホームレス用のベッドを用意した。さらに、プリメール・ラ・ラール（Primer La Llar）プログラムを更新した。このプログラムは、路上での生活が最も長く苦しんでいる人々のために、個々のアパートを監視し、適切な社会サービスを提供している。食事奨学金を提供し、子どもたちが食べ物で不自由のないように配慮している。

・社会連帯経済への支援

　市議会は初めて、社会的連帯経済を支援、促進、奨励するための具体的な方針を策定している。市の GDP の 7％を占めている「もうひとつの経済」を促進する政策に 1,600 万ユーロを割り当てた。2,000 人以上の人々を訓練し、アドバイスを提供し、社会連帯経済企業の数を 2 倍にした。

4．考察

（1）市政確立に向けた政治戦略

　バルセロナ・アン・コムのスローガンでは、既存の政党政治の言動を拒否すること、従来とは異なった清新な政治を志向することを掲げている。特に市民参加を強力に推進し、都市のコモン化（commoning）の流れの中で、地方自治を再構築し、市民に生活困難を強いている緊縮財政と保守的ナショナリズムに対抗して、公的な領土を取り戻すことを政策化しようとしている。グラムシ主義を彷彿とさせる言説もあり、ヘゲモニー的な歴史的ブロックを形成しようとしている。

　バルセロナ・アン・コムは、まさにプラットフォーム型ミュニシパリズムを

体現しており、既成の市政レジームを打ち破るラディカルな政治思想を表明している。何よりもスペイン式合流が独自の戦略で、新たな左派勢力を結集させている。

　この「合流」は、高い水準の教育を受けた若者層から支持されており、そこに労働者階級や移民プレカリアートが加わって、「コグニタリアート（認知労働者階級）」の同盟を形成している。全国規模では左派ポピュリスト勢力、特にポデモスと、地方レベルでは反資本主義、独立派のカタルーニャの地域政党との連携を通じて、カタルーニャ州内の地方自治体にわたってラディカルな市政改革の波を起こしている。

　バルセロナ・アン・コムは本来、社会運動志向で、住宅問題に接近し、居住/近接の都市の政治にルーツを持っている。そのため、新自由主義的緊縮アーバニズムを否定して、グローバル金融資本主義に抗し、公営化を通じた所有権奪取を公言している。

　その目的は、二重権力を通じて、ローカル・ステートを変革させることである。また制度の形態は、デジタルなプラットフォーム、協同組合、参加型予算、アゴラ型の人民集会といった新しい国家機関を志向している。経済的な介入としては、プラットフォーム資本主義の社会化（デジタル主権、プラットフォーム協同組合）を推進している。

　思想の由来については、サンディカリズム、協同組合主義、連邦主義からの影響を受けているのは明らかである。思想家では、フェミニズム研究者、都市への権利（ルフェーブル）、リバタリアン・ミュニシパリズム（ブクチン）からの影響がみられる。

　水平主義的なスペイン式合流では、デジタル・プラットフォームを発案して、従来の近隣フォーラムを改良し、仮想と直接民主主義のハイブリッドを創造しつつある。このイノベーションにより、民主主義の代表制の仕組みを乗り越えようとしている。

　最近の情報として、バルセロナ・アン・コムは2019年5月の地方議会選挙で重要な議席を1つ失った。アダ・コラウ市長は既成政党からの圧力を受けて、不本意な協定を結ぶに至った。バルセロナ・アン・コムとの「合流」勢力は、決して一枚岩ではない。スペイン政府が発出した「モントロ法」は、ミュニシ

パリストの改革に有利な地方の権能や支出権限、とりわけ再市営化やスタッフ雇用に制限をかけている。

（2）ニューミュニシパリズムと国家
―バルセロナのエネルギーの再公営化と国家規制

さらに、ニューミュニシパリズムには、国家の権力が立ちはだかる。ジェームズ・エンジェル（James Angel）は、ローカリズムと国家の理論との乖離を著している。ここでは、エネルギー事業の再公営化を行ったバルセロナ・アン・コム主導の「バルセロナ・エネルジア（Barcelona Energia）」とドイツの「ブライトナウ・エネルギー協同組合」の事例を比較して、公営会社の認可と国家規制および政治スケールの問題を考えてみたい。

2017 年 4 月、バルセロナ市議会は「バルセロナ・エネルジア」の設立を発表した[8]。この事業構想のねらいは、低炭素への移行を加速化させ、エネルギー貧困に取り組む「エネルギー主権」の実現にあった[9]。

バルセロナ市では、都市環境を民主化する動きはこれまで実現されておらず、このような都市計画は市民からもあまり関心を集めていなかった。それにもかかわらず、バルセロナ・エネルジアのビジョンはこの閉塞状況を変えようとした。民間の供給事業者に利益をもたらすというルールに抗して、「エネルギー主権」を推進する大胆な計画を練り上げている[10]。

エネルギー主権ネットワーク XSE は、バルセロナ・アン・コムの政策綱領の策定に協力した市民社会・社会運動組織の 1 つである。重要なのは、エネルギー貧困活動家組織 APE と緊密に連携していることである。この新たな運動は、スペインのエネルギー民営化モデルに対する批判の先鋒に立っていた[11]。

バルセロナ・エネルジアは 2018 年 7 月に他市への電力供給を開始し、2019年 1 月には家庭や企業へのサプライヤーとしての地位を築いた。市に設置されたソーラーパネルから生成された電力に加えて、卸売市場から取引された電力を含む 100％再生可能な電力を供給し始めた。

しかしながらバルセロナ・エネルジアは、その後さまざまな困難に直面し、当初の基本目標の達成は厳しくなっている。その理由は、地方自治体がエネルギー部門に関与できる範囲が限られているからである。スペインは、EU 加盟

国として、一連の EU エネルギー「自由化指令」の対象となっている。電力部門での自由化モデルでは、次の規定がある。①送電、全国を横断する高圧線のシステム、②配電、送電網から利用者に電気を運ぶ低電圧電線、③発電、発電所、他の関連資産（風力タービン、ソーラーファームなど）を介しての電力生産、④小売、発電機から利用者への電力の売買での一連の規制が非常に厳格になっている。そのため、スペインでのローカル・ステートの改革は縮小を余儀なくされている。例えば、組織ガバナンスもエネルギーの利用者と労働者は理事会には含まれていない。国家機関の規定では、市民参加と市民による運営というルールはない（Angel 2021 : 536）。

　なぜ「バルセロナ・エネルジア」に関しては、これまでミュニシパリズムによって提唱された民主的変革を達成できなかったのか。1 つの要因は、同社を担当する自治体職員の姿勢と業務慣行である。自治体幹部にとって、エネルギーシステムの運営の中心に市民を置くことは、受け入れられない。その理由は、運営手腕やエネルギー関連の知識を市民は持ち合わせていないからである。エネルギー・セクターの所有権と管理は高度な専門知を必要とする。

　カタルーニャ州には「ソムエネルジア」という会社がある。これはスペインで最初の再生可能エネルギー協同組合であり、2010 年の設立以来ヨーロッパで最大の協同組合の 1 つとなっている。3 万 5,000 人を超える会員を抱え、5 万 5,000 人の顧客に再生可能エネルギーを供給している。同組合は、民間企業の寡占に代わるものとして、オンラインとオフラインの民主的なツールを組み合わせて、会員に意思決定の場を提供している。エネルギー生産では、専門家と住民とのコミュニケーションにおいて、丁寧で細やかな工夫と仕組みが不可欠になる分野である。この経験を活かせば、市民参加型のエネルギーシステムの運営は可能性を持つはずである（Angel Ibid : 533-4）。

　それでも、太陽光インフラの所有権に関して、市民所有の協同組合とのパートナーシップで問題が生じている。地方自治体が新しい PV パネルに屋根スペースを使用する件で、無制限の決定を下すことができない。むしろ国内競争法は、すべての企業が自由に参加できる入札プロセスを推奨している。ここでも、国内の競争法によってエネルギー主権が阻害される可能性がみられる（Angel Ibid : 541）。

参考として、ドイツのエネルギー事情と比較してみたい。ドイツでは、2006年にEUの統一法に合わせて国内法を改正した。ドイツ協同組合は、2007年では5,929団体であったが、2015年には7,899団体にまで約33％増加している。なかでも、再生可能エネルギーを生産する協同組合が増えている。

　ドイツ南西部にあるブライトナウ村は、人口約2,000人の小さな自治体であるが、風力発電やソーラーパネルを設置し、「エコの村」として知られている。村長は熱エネルギーを生産する設備を導入し、村が設置したヒーティングセンターを使って、村民にお湯を提供している。

　村長は、村の将来を村民全員で考える協同組合が、計画の実現に最もふさわしいと考えた。村長をはじめ村民の13人が発起人となり、「ブライトナウ・エネルギー協同組合」を設立した。現在の組合員は127人にまで増えており、月に1回開かれる役員会で、経営方針を議論している。民主的議論の場を設けることにより、村民に、自分たちが村を守るという当事者意識が高まった。

　ヒーティングセンターでは、木材チップを燃やし、村の中心部の約60％の家庭にお湯を供給している。この村では、ヒーティングセンターは「村人みんなのもの」というコミュニティ意識が醸成されている。共同決定権があるため、1人だけ利益を得たいという者はいない。小さなコミュニティで、共同所有の感覚が浸透している。

　燃やすチップは、森で伐採された間伐材で、地域の資源を有効に活用している。これはバイオマス事業の成功事例で、北部ヨーロッパでよくみられる。村にあるホテルでは、プールや暖房に協同組合から供給されるお湯を使用している。以前はボイラーを使用していたが、ヒーティングセンターのおかげで、労力やコスト削減につながっている。

　協同組合では、この取組みを次世代につなげるために環境教育に力を入れている。小学生が、お湯がどのように生産されているのかを知るために、授業の一環として生産現場を訪問する。協同組合によるエネルギーの自給自足は、地域経済にも良い影響をもたらすことを学んでいる。

　石油やガスは、ロシアやサウジアラビアに村の多くの資金が流出している。協同組合でエネルギーを生産すれば、村で資金が循環し、組合員にも均等に配分される。目標は村民全員が協同組合の組合員になることで、環境問題の解決

と地域の活性化を進めようとするブライトナウ村の協同組合の活動が注目されている。この事例から分かるのは、大都市バルセロナ市とは違って、ブライトナウ村では国の規制との抵触はみられない。ここに、統治のスケールの差異が象徴されている。

　今後、ニューミュニシパリズム運動の継続性、脱市場化の途を確認するには今しばらく時間がかかる。とりわけ「地方の罠」という課題が立ちはだかるが、これは第 8 章で検討していく。

まとめ

　バルセロナ・アン・コムのスローガンをまとめると、第 1 に、綱領において既成政党政治の言葉を拒否している。従来の言説を使わない、自由な発想がある。第 2 に、今までとは異なった政治を志向する。つまり、社会 – 空間的な再分配を実行し、市民参加を強力に推進し、そして都市のコモン化を推進する中で地方自治を昇華させていくとしている。第 3 に、市民に閉塞感をもたらしてきた緊縮財政政策と保守的ナショナリズムに対抗して、公的な領域を拡張とようとしている。大きな公共空間の創造は、その質を改善し、民主主義の質も向上させるというのが主宰者アダ・コラウの信念である。

注
1　バルセロナ・アン・コムについては次を参照すること。
https：//www.google.com/search?sxsrf=ALeKk02aqcLxmcz-7YFl3nqaojvZZrHMFw%3A
1606371457909&source=hp&ei=gUi_X7TxNcym0wSUnIWgAg&q=barcelona+en+com
%C3%BA&oq=&gs_lcp=CgZwc3ktYWIQARgAMgcIIxDqAhAnMgcIIxDqAhAnMgcIIx
DqAhAnMgcIIxDqAhAnMgcIIxDqAhAnMgcIIxDqAhAnMgcIIxDqAhAnMgcIIxDqAh
AnMgcIIxDqAhAnMgcIIxDqAhAnUABYAGC5JGgBcAB4AIABAIgBAJIBAJgBAKoBB2
d3cy13aXqwAQo&sclient=psy-ab
2　引き続き、以下はコラウ市長の言葉である。「わたしたちはフェミニストの闘いから学ぶことができる。改革の瞬間において ... 価値観を変えることで ...
政治参加の形を止揚することで、わたしたちは政治の女性化に貢献できる。協

力が競争より効果的で、満足できるものであることを、また全員で政治を行うことが、個人で政治を行うよりも良いものだと証明するためである」。彼女のウェブサイトから情報を得ることができる。

Ada Colau Mayor of Barcelona, https://ajuntament.barcelona.cat/alcaldessa/en

3　基本情報を得られる文献は、奥野良知編著（2019）『地域から国民国家を問い直す　スコットランド、カタルーニャ、ウイグル、琉球・沖縄などを事例として』（明石書店）

4　ダンリービィー（Dunleavy, P.）は "Local Socialism" (1984) で、かつて二重国家の理論を厳しく批判していた。彼の主張は次の通りである。例えば教育を挙げると、人的資本への社会的投資または集合的消費の一種とみなすことができる。支出のある1つの形態が、主に社会的投資と社会的消費として分類するかを決定するのは、それが企業の収益性に直接的に資するのか、または労働力の再生コストを下げることによる間接的な方法で貢献するのか、それは政治判断となる。中央か、地方か、どのレベルの政府が問題を処理すべきか。その意思決定は国家支出を決定する際の試金石になる。その意味で、二重国家の理論は、政府機能の特定の経験的パターンを重視しがちである。二重国家の理論における地方政府の鍵となるのは、社会的消費に関係する。少なくとも英国では、地方自治体の現代の機能が、社会的支出、社会的投資および社会的消費の分野にわたって広範囲に拡大してきた。そして、縮小した地方政府機能は、社会的投資の公益事業タイプだけでなく、社会的消費供給にも集中している。二重国家の理論の基本的な論点は、国家機構により供給される特定サービスに限定されることである。しかし、地方政府の役割は、移転給付と政府が採用する公共サービス供給の組み合わせに依存しているがために、消費問題の分析と政治に直接的に基づいた理論は、地方自治体機能の特徴をさらにうまく説明すべきである。市場社会において、国家への意思決定の選択、政府の特定レベルでの協同は、二重国家の理論が想定するものよりも複雑であると指摘している（pp.70-78）。

5　How to win back the city en comú—Guide to building a citizen municipal platform
https://barcelonaencomu.cat/sites/default/files/win-the-city-guide.pdf

6　個別の政策案については下記を参照
https://ajuntament.barcelona.cat/alcaldessa/en および

https://barcelonaencomu.cat/ca/batalla/ciutat-valenta

7　エネルギー主権とは、ラテンアメリカの社会運動に由来する用語であり、特定の地域内でエネルギーがどのように生産、分配、消費されるかを問うて、意思決定の権限を主張している。

8　バルセロナ市はエネルギーモデルを刷新する動きをとった。そのスローガンは、クリーンな都市を創造するというもので、エネルギー生産がもたらす悪影響を減らし、エネルギーの自律性を促進して民主化し、市民を意思決定の中心に据えて、すべての人にエネルギーのアクセスを保証するモデルを掲げた。

9　この政策の推進のために、草の根活動家や改革諸派が「合流」し、カタルーニャ州市議会議員となった。2019年の地方選挙後も、この地位を維持している。

10　XSEは、エネルギー主権を次のように定義している。「エネルギー主権とは、意識のある個人、コミュニティ、および人々が、生態学的、社会的、経済的、文化的状況の中で適切な方法でエネルギーの生成、分配、消費について独自の決定を下す権利である。ただし、これらが他の人々に悪影響を与えないことを条件としている」（XSE 2014）。

11　「ブライトナウ・エネルギー協同組合」は、NHK教育テレビ「TVシンポジウム協同組合の可能性〜相互扶助の精神を学ぶ」の中で紹介された。

放送日：2017年9月2日

第5章

アメリカ・オハイオ州の クリーブランドの戦略

山本　隆

はじめに

　クリーブランド・モデルは、低所得地域で実践され、民主的な資産と資本の構築を生み出す開発目標を掲げて、アンカー機関の経済力を結合する強力な取組みである。スペインのモンドラゴンのように、エバーグリーン協同組合は経済民主主義の価値を尊重し、経済制度を民主的に管理している。ただし、このモデルは市場を決して拒否してはいない。最終的に「アメリカのモンドラゴン」になれるのか、それはネットワーク組織の実績と世界経済やアメリカ経済の動向に左右される。所有権についても、現在の従業員持株会プログラムは、労働者にすべての意思決定力を与えることができないこともある。

1．クリーブランドのプロフィール

　クリーブランド市の概況をみてみたい。同市はオハイオ州北東部に位置する都市である。五大湖のひとつエリー湖の南岸、ペンシルベニア州との州境から西へ約 100km のところにあり、州都コロンバスから北東へ約 220km に位置している。人口は約 40 万人（2010 年国勢調査）、オハイオ州内ではコロンバスに次ぐ第 2 の都市である[1]。

　かつてはオハイオ州最大の都市であったが、1960 年代以降、市の経済を支

えていた重工業は衰退し、市の地位も低下していった。工業の衰退に伴って、金融、保険、ヘルスケア産業などサービス業を主体とする経済に移行しているが、産業の空洞化はいかんともしがたく、他のラストベルトの都市と同じように、クリーブランドに大きな打撃を与えている。1990年から2016年にかけて、オハイオ州は39万6,000の製造職を失い、製造業の雇用はオハイオ州の全雇用が22.7%から12.7%へと減少した。一部の地区では貧困層が集中しており、教育改善の資金が不足するなど、深刻な問題に直面している。非富裕層の住民は所得の中央値は1万8,500ドルで維持しているが、住民の4分の1以上が貧困状態の中で生活している[2]。

アメリカ・オハイオ州のクリーブランド

2．クリーブランド・モデルの思想

　クリーブランド・モデルの思想はどのように形成されたのであろうか。それを確認するために、全米組織の「民主主義協働団体（Democracy Collaborative）」の共同創設者兼執行役員であるテッド・ハワードの政治思想を紹介しておきたい。彼がクリーブランド・モデルを描いたからである。彼の構想では、グローバル資本主義のオルタナティブを探索し、活動の主軸をエバーグリーン協同組合にすえている。

　ハワードは、アメリカの上位400人の富裕層が経済を支配し、下位1億9,000

万人以上の人々が従属する格差社会のあり方を強く非難しており、グローバル資本主義に抗する問題意識を抱いてクリーブランド・モデルを創設したと述べている。格差社会に対処するには、民主主義的な協同組合が持続可能な「コミュニティの富の構築」を可能にするとの信念を抱いている[3]。

　協同組合の集会での講演で、ハワードは注目すべき発言を発している。すなわち、クリーブランド・モデルの戦略は単に新しい雇用を創出することではないという。協同プロジェクトに政治戦略を加えており、以下のように、個々の協同組合の事業を実践するだけでは十分ではないことを強調している。

> 協同組合は世界中で成功しているが、クリーブランドの取組みが他と異なるのは、アンカー機関の関与である。… 戦略が機能するには、単に労働者を巻き込むだけでは不十分だ（テッド・ハワード 2013 年講演）。

　彼はまた、世界最大の協同組合モンドラゴン社の成功からヒントを得て、その発展の基準を「ゴールド・スタンダード」と呼んでいる。モンドラゴンの隆盛をアメリカに持ち込みたいのである。クリーブランド・モデルでは、事業をインフラ関連の事業に結びつけるという特徴がある。その所有権については、エバーグリーン労働者協同組合では、従業員が会社の 80% を所有し、残りの 20% は持株会社という形態にしている。付属定款は、従業員所有者が会社の 80% 未満を所有することを防ぐように規定している。また持株会社には、市長、慈善家、地方自治体などのメンバーを含めている（ハワード 2013年講演）[4]。

　では、「コミュニティの富の構築」とはどのようなものなのか。次節でみていきたい。

3．クリーブランド型「コミュニティの富の構築」モデル

　クリーブランド・モデルは、「コミュニティの富の構築」を目指している。ここで言う「富」とは、きれいな空気や水、緑豊かな森林や公園、地域に根差す公立図書館や公民館、文化・芸術で、これらが社会の「富」を構成する。す

なわち、人々が豊かに生活できる不可欠なものが社会の、「富」である。

　クリーブランド・モデルは、脱民営化や脱市場化を実現することで、「富」を豊饒化しようとしている。その手段となる経済組織として労働者が所有する協同組合が想定されている。労働者協同組合はオルタナティブな経済開発戦略として注目されているのである。

　この考え方は、第8章の総括において紹介するガール・アルペロヴィッツ（Gar Alperovitz）の協同思想と関連している。その地域経済戦略では、公共資金が優先的に協同企業に振り向けられて、間接経費を節減できることから、協同組合群は競争力を維持しながら、より高い賃金を保障するのに有利な立場にある。

　従来の協同組合の目標は組合員に利益をもたらすことであるが、エバーグリーン協同組合は、すべての利益が従業員である所有者の手に直接入るような伝統的なものではない。つまり、最低賃金を支払える新しい雇用を創出することとし、総所得が地域全体に循環することで、労働者だけでなくより広い「コミュニティの利益」をもたらすことができる。経済理論として、組合員とコミュニティの双方の利益を結びつけているのである。この仕組みを支えるのがアンカー機関である。アンカー機関は、地元に根ざした公民の主要機関のことで、雇用、税収、市民サービスの拡充を政策化し、地域で資金力を持つ大きなサプライチェーンを構築しようとしている。内発型経済発展を持続できるように政策的配慮をしており、そのモットーは経済のレジリエンスを高めることである。

　アンカー機関の特性は、経済再生の司令塔となることである。その詳細は次の通りである。第1に、地元の関係機関であることにこだわり、アウトサイダーの企業に依存しない。第2に、地域経済の浮揚で主要な役割を果たすのに十分な資源の拡充を目指す。第3に、非営利ベースでの運営を重視し、地域行政と円滑に連携できる公民関係を構築しようとしている（*DEMOS* Ibid：6：21-33）。クリーブランドでは、クリーブランド財団、オハイオ従業員所有権センター、クリーブランド市、市内の主要な病院や大学とのネットワークで構築されている。クリーブランド・モデルは、労働者が所有し、コミュニティの恩恵を受けて新たな事業モデルを目指しているのである。

　エバーグリーン協同組合はクリーブランド・モデルの核となる組織で、クリー

ブランド財団が呼びかけたワーキング・グループによって 2007 年に立ち上げられた。そこには、クリーブランド診療所、大学病院、ケース・ウェスタン・リザーブ大学、クリーブランド市が参加している。戦略拠点として地域のアンカー機関を設立して、公共調達を進めて、地域に根ざした協同組合の立ち上げに全力をあげた。最初の事業はエバーグリーン・ランドリー協同組合（Evergreen Co-op Laundry）の設立であった。アンカー機関は節水型ランドリーサービスを企画して、2009 年に起業した。地球環境の保護を目指すグリーン経済が国家の中枢となることを見越してのことで、脱炭素社会の構築に向けて、新たな協同組合の道筋をつけたのである。

エバーグリーン協同組合は、先にも触れたように、持株会社制のスペイン・バスク地方にあるモンドラゴン協同組合に着想を得ている。モンドラゴン協同組合は革新的な構造をとり入れている。傘下の各協同組合は個別に法人化されており、利益分配、生活賃金、民主的な所有権、民主的な意思決定などを認める。また、独自の取締役会と事業部門が存在している。個別の協同組合は、傘下組織が提供する資本と研修を基礎にして経営しており、収益の約 10％を傘下の非営利団体に納めて、新規の協同組合の設立にも協力している。持株会社は、個々の協同組合に対して人事、研修、給与などのバックオフィスのサポートを提供している。

クリーブランド・モデルの経営戦略の一部を紹介すると、経済開発部門が低金利ローンと税額控除を介して、プロジェクトに重要な資金をまわしている。政府による資金調達も一助となり、アンカー機関の提携および委託戦略と相まって、経済的に持続できる基盤をつくり出している。環境に優しい分野を意識して、ランドリー事業に投資することにしたのが第一歩である。エバーグリーン・ランドリー協同組合は、初期の数年間には、過剰な拡大と株主社員身分への責任欠如が従業員間にみられたことで、いったんは挫折した。しかし後には、優れた経営技術を身に着けて、アンカー機関と個人投資家から着実に資本を呼び込み、収益性の高い企業へと成長させていった。現在では、収益基盤を多様化させて、より広範なビジネス分野で持続可能なモデルを発展させている[5]。

4．実績

　ここでは、クリーブランド・モデルの活動実績をみておきたい。この 10 年間あまりで、エバーグリーン協同組合はさらに 3 つの協同組合を増設し、2010年には合計 18 人の従業員を擁する 2 社から、約 320 人の従業員を擁する 5 社へと成長させた。民主主義協同団体は、まずエバーグリーンランドリー協同組合、エネルギー・ソリューションズ（Energy Solutions）、グリーンシティ・グローワーズ（Green City Growers）の 3 つの主要事業を立ち上げた。用地確保として、クリーブランド・アンカー機関は空き地を毎年 30 億ドル購入している。

　従業員の賃金は協同組合の競合他社のよりも 20 ～ 25％高くなっている。CEO のジョン・マクミケンは以下のように述べている。

　　　利益分配を考慮に入れると、それは時給 4 ドルから 5 ドルに相当する可能性がある。もし望むなら、時給 20 ドルの混合率を破るチャンスがあることを期待している[6]。

　実に頼もしい発言である。以下では、エバーグリーン協同組合の事業の紹介をしておく[7]。

（1）ランドリー事業

　エバーグリーンランドリー協同組合は、2009 年に 12 人の従業員で業務を開始した。ホテル、ヘルスケア、生活支援施設などのリネンの需要を受けて、機械仕様による数回の迅速なサイクルよりもそれ以上の価値を生み出している。つまり、衛生的でエネルギー効率の高いランドリーの最高水準を順守しているのである。リネンは常に新鮮で、清潔さを保持している。高品質のサービスを提供するというインセンティブが、従業員所有会社の士気を高めている。

　事業販路は先にみたように、主に大学病院で、ホテル、ヘルスケア、生活支援施設などとも顧客基盤を広めている。2018 年では、約 50 人の従業員を擁していた。同年に、クリーブランドクリニックの医療システムと大型契約を締結

し、オハイオ州北東部のすべてのランドリーとリネンの管理サービスを引き受けている。この契約により、事業規模は 4 倍になり、150 の新しい職種が追加されて、クリーブランド診療所のコリンウッド・ランドリー施設の管理も受注している。コリンウッド・ランドリー施設を引き受けることにより、ランドリー業務の負担増に対応できている。コリンウッド工場はもともとクリーブランド診療所が所有していたが、外部委託の下にあって、倒産の危機に瀕していた。クリーブランド診療所は、この工場を改修してアップグレードし、その管理と運営にエバーグリーンを選定したという経緯がある。拡張と専門化といった経営路線で才覚がみてとれる。2019 年には、エバーグリーンランドリー協同組合の平均報酬は、1 時間あたり約 18 ドルで、合計 220 人の労働者を雇用している[8,9]。

（2）野菜栽培事業

　グリーンシティ・グローワーズは、2013 年に 15 人の従業員で事業を始めた。生鮮食品の生産はブームであり、マーケティングでは "from farm to table"（地産地消）を掲げている。顧客ターゲットは、オハイオ州北東部の主要な食料品店、レストラン、フード・ショップ、サービス施設で、持続可能な方法で栽培された新鮮・高品質・美味のレタス、グルメ・グリーン、ハーブなどを供給している。最先端の大型温室で 1 年中栽培し、収穫後 48 時間以内に生産物を顧客に届けて、地元の消費者にヘルシーな食材を届けている。

　事業はクリーブランドの中央地区の中心にある 10 エーカーの敷地で行っており、温室内には 3.25 エーカーの敷地を確保している。事業は、大学病院、クリーブランド診療所、ケース・ウェスタン・リザーブ大学の三者の提携機関に生鮮食品を販売することから始めた。その後、枝分かれして、農産物を US フード、シスコ（Sysco）、ヒルクレスト（Hillcrest）などの卸売業者や、クルーガー（Kroger）、ウェストサイド市場、アーバン・ファーマー、ウマミ（Umami）などの地元のレストランや小売業者に卸している。現在では 45 人の従業員所有者を擁している。

（3）エバーグリーン・エネルギー協同組合
（Evergreen Energy Cooperative）

　ソーラーパネルの設置会社であるエバーグリーン・エネルギー協同組合は、2010年に6人の従業員で創業し、40人の従業員所有形態で事業のピークに達した。ビジネスモデルは商業用ソーラーパネルの設置に頼っていたが、協同組合の経営を維持できるほどには、事業は定着しなかった。その後事業は縮小し、従業員を他の協同組合に再配置する過程にある。2020年2月には、ほとんどの従業員は グリーンシティ・グローワーズ、エバーグリーンランドリー協同組合、または新たに買収されたベリー・インシュレーション（Berry Insulation）に再配置している。事業の巻き返しを狙っている。

5．考察

（1）背景 ―苦境に立つラストベルト
　アメリカのラストベルト（Rust Belt 錆ついた地域）は、中西部から北東部に位置しており、石炭、鉄鋼、自動車などの主要産業が衰退した工業地帯の呼び名である。大統領選ではスウィング・ヴォウト（浮動票）の選挙区として知られる。クリーブランド市のあるオハイオ州、ウィスコンシン州、ミシガン州、ペンシルベニア州などが含まれる。衰退の背景には、経済のグローバル化に伴って、工場の海外移転が進んだことが影響している。

　クリーブランドはラストベルトの代表都市であるが、かつては五大湖の主要港として栄え、鉄道で輸送可能な地域への中継点であった。工場閉鎖にともなって失業者が増加し、多くの人々が去っていった。都心の治安も悪化している。そのため最近では、人口は郊外へ移っている。ただし光明として、2018年には、クリーブランド、ピッツバーグなどには、Google、Uber、Amazon などのアメリカ経済を代表する企業が集っており、これに呼応して不動産への投機も活発になっている。

（2）意義
　ジャクソン・モデルの意義を確認してみたい。同モデルはラストベルトから

始まった経済対策事業の集積を目指している。他の事例と同様に、このモデルは、自治体－都市のスケールという意味で、「ミュニシパリスト」の立場を貫いている。地域経済の諸組織をコミュニティ所有のトラストへと成長させて、そのアカウンタビリティを明確にした上で、労働者協同組合の連合型ネットワークを形成している。最終目標は、地域経済の発展に向けて、ホリスティックで、協同型の民主的アプローチを実現することである。そのため、ニューミュニシパリズムの1つして活動するだけではなく、ローカル・ステートに位置しながらも、非国家アクターのオルタナティブな姿を映し出している点が注目に値する。クリーブランド・モデルは日本の協同組合や社会起業の関係者に示唆するものが大きい。

（3）脱市場化の要となるアンカー機関

　クリーブランド・モデルのポイントは、産業の衰退や都市機能の縮小といった逆境に向かい合って、アンカー機関を構築し、そこから公共調達を拡充することで、協同組合の活動を地域で定着・拡充させていることである。契約先の分野は、ランドリーや食品、再生可能エネルギーであり、市場の需要動向を見越している。

　先に触れたハワードは、大学、病院、地方自治体などのアンカー機関をプロジェクトに組み込むことが成功の鍵とみた。アンカー機関は脱市場化の鍵を握っており、第6章で紹介する英国のプレストンもこの中核機関を導入にしている。ハワードはさらに踏み込んで、基幹プロジェクトを実現する過程で、適切な人材の確保、多くの投資の呼び込みといった経営課題を見据えている。オバマ政権時代には、政府はクリーブランド・モデルに関心を持ち、エバーグリーン協同組合に長期融資をオファーした。オハイオ州選出の上院議員もエバーグリーン・モデルに賛同し、政治の世界からも支持を集めていた。このように協同組合がニューエコノミーを創造するものと期待されていた点は興味深い。

　クリーブランド・モデルが、労働力／職場の安定を促進するために、アンカー機関と職業訓練ワーカーが中心となって、エンプロイアビリティ（雇用される能力）を開発しており、その資金源を傘下の諸企業の所有権と株式取得につな

げている点は見逃せない。こうした経営戦略は、地域ベースおよび人材ベースの開発を促進する上で効果があり、あえて営利企業も含むことで、公共・非営利のシーズとなる資本を戦略的に呼び込んでいる。この背景には、地域開発のための連邦資金が大幅に減少したという事業があり、あえて「営利目的」の構造にも目を向けたとみられる。これは特にコミュニティ開発ブロック補助金に当てはまり、これに該当するセクション 108 はローン保証条項である。この経営戦略は地域ベースおよび人材ベースの開発を促進するためであり、現実主義の立場を貫いている。

（4）民主的所有権

　一般論として、資本主義型の経済開発では、国家が最終責任を負うことはない。これに対し、協同組合は国家と企業との従属的なパートナーとしてではなく、複数のステークホルダー（利害関係者）による対等な立場にもとづく経済システムを志向する。その意味で、クリーブランド・モデルは資本をいわゆる「採取する（extract）」タイプの経済ではなく、投資を地域に定着させて、資金循環を内部化させる役割を担っている。ケインズ経済学に依拠した「投資の乗数理論」をかざした経済運営は、英国のプレストン・モデルもならっている。そもそも貧困地域の対策には、有色系の住区を意識した直接投資が必要であり、トリクルダウンの効果は期待できない。むしろ資本主義型の経済開発は環境を破壊し、不平等を生み出すという傾向から、抜本的な変革を構想する必要がある。その意味で、クリーブランド・モデルがケインズ政策をとり入れていることは理解できる。

　民主的所有権の拡張については、新自由主義の消費者モデルと対照をなす。一般に政府は景気対策を打って、好景気を生み出そうとするが、経済危機のサイクルは避けられない。これに対し、協同組合の経済ガバナンスでは、資本よりも労働を優先して、安定した雇用を継続し、資本の利益よりも人々の暮らしを優先するのが原則である。協同組合の基本姿勢は、どの利益が評価されるかを見極めており、つまり、外部者の所有権ではなく、地域内の所有のあり方を重要視する。この発想はアルペロヴィッツの経営哲学から影響を受けており、プレストン・モデルと同様である。

（5）協同事業

　クリーブランド・モデルは、そもそも貧困コミュニティという文脈の中でその挑戦が始まった。かつて人口で全国第5位の大都市であったクリーブランドは、1950年以降人口は90万人から40万人未満に減少し、貧困率は30％を超えている（USCB, *Cleveland quick fact*, 2013）。その中で、エバーグリーン協同組合の取組みは、生活防衛のために、最低賃金の完全実施を目標にして設立された。その背景には、全米でのファストフードとウォルマートの労働者運動の拡大に触発されており、コミュニティ信用組合と労働者所有の推進などの従業員および近隣地域の資産形成を基本原則に掲げて、協同組合、参加型予算、公共事業の三位一体の公益事業を地域再生の中心にすえている。地域再生が協同事業と合体しているのである。

　クリーブランド・モデルは「触媒開発者」とも呼ばれる。この場合の触媒開発者とは、自治体の資源を活用することで、初期段階から協同組合運動に触媒作用を起こそうと試みることである。地球環境の保護が叫ばれる時代に、草の根で展開する協同組合のエコシステムは社会的に高く評価されており、そこから自治体予算を引き出して、協同組合の基盤を強化させている。環境保護のニューエコノミーが経済再生を主導しているのである。

　このような文脈で、地域アンカー機関を通して、新規の協同事業を開拓する非営利法人を設立することで、地域戦略を強めている。労働者は職住接近を可能にするエバーグリーン住宅プログラム、E－セントラルと呼ばれる新しい家具/機器保管施設、クリーブランド市と交渉中の資材回収施設、さらには「二次的協同組合」の立ち上げを進めているのも注目される。二次的な協同組合は給与や人材管理などを支援する別の協同組合である。

（6）資金調達の工夫

　クリーブランドの協同組合は地方自治体から支援を受けてきた。その仕組みは「民主主義協働団体」により誘導されてきたが、クリーブランド財団が多くの資金を提供してきた。同財団はチャリティ系のコミュニティ財団では最大のもので、18億ドルの資金を保有している。それでもなお、事業には集中的な投資が必要である。実はアメリカでは協同組合への商業銀行の投資は進んでお

らず、金融機関は依然としてスタートアップ資本を提供するのに消極的である。労働者所有事業にとって、資本の不足がビジネスの成長に対して最大の障害になっているのが悩みの種である。

　そうであるから、課題は資本の不足ということになる。資金調達は、地域のダイナミクスに焦点を当てるだけでなく、起業から地域経済の拡大へという流れにおいて経営能力が問われてくる。とりわけ経営の拡大では、資本の扱い方が重要になる。クリーブランド・モデルでは、初期の資本支援は主に連邦政府（特に米国住宅都市開発省）から出ており、特にセクション 108 という取り決めによるローン、財務省からの新規市場用税額控除（New Markets Tax Credits）から数百万ドルの投資があった。またクリーブランド財団や他機関のプレーヤー（クリーブランド市を含む）からも支援もあった。クリーブランド・モデルの初期資金調達のほぼすべては債務の形で行われて、2012 年までに 2,700 万ドルが投資された（Lenihan 2014 : 9）。資金調達の工夫はクリーブランド事業の成功にかかわる命運を握っている。

（7）　人的資本の充実

　経営戦略では人材の開発が何よりも重要であることは論を待たない。エバーグリーン協同組合の魅力は、労働者優先という発想から事業を始めており、そこからボトムアップの経済発展を重視しているところにある。この協同組合は、最初に雇用を創出し、次に地元住民を採用してエンプロイアビリティを高めるという手法を用いている。当たり前であるが、人材の質は事業の発展性を決定する。人材開発のために、労働力開発を専門とする 2 つの地元の非営利団体 Towards Employment および Employment Connections と契約して、教会や他の地元のネットワークを通じて従業員を採用している（Lenihan Ibid: 10）。地域で幅広く「人財」を求めているのである。

　以上をまとめてみると、クリーブランド・モデルは、自治体 - 都市のスケールに位置しており、「ミュニシパリスト」である。衰退する産業や縮小する都市の機能に直面して、アンカー機関との契約を活用して、都市再生を図っている。その過程で、労働者協同組合の地域事業を展開している。エバーグリーン労働者協同組合は地方自治体の支援を受けながら、クリーブランド財団から資

金を活用している。自治体／協同組合の連帯モデルは、コミュニティ所有を志向する労働者協同組合ネットワークを通じて、地域経済の発展に組織的かつ民主的なアプローチをとっている。理論的には、アンカー機関が、ローカル・ステートに内在する非国家アクターによる都市システムを内包している。

まとめ

　クリーブランドは東部から中西部に広がる製造業の集積地帯「ラストベルト」に属し、中間所得層からの転落を恐れる多くの労働者の怒りと不満を浮かび上がらせてきた。大統領選挙の際には海外からも大きな注目を集める。いったんこの地帯の失業率は改善がみられたものの、新型コロナウイルスの感染拡大により、失業率は一転して戦後最悪を記録した。今後は、ロボット技術の発展や国際競争の激化で製造業の雇用は減少すると予想されている。ただしクリーブランド・モデルが志向する生産品は、機械化しにくい労働集約的な特徴を持ち、また脱炭素の推進で経済ニーズに合致している。国際および国内動向をみすえると試練は続くが、希望も持ち合わせている。

注

1　クリーブランド：公式ウェブサイト http://www.city.cleveland.oh.us/index1.html
2　Lenihan, R.（2014）および他の資料を参考にした。
https://web.archive.org/web/20140218233419/http://quickfacts.census.gov/qfd/states/39/3916000.html

Accessed on 2021-03-12

他の参考資料：
The Center for Community Solutions（2020）*Cleveland is now the poorest big city in the country*
https://www.communitysolutions.com/cleveland-now-poorest-big-city-country/

Accessed on 2021-08-18

3　参考資料：The Cleveland Model
https://community-wealth.org/content/cleveland-model-how-evergreen-cooperatives-

are-building-community-wealth

Accessed on 2021-05-29

4　引用した言説は、2013 年フューチャー コープでの講演録からのもの。
https://www.thenews.coop/39369/topic/democracy/ted-howard-reveals-success-behind-cleveland-model/

Accessed on 2021-06-03

5　Alperovitz, G. and Ted Howard & Thad Williamson（2010）*The Cleveland Model*, THE Nation February 11, 2010

6　事業や実績に関しては、次の文献を参考にしている。
Duon, B.（2021）*Despite a Rocky Start Cleveland Model for Worker Coops Stands Test of Time*
https://shelterforce.org/2021/03/09/despite-a-rocky-start-cleveland-model-for-worker-co-ops-stands-test-of-time/

Accessed on 2021-06-11

7　Evergreen Cooperatives　https://www.evgoh.com/about-us/

Accessed on 2021-06-06

8　Collaboration Between Cleveland Clinic and Evergreen Cooperative Laundry（2018）
https://newsroom.clevelandclinic.org/2018/05/10/collaboration-between-cleveland-clinic-and-evergreen-cooperative-laundry-supports-health-and-wellbeing-of-local-community/

Accessed on 2021-06-06

9　New Laundry Partnership With Cleveland Clinic Represents a Milestone for Evergreen Co-ops：EVG Blog http://www.evgoh.com/2018/11/15/new-laundry-partnership-with-cleveland-clinic-represents-a-milestone-for-evergreen-co-ops/

Accessed on 2021-06-06

第6章
英国プレストンの戦略

山本　隆

はじめに

　本章では、イングランド北部にあるプレストン市で湧き起った革新市政の動きを検証する。近年英国では、ニューローカリズムが台頭しており、ある種の地方分権が進んできた。その特徴は、現行の緊縮財政を維持したままで、資源の拡充を伴わない形での権限移譲となっている。その結果、地方の権能は矮小化し、地方自治は思うように発揮できていない。そのため英国の地域再生の姿は、かつての市民参加型から離れて、民間企業主導型に変容している。クリーブランドに引き続き、「コミュニティの富の構築」の考察を通して、プレストン市の自治体戦略が進める内発型の地域経済政策の意義と課題を検討する。

1．プレストン市のプロフィール

　英国の政策シンクタンクであるデモス（DEMOS）の報告書 *The Wealth Within, The "Preston Model" and the new municipalism* によれば[1]、プレストン市は英国北西部にあり、近隣の大都市はマンチェスターである。プレストン市の人口は約 14 万 1,000 人、生産年齢人口は約 9 万 2,000 人（2017 年）となっている。年齢分布をみると、18 歳から 24 歳までの年齢層が急増している。これは、地元大学の学生が市の人口の多くの割合を占めているからである。地元の大学であるセントラル・ランカシャー大学（UCLAN）は 3 万 3,000 人の学生を擁し、英国で 6 番目に大きい大学に成長している。市はまさに学生人口から恩恵を受

英国のプレストン市

けており、彼らは卒業後も市内に残り、就職する学生の数が多い。市は卒業生の増加を期待しており、市内の学位保有者を支援している。また医療資源として、大病院のロイヤル・プレストン病院がある。

　市の歴史を紐解いてみると、産業革命の時代に、主に綿花、織物、重工業で栄えた。最初の水力式織機「ジェニー」を発明したリチャード・アークライトは、プレストン市で産まれた。また1815年には、ロンドン以外で初めてガスを利用した都市であり、その大部分は地元のプレストン・ガス会社により供給された。

　プレストン市は地元の経済発展のために有利な特性を備えている。それは、東西南北にめぐらされた鉄道網や自動車道の重要なジャンクションとして機能しており、ランカシャー圏域の行政センターも抱えている。脱工業化の歩みは、プレストン市では20世紀を通して順調で、1970年代初頭にペースを上げ、1980年代後半にも再びペースを上げていった。しかし産業構造の変化は地方に過酷な状況をもたらしたのも事実である。製造業の衰退が都市経済に与えた

影響は大きく、特に1980年代初頭の全国的な不況がプレストン市を含むイングランド北西部に深刻な打撃を与えた。

　貧困の状況は、英国全体で1970年代頃には製造業が衰退し、地域経済も疲弊したことから深刻である。こうした逆境下で、1980年当初には、全国的に失業者が急激に増えていた。プレストン市も同様で、市の貧困率は全国下位20%に位置し、イングランドの中で自殺率が1位という不名誉な記録もあった[2]。その後、市は経済の衰退に長く悩まされ続け、経済の退潮は2011年の金融危機によってさらに加速していった。

　地域の疲弊といった状況下で、プレストン市の「コミュニティの富の構築」戦略が始まるのが2013年である。市はアンカー機関（ランカシャー県、病院、地元大学、住宅協会、警察の6機関から構成される）を組織し、大胆な地域経済浮揚策を講じたのである[3]。

2．「コミュニティの富の構築」

─戦略5つの柱

　プレストン市の「コミュニティの富の構築」アプローチは、次の5つの要素で構成されている。①アンカー機関のリーダーシップ、②地域志向の公共調達、③地域志向の資本投資、④労働者協同組合との連携、⑤自治体の所有権。（DEMOS Ibid：19）各項目について、以下で詳述していく。

（1）　アンカー機関のリーダーシップ

　第1の要素は、プレストン・モデルを構想したブレーン集団の企画力と実行力である。まさに、市の「コミュニティの富の構築」の要はアンカー機関で、いかんなくリーダーシップを発揮している。政策拠点の地域経済戦略センター（Centre for Local Economic Strategies, CLES）と市が協働することで、近隣のランカシャー県、プレストンカレッジ、カーディナル・ニューマン・カレッジ、ランカシャー警察、セントラル・ランカシャー大学（UCLAN）、地元の大手の住宅組合であるコミュニティ・ゲートウェイがアンカー機関の核を形成している。

　市の基本戦略の要諦は、自治体予算を地元経済圏で循環させることである。

競争入札を地元業者に開放して、積極的に参加させている。例えばランカシャー県が学校給食の食材を大手企業に一括契約を結ぶのではなく、小項目を分けて競争入札にかけることで、プレストン市内の事業者にビジネスチャンスを均霑させている。こうした政策努力の結果、地元の農業生産物を扱う企業が契約を獲得し、合計で 200 万ポンドの資金を地元に残した。

　また、「生活賃金（living wage）」の適用キャンペーンも重要である。市は雇用するすべての従業員に生活賃金の適用を奨励している。生活賃金とは、最低限の生活の質を維持するために必要な賃金額を雇用主が導入する取り決めである。市は、2018 年度では生活賃金 8.75 ポンドと定めており、生活賃金を適用した企業のリストを公開している[4]。

　このようにプレストン・モデルは、グローバル資本主義に抗する、都市の再生に挑戦する事例として注目されている。地元志向の経済振興が奏功した結果、地域経済は改善し、2010 年から 2015 年にかけて貧困率が改善したことで、地方再生のベストプラクティスの 2 位に選ばれている[5]。

（2）　ローカリスト（地域主義的）な公共調達

　第 2 の要素は、地元で調達ネットワークを構築することである。富の多くがプレストン市とランカシャー圏域で蓄積されるように、アンカー機関が購買力と消費パターンに影響を与えようとしている。その目標は、地元のサプライヤーへの支出を増やすことにより、地域コミュニティから富の「流出（leak）」を食い止めることである。そのため、市は地方経済戦略センター（CLES）と協力して、資金がどこで使われたかという地理的な帰着データを集めている。また調達の流れを変えるために、アンカー機関の政策立案者と戦略を練り上げている[6]。

　アンカー機関は、保守党連立政府が定めた 2012 年公共サービス（社会的価値）法によって規定された社会的価値の概念を用いて、調達行動を地元志向に変えている。さらに、調達と委託の循環の中で、どの経済分野が地元のサプライチェーンによって継続的に事業を拡充しているかを分析している[7]。

　ここで重要なのは、プレストン経済と広域のランカシャー経済圏を対象にして、アンカー機関の支出を増やしていることである。CLES の分析によれば、これまでアンカー機関が管理する総額 7 億 5,000 万ポンドのうち 61%（4 億 5,800

万ポンド）がランカシャー経済圏域から「流出」しており、そのうちプレストン地域に帰着したのはわずか5%であった。そこで市は、地元のプロジェクトへの投資の増額に向けて、安定的に資金源を確保する道筋を検討している[8]。

　2012年公共サービス法の社会的価値に関する規定は、工事や物品はすべての公共調達に拡大されるべきことをうたっている。地方財政に目を向けると、主に固定資産税を中心とした税収を地方自治体に移譲することで、歳入助成金の削減を図っている。これもまた中央 - 地方間の税財政に関する大きな政治課題である。実は、都市の持つ観光税、宿泊税、地方の固定資産税など、地方自治体の課税権は英国ではきわめて弱いのである。

(3) ローカリスト的「資本」投資 ―年金基金の投資先をめぐって

　第3の要素は、投資を呼び込む戦略である。資本の源泉の1つは、地方自治体年金制度である。市民の年金基金を地方の資本事業に注入することは、経済を成長させる原資となる。

　地方自治体年金制度と子会社が抱える投資について、どこに振り向けるかは大きな政治的関心を呼んできた。保守党政権は、国内のインフラプロジェクトの資金調達のために、地方自治体年金制度を国有基金に統合することを求めていた。この制度全体を構成する89の地方管理年金制度の一部をプールすることは協議中であるが、資産が2,000億ポンドを超えていることから多くの利害関係が絡んでいる[9]。

　この実態を数字で確認してみたい。プレストン市の投資をめぐる状況では、ランカシャー県年金基金が市に1億ポンド、ランカシャー県全体に1億ポンドを投資している。これまでの投資は、大手ホテルのリニューアルオープンや1,800万ポンドの学生用アパート開発などに向けられた。年金基金の規模（現在約55億ポンド）とその株式の多くが海外に移されている現状を考えれば、市が特に拡大を望んでいる分野の1つである。また海外株式への投資は、地元で生み出されるリターンをしばしば下回るという実態がある。このようにプレストン市は、これらの投資活動が地域経済の「社会的配当」をもたらすと期待している[10]。

（4）労働者協同組合との協働

　第4の要素は協同組合との連携である。行政執行部と労働者協同組合の公民関係は社会的連帯経済の視点から興味深い。アンカー機関は、先に述べたように、地域開発戦略の中にローカリスト的な調達・投資を企図している。加えて、経済民主主義を推進するために、地元経済に関わる諸機関の所有形態を変えることを目指している。これらの手段は、サプライチェーンを組み替える際に、労働者協同組合や従業員所有企業に入札を促すことである。

　地域経済を浮揚させるキーアクターは、プレストン協同組合開発ネットワークである。これは一般的な助言やコンサルタントを含むサービスを提供し、拠点となる施設を設けて、投資、サプライヤー、消費者へのアクセスを可能にし、協同組合間の協働を促している。協同組合を主軸とする地域開発の構想は、スペインのモンドラゴン協同組合からインスピレーションを得たものである。協同組合は、労働者主導による社会イノベーションを促進することで、地域経済の生産能力を多様化できると期待されている。

　2008年9月のリーマンショックが引き起こした世界の金融危機により、地域経済が危機に陥った際、協同組合セクターの経営実績は、一貫して民間企業のそれを上回っていた。従業員が所有する企業は、生産性が高いとも報告されている。労働者協同組合が地域経済の回復力を高める理論的根拠も存在する（*DEMOS* Ibid : 19）。プレストンの市民リーダーたちは、コミュニティの富を拡充する手段として、協同組合の「オーナーシップモデル」を奨励しているのはこうした理由が存在するからである。歴史的にみても、マンチェスター圏域が協同組合の発祥地であり、その後の経緯から考えてもこの路線は納得できる。協同組合や従業員所有モデルは、協同労働と民主的な労働慣行を労働者に保障する仕組みになっている。協同労働とは、働く人たちが協同し、利用する人と協同し、地域に協同の輪を広げる労働をいう。協同労働を推し進める労働者協同組合を奨励することは、個人が自由かつ自律的に充実した生活を送れるように支援することにつながるのである。

　プレストン市の実績については、これまでの慣行として、住宅関連業務は市外の大手企業に発注していた。しかしローカリスト的な政策転換を図ったことによって、地元のコミュニティ・ゲートウェイ（住宅協会）が6,500戸

を管理することになった。これには、地元の協同組合も支援していた。また、全国チェーンの大規模店舗は地方の個人商店を廃業に追い込み、地元経済にダメージを与えるという実態があった。この傾向は日本でも同様である。地元商店の苦境に対して、最初に取組んだのがアート・コープであった。2011年に地元アーチスト3人が市の援助で協同組合を設立し、事業を展開していった。アート・コープは市が所有していた建物をアート・スタジオ用に無償で活用し、過去数年間では補助金なしで演劇、音楽、文学などの様々なイベントや展示会を催している。他にもITや食べ物に関する新しい労働者協同組合が誕生している。そして2017年には、地元の労働者所有の協同組合をネットワーク型に拡張する取組みを始めている。これらの動きは地域ぐるみの連帯経済の実践そのものである[11]。

　このようにプレストン・モデルは、労働者協同組合を経済開発の軸にすえている点が興味深い。ただしブレクジット（Brexit）後、欧州地域開発基金に代わる資金の行方が焦眉の課題となっている。地域開発基金が小規模な労働者協同組合への資金調達に当てられる必要がある。また、協同組合が経済の回復力を高めるという政策判断において、協同組合同士が資本のアクセスを奪い合う側面は否定できず、協同組合の間で長期的な成長に対する障壁となる可能性がある。

　プレストン・モデルの協同型地域開発の実績を見極めるにはまだ時間を要するだろう。特に労働者協同組合が地域経済に資するという点で、ポジティブな証拠を見出す必要がある。繰り返しになるが、プレストンの主なねらいとは、地域経済活動への調達において多くの資金を地元に「還元・帰着」させることであるが、経済リサーチから、このような調達への「地元主義」が常に地域経済に利益をもたらしているというエビデンスが求められる。

（5）脱市場化と市有化（municipalisation）の試み

　第5の要素は公有化である。市は経済モデルに主要産業の市有化を盛り込んでいる。自治体の所有権の確保は、かつての英国都市社会主義がその原点であり、市政改革運動の1つの政策として打ち出された。

　振り返れば、19世紀のシドニー・ウェッブの「ロンドン・プログラム」は、

全編 20 章からなる包括的な市政改革案であったが、それは市民の公共意識を高め、政治参加に目を転じさせる手段でもあった。改革アジェンダの 1 つが独占規制と公有化であった。いわゆる都市社会主義が「ガスと水道の社会主義」と呼ばれたのは、単に独占的公益事業を公共的統制の下に置くだけではなく、さらに公営事業化にするという案をウェッブは提示した。公営化の対象は、水道・ガス・市街鉄道・ドック・市場などであった。

19 世紀末のロンドンの公共サービス事業は、少数の私企業による利潤本位の経営に委ねられて、都市の巨大化に対応する市民生活のインフラ整備は遅れていた。「ロンドン・プログラム」における公共サービス事業の公有・公営化の目的は、能率的・計画的に市民に公共サービスを提供して、私企業経営の下での劣悪な労働条件を改善し、8 時間労働、公正賃金など、今日でいうディーセントワークを保障しようとするものであった。公有化の意図は、消費者や労働者の利益、事業経営の効率性を総合的に実現することにあった[12]。

一方、現代では、プレストンの市民リーダーたちも、公共サービスの安定的な運営を目指して、市有化を構想している。その事業範囲は、エネルギーや発電計画まで多岐にわたっている。一時は主要ホテルを直接公有化することを検討した。市の所有化のステップとして、市の発電計画の基盤とし、未利用の市有地を活用して風力発電所を試験的に建設する計画を立てた。しかし、保守党政権が固定価格買取制度の補助金を削減したため、資金調達の仕組みで競争性を発揮できなくなった。その結果、2015 年にこれらの計画は中断された。それにもかかわらず、市は、ランカシャー県全域の自治体と連携した「フェアラー・パワー・レッドローズ」案を推進しようとした。これは、エネルギーを供給する民間のエネルギー供給業者と提携して実施するもので、公正な料金を設定することで、消費者にそのメリットを訴えている[13]。

こうして自治体の公有を進め、「コミュニティの富の構築」という名の下で、地域の生産資産（土地と企業）に対してコミュニティが影響力を持つことを目指している[14]。また、「コミュニティの富の構築」プロジェクトは、既存の資源を市有化する他にも、様々な可能性も秘めている。すなわち、土地信託のようなコミュニティの所有権を活用して、再生可能エネルギーの開発を具体化するといった社会イノベーションを創発できるのである。

公有資産の地方自治体への移転を可能とするには、国の支援政策を具体化する必要がある。現在の規則では、地方自治体やその他の公的機関が市場価格の全額を支払わせて、国が公営企業を地方自治体に譲渡することを妨げている。総じて地方自治体の所有権の賛否は、政治思想に左右される。公営か私営かのメリットは、様々な政治論争を呼び起こすのである。

3．考察

（1）プレストン戦略の背景にある南北の地域格差

　産業革命時の華やかさを享受した元工業都市は、ダンプ（dump）と揶揄される。マンチェスター、リバプール、ニューカッスルなどの北部の諸都市を指す。このような地方は栄枯盛衰を地でいくことになり、かつて地域の荒廃ぶりは酷かった。ノーザナー（北部出身者）からすれば、英国はロンドン中心主義であり、サザナー（南部出身者）は優越感に浸る。

　経済や社会の側面でみても、英国には富める南部と貧しい北部の格差が存在する。この格差は近年一層拡大している。地理的に、経済的、社会的、文化的に異なる南北の分割ラインがあり、それは長い歴史に由来している。経済でみた場合、外国の直接投資の半分はロンドンとイングランド南東部に向けられる。特にロンドンは投資を惹きつけており、インフラ支出でも際立っている。産業構造が地域ごとに異なっており、北部は伝統的な工業地帯であるのに対して、南部は金融をはじめとしたサービス産業の比率が高い。格差を生み出している最も大きな要因がポンド高ユーロ安による製造業部門の業績不振であり、ミッドランドとイングランド北部は、南部や東部よりも製造業に依存している度合いが高い。こうした差異が深刻な経済格差につながっている。

　健康でみた場合、北部の人たちは南部よりも早期に死亡する傾向がある。2010年以降、ロンドンの平均余命は他の地域と比較して伸びている。福祉と教育でも、ロンドンで無料の学校給食を受けている児童は、北西部と西ミッドランドを除いて、他の地域で無料の学校給食を受ける児童の2倍多く大学に進学する傾向がある。

　特に行政では、この半世紀で最も中央集権化が進んだ。その結果、英国は先

進国の中で最も中央集権的で地域的に不平等な国になったのである。プレスト
ンの評価では、このような地理的な要因をみておく必要がある[15]。

（2）プレストン戦略の意義

　アメリカ、英国、スコットランド、ヨーロッパの多くのシンクタンクによれ
ば、より公平な経済への途は、「コミュニティ富の構築（CWB）」プログラム
を介してであるという。地域経済発展への「人間中心」のアプローチを通じて、
その目的を、富を地域経済に戻し、支配と利益を地元の人々の手に委ねること
としている。このアプローチは本来アメリカの民主主義共同研究によって開
発され、英国版のバージョンは4つのコア原則にもとづいて機能している。

　4つのコア原則を再度確認しておきたい。第1は、「そこにある富（wealth
that's there）」である。すなちわ、アンカー機関が財やサービスの調達に向けた
資金を活用していくのである。可能な限り資金の多くを地域に限定し、現地の
サプライチェーンへの投資を増やし、地域の経済競争力を向上させる。第2は、
労働力（workforce）である。すなわち、熟練した労働力を集積し、地元企業に
モデルを示すことによって、投資の利点を最大化する。少なくともすべての従
業員に生活賃金を支払い、スタッフが協同組合を通じて、地元で過ごし、地元
を救うことを奨励する。競争的経済を意識して、人的資源を重視していること
が分かる。第3は、土地、不動産、投資である。すなわち、アンカー機関の資
産を活用して追加投資を行い、新しいビジネスの発展を促進し、金融仲介の新
規手法を開拓する。これにより、コミュニティの利益に資するコミュニティま
たは民間部門の利益への資産移転を検討する。資本主義の新しい形態の実践と
も捉えられる。第4は、経済民主主義（economic democracy）である。すなわち、
市民に向けて、将来の経済への投資の増額と経済ガバナンスの代替モデルを構
築するとしている。これは、協同組合の開発だけでなく、住民自身が資産や意
思決定プロセスを身近に感じる風土をつくり出すことを意図している。

　アンカー機関は地元発のインサイダーの機関で、地方議会、大学、住宅協会、
地域ヘルスケアなど、地域ベースのプレーヤーである。これらの機関は、地元
の域内で保持されている資金を消費する。従業員のほとんどは、地元に住んで
おり、そこで賃金を費やす可能性が高い。また、地元で費やす多額の調達と投

資支出もある。このようにインサイダーの論理を強くかざしている。

　デモスは、地方政治における代表権とアカウンタビリティの欠如が、代議制民主主義とその制度への信頼を低下させているとし、プレストン・モデルに関する技術的なコメントよりも、地方民主主義の優先順位が重要であるだけでなく、創造的な市民のリーダーシップが目的として奨励されるべきであると述べている。プレストンの意義は、地方の政治リーダーの役割と任務に制約をかけないそのフレームワークのあり方である。

(3) プレストン戦略の実績

　プレストン市のコミュニティの富の構築プログラムは、支出とサプライチェーンの地域化に向けた経済戦略を描いている。具体的には、研究会、行政幹部との会合、調達事業の中身の精査、社会的責任を担える地域サプライヤーの情報、調達文書と手順の見直しなどを通して、幅広いサプライヤーが経済機会に接近できるように配慮している。

　最新のアンカー機関の支出分析では、市内向けの調達 ─2012/13 年には、支出は 11 億 2,300 万ポンドで、7,400 万ポンドの増額がみられた。広域のランカシャー経済（プレストンを含む）では、48 億 8,700 万ポンドの支出があり、ベースラインから 2 億ポンドの増加が続いている。2012/13 年以降、2016/17 年の間で、市内に向けた支出は 5％から 18.2％に増加し、ランカシャー圏域内では 39％から 79.2％に増加している。このように地域内支出の増加は大きな成果であり、地元の利益ではなく、価格で財やサービスを調達するグローバル型大企業の経済攻勢に対抗するための重要な戦略となっている。

　土地、財産、資産に関して、プレストン、サウスリブル、コーリーの地方自治体は「セントラル・ランカシャー技能および雇用補足計画文書」をかわしている。これは、30 以上の住宅および 1,000m² の商業床面積の開発を対象にしているが [16]、計画許可を申請する開発業者は、地元住民用の訓練／技能および雇用機会を示す雇用計画案を提出する必要がある。この方法は、地域住民が仕事や訓練にアクセスし、他の場所に移ることなく、地元で経済活動を継続するための工夫である。これは投資や税制で優遇されている「ロンドン効果」に対抗する配慮である。ロンドン効果とは、何百万人もの人々が仕事のために他の場

所からロンドン（または他の主要都市）に通勤し、地元ではなく、ロンドンで多くを消費するパターンを指している。地元では女性も多く働いているが、営業時間中には人が少なくなるため、店や企業は閉鎖することになる。大都市は労働力を吸収して、消費者を飲み込み、他方で、地域市場は採算に乗らない持続不可能なモデルに陥る傾向がみられる。

　参考として、表6－1が示すとおり、プレストンの経済・社会指数を確認しておきたい。2014年から2018年の間に、全体的な指数評価は0.15から0.57に増加し、多くの経済セクターで大幅な改善がみられた。重要なことは、「雇用」指数は1.07から2.52に増加し、はるかに健全な雇用環境を示していることである。所得スコアも改善したが、稼得スコアに対する住宅価格は遅々とした改善にとどまっている。これは、所有者占有スコアの低下（持ち家所有者）にも反映されている。雇用スコアが改善したにもかかわらず、新規ビジネスも減少し続けている。

表6－1　プレストンの経済・社会指数

年	全体指数	雇用	新規事業	所有者占有	技能(16-24歳)	所得分配	所得	稼得への住居価格	25歳以上の技能
2012-14	0.15	1.07	0.35	1.57	－ 0.94	－ 0.18	－ 0.63	0.33	－ 0.14
2016-18	0.57	2.36	0.54	1.27	－ 0.13	－ 0.14	－ 0.37	0.3	0.89
2017-19	0.54	2.52	0.44	1.14	－ 0.91	0.28	－ 0.28	0.41	1.03

出典：Demos（2018）, 'Good Growth for Cities 2018'

　雇用は「アンカー機関」によって保障されているが、その賃金は、住宅価格の相場に追いつくことができない状況がある。これはプレストン・モデルの問題ではなく、外部要因の影響である。興味深いことに、2019年の数字は、16－24歳の技能指標スコアで減少を示している。このプログラムの効果は、特定のセクター（この場合は技能と訓練）に応じて短期的なものに過ぎない場合がある。

　プレストン市はまた、「地元のサプライチェーンに焦点を当てた」保護主義的スタンスがあるという非難がある。ただし、市は反論している。つまり、「コミュニティの富の構築」の下で、地元の請負業者は、価格、性能と品質で競争

力を示すことができる場合にのみ、契約を結ぶことができるとされている。地元企業を競争から守るのではなく、地元の競争力を高めることを適切に認識している。これは、地域レベルでの繁栄を確保するために重要で、自由市場の原則と保護主義の原則をバランスさせている証左でもある。

　最後に、この報告書では、コミュニティベースのアプローチを個々の場に合わせて調整する必要があると述べている。つまり、「コミュニティの富の構築」は万能モデルではない。むしろ、それは経済の民主的所有権とコミュニティの自己決定を中心とするボトムアップ・アプローチなのである。地域の文脈、生態系、資源、政治にもとづいて、「コミュニティの富の構築」を掲げる地域の実験手法は、地域によって差異化することを意味している。したがって、プレストン・モデルを他の場所に応用するためには、一元化された「万能」アプローチではないことを理解する必要がある。サービスが地域で提供される場合、その事業方針とソリューションは、地域の状況や問題に合わせて調整できるのである。分散型機関も柔軟性が高く、市民のニーズの変化に迅速に対応できる。

　地方自治体は、これらのさまざまな組織による地方支出の割合を増やすために取組み、調達が全体的に減少したにもかかわらず、地方で保持された支出は劇的に増加した（Johns, Raikes, Hunter 2019）。最新の分析によると、プレストンでは7,400万ポンド、ランカシャーでは2億ポンドの追加支出が保持されている（CLES 2019b）。また、地元住民の生活水準を高めるために、調達決定を通じて実際の生活賃金を促進した。2012/13年から2018年の間に、プレストンの4,000人の従業員が実質生活賃金（同上）を獲得した。プレストンは、他のカウンシルがその経験から簡単に学ぶことができるように、それが行った作業を促進するように取組んでいる。プレストンはまた、欧州連合のネットワークと協力して、新たな調達方法を模索し、ヨーロッパ全体で優れた慣行を共有している。

　なお、プレストン市は2018年に「都市のための良好な成長2018」で「英国で最も改善された都市」に選ばれたことが記載されている。

（4）成果に関する留保

　プレストン・モデルの有効性について、留保する要因もいくつか存在する。

2019 年の報告書では、「プレストンの失業率は 2014 年の 6.5％から 2017 年には 3.1％に低下した（2017 年の英国平均 4.6％と比較して）」ことが記されている。国家統計局による英国の労働統計に関する調査によれば、プレストン市の一般失業率と若者の失業率は、全国的な数字と概ね同じであった。ただし 2019 年現在の失業率は、英国全体で 3.8％、プレストン市は 4％であった。したがって、プレストン・プログラムが失業データにもたらした影響を過大に評価することは困難である。

　プレストン・モデル・レポートが言及しているように、微妙な変数がある。2013 ～ 2019 年の間にプレストン市で見られた雇用率の改善は、他の国と同様に、労働力の女性の増加に起因する可能性がある。25 ～ 64 歳の女性は、過去半年間の雇用率の上昇の主な原動力となっている。プレストン市の 16 ～ 64 歳の女性の従業員数は、2013 年の 66％から 2019 年には 74％に上昇している。これについていくつか考えられる要因がある。女性の雇用率の上昇は、以前は 60 歳だったが、現在は 65 歳の女性の国民年金年齢の変更の結果である可能性が高い。そのため、多くの人が就労を継続しているとみられる。また、女性の過去における経済活動の不参加に関する一般的な理由の 1 つは「家庭や家族の世話をする」ことであり、出生率の低下と強い相関関係を持つ可能性が高い。インフレ、生活費、交通費、家賃の上昇は、単一の収入がもはや家計を支えるのに十分ではなくなったことから、主婦を雇用に追い込んでいる可能性もある。

（5）連帯経済・労働者協同組合の脱市場化機能

　脱市場化機能は、雇用のレジリエンスと安定性に見出すことができる。つまり、脱市場化の視点からは、労働力の規模を縮小せずに、賃金で調整する仕組みになっている。労働経済からみて、従業員の定着率が高いため、事業が軌道に乗った際に対応できるように配置されており、従業員が組織の利益を共有できるという形態から、目減りした給与を補うことができる。

　協同組合の所有モデルの利点は、とりわけ一般の企業構造よりも安定しており、財政的に弾力性があることである。これは、プレストン・カウンシルが労働者協同組合の開発に興味を持っている理由の 1 つである。連帯経済は経済サイクルの変動からより多くの労働者保護を実現できる。これまでヨーロッパ諸

国では、協同組合が景気後退時に通常の企業とは異なる雇用の維持を可能にしたという実績に裏打ちされている。

脱市場化はどこまで実現したのか。プレストンの市民リーダーたちは、第1段階として中核的機関の分析と地域主義的な公共調達・投資戦略を見ている。第2段階は「経済民主主義」と呼ばれるが、地域全体の経済機関の所有構造を変えることを構想している。その主な目的は、中核的機関のサプライチェーンが脆弱な地域において新規事業を開始し、労働者協同組合や従業員所有の企業に仕事の入札を促すことを企図している。このための主要な手段は、プレストン協同組合開発ネットワーク（PCDN）である。この取組みは、スペインのモンドラゴン社から着想を得ている。この協同組合ネットワークは、アドバイスやコンサルタントを含むサービスを提供し、必要な施設を提供し、投資、サプライヤー、消費者へのアクセスを可能にしている。このように協同組合間の協働を奨励している。

（6）達成と課題

1）評価

アンカー機関によるテクノクラート主導の地域戦略を駆使して、労働者協同組合、自治体所有、地元志向の投資と調達などの構想と実施を企図している。そこから学びとれるのは、第1に、貧しい地域に対する資本金融と投資を梃子にした、独自の地域経済政策である。第2には、協同組合企業を振興させる機会を提供しており、協同労働が広範囲に実現される可能性がある。第3には、経済的財政的な誘導策が中央地方の財政改革とかかわるといった点で参考になる。

2）課題

「コミュニティの富の構築」には、重要な課題が横たわっている。それは、いかにして持続可能な方法で富を創出できるのか。そして、いかにして国家のスケールと突き合わせて、公平に富を創出できるのかといった課題である。プレストン・モデルでは、成長を生み出す過程で、経済の乗数効果が算出される。その試算が政策効果のエビデンスになる。全国レベルに広げて、コミュニティの富の構築プログラムの全体効果をみておく必要がある。仮に全国的に実施さ

れたとして、国民経済全体で良い影響が生まれてくるのかは未知数である。それがもし「ゼロサム」だとすれば、自治体がつくり出した経済保護主義ととられかねない。

　ここまでプレストン市の内発型の都市再生戦略をみてきた。ローカル・ガバナンスという概念は、国家と社会の関係から成り立ち、そのプロセスと価値を注視することが大切である。特に住民自治では、政府間の関係を念頭に置いて、相互に構成的、共創的であるものに止揚していく必要がある。ニューミュニシパリズムが進める協働事業の戦略をみてきたが、コレクティブ（集団的）な行動、またときには抗議を含みながら、グローバル化がもたらす社会変化に向きあい、または対抗する途を探索している。プレストン市の戦略では、市が労働者に生活賃金を支払うように企業に働きかけ、また雇用主が技能と訓練に投資するように奨励している。金融機関は金融投機ではなく、生産的経済に投資するように促し、経済組織と経済ガバナンスの代替的な形を模索している。

まとめ
　—地方民主主義の新たな方向性？

　地域の特殊性を中心に組織された運動や政策プログラムと同様に、このニューミュニシパリズムも、理論的な意味では必ずしも哲学的に首尾一貫しているわけではない。また、プレストンやコミュニティの富の構築と同様に、進歩主義的左翼ではないことは明らかで、イデオロギー的な空白の中で形成されたものでもない。それにもかかわらず、このニューミュニシパリズムで重要なのは、それが単に地方レベルでの伝統的な左翼政治の再加熱でも、経済成長の実現に主眼を置いたものでもないということである。むしろ、その指導原則は、参加型民主主義を復活させるためには、経済的権力の真の分権が重要であり、地方自治体のアイデンティティーは、社会的分断と文化闘争政治が増大する時代に対して、集団的な対応策を提供することができるということである。要するに、このニューミュニシパリズムとは、権力のことであり、健全で繁栄するデモスを底から再構築する必要があるということである。これは、デモス自身の変革的な目標のための運営理念になりそうな目標である。

彼らに共通する洞察は、権力と富があまりにも少数の手に集中することが真の民主主義にとって脅威であるだけではなく、これへの対応が根底からなされなければならないということである。これは、進歩的な人々だけでなく、英国における権力と富の不平等な分配に関心を持つすべての人々が歓迎すべき、進歩的政治における重要かつ潜在的な変革の転換である。

注

1　*DEMOS*（2019）：14

2　プレストン市に関する参考資料：「地方経済に注力した地方創生成功モデル：海外の最新例（英国・プレストン）」https://globalpea.com/preston

3　Preston City Council, Community Wealth Building　https://www.preston.gov.uk/article/1334/Community-Wealth-Building

4　生活賃金は、労組や宗教団体、非営利組織などが結成した「生活賃金財団（Living Wage Foundation）」によるキャンペーンで、最低限の生活水準の維持に要する生計費から、必要な賃金水準を設定する額を導き出している。最低賃金制度のような遵守義務はなく、雇用主が自主的に導入の可否を決めることができる。適用対象は18歳以上の労働者で、導入組織は自らが雇用する従業員だけでなく、例えば清掃業務の委託先など下請け組織の労働者にも、生活賃金が適用されるよう努めることが求められる。適正な導入が認められれば、「生活賃金財団」から認証を受けることができる。現在、ロンドンとロンドン以外の地域に関する2種類の生活賃金額が設定されており、毎年改定が行われている。「生活賃金と最低賃金の動向」労働政策研究・研修機構

5　https://www.jil.go.jp/foreign/jihou/2017/03/uk_01.html

検索日：2021年9月5日

6　Thomas M. Hanna, T. M. Joe Guinan, J. and Joe Bilsborough, J. (2018) 'Local Government, Ownership' The 'Preston Model' and the modern politics of municipal socialism　https://neweconomics.opendemocracy.net/preston-model-modern-politics-municipal-socialism/

Accessed on 2020-10-28

7　*DEMOS* Ibid : 19

8　*DEMOS* Ibid : 22

9　*DEMOS* Ibid : 22

10　*DEMOS* Ibid : 23

11　*DEMOS* Ibid : 23

12　前掲「地方経済に注力した地方創生成功モデル：海外の最新例（英国・プレストン）」

13　参考文献：清水修二（1979）「シドニー・ウェッブと財政民主主義　―都市社会主義から産業国有化まで―」島恭彦・池上淳編『財政民主主義の理論と思想』（青木書店）

14　Imbroscio, D. 'From Redistribution to Ownership: Toward an Alternative Urban Policy for America's *Cities*' 2013

15　参考資料：Katie Burton, A country divided: Why England's North–South divide is getting worse, Geographical https://geographical.co.uk/uk/item/3906-a-country-divided-why-england-s-north-south-divide-is-getting-worse

Accessed on 2021-11-04

16　*DEMOS* Op Cit : 25

第7章 アメリカ・ミシシッピ州 ジャクソンの戦略

山本　隆

はじめに

　ミシシッピ州ジャクソン市の自治型ミュニシパリズムを紹介する。ジャクソン・モデルは、アフリカ系市民の立場から、抵抗の精神を強く反映している。アンカー機関はコーポレーション・ジャクソン（Cooperation Jackson）で、「連帯経済」を志向する協同組合と草の根のネットワーク組織で構成されている。政治的には、自治的な市政を目指して、中央と地方に分岐した「二重権力」を目指している。したがってニューミュニシパリズムの観点からは、自立型経済への想いが強く、協同組合運動が盛んである。推進主体はジャクソン市政改革グループで、自決（self-determination）運動を強く意識している。背景には、強い文化的アイデンティティに突き動かされた、集団行動、相互扶助、連帯経済が息づいている。その主体形成にも注目する必要がある。

1．ジャクソン市のプロフィール

　まず、ジャクソン市の概況をみておきたい。同市はアメリカ・ミシシッピ州の中央部にある都市である。州都として1821年に設立され、南北戦争で有名をはせたアンドリュー・ジャクソン将軍にちなんで名づけられた街である。南北戦争の戦禍を免れた市庁舎や南部時代のガス灯などは、今は観光名所となっ

ている。1920年代には鉄道の開通によって発展し、綿花の産地として発展した。その後は天然ガスの発見もあり、石油、ガス、食品、木材、ガラス加工などの産業が興った。

　市の人口は約216万人で、中心部の人口は60万人弱である（2019年現在）。ミシシッピ州と言えばメンフィスで、ここはエルビス・プレスリーの生誕地である。ジャクソン市のスローガンは「ソウルのあるまち」、つまりブルース、福音、フォーク、ジャズなどのジャンルで多くのミュージシャンを輩出している[1]。

アメリカ・ミシシッピ州のジャクソン

　人種構成は、白人28％、アフリカ系70％、残りは先住民、アジア系、太平洋諸島系で占めている。その他の人種および混血、ヒスパニック系となっている。世帯ごとの平均的な収入は3万414ドルである。男性の平均的な収入は2万9,166ドル、女性は2万3,328ドルである。1人当たりの収入は1万7,116ドル、人口の23.5％および家族の19.6％は貧困線以下である。全人口のうち18歳未満の33.7％および65歳以上の15.7％は貧困線以下の生活を送っている。人種の要素からみた所得格差は表7−1の通りである[2]。

　白人居住地域での中位所得に対して、アフリカ系住民の所得割合は76％にとどまっている。ミシシッピ州は米国で最も貧しい州であり、子どもたちの3分の1が貧困線以下で暮らしている。この州は、さまざまな経済指標で底辺に

近い状態にある。トップダウンの経済発展は少数の資本家を裕福にしてきたが、ジャクソンの労働者にはその果実は均霑されてこなかった。

表7−1　人種の要素からみた所得

		ジャクソン	ヒンズ郡	マディソン郡
白人居住地域	中位所得	45,776 ドル	52,187 ドル	79,549 ドル
アフリカ系居住地域	中位所得	27,426 ドル	28,817 ドル	36,938 ドル
アフリカ系住民の所得割合		76%	67%	35%

出典：Community Wealth Building in Jackson, Mississippi Strategic Considerations 2015

２．人種差別に抗するジャクソン・クッシュ計画

　ジャクソン・モデルを主導したのは地方の政治家チョクウェ・ルムンバ（Chowkwe Lumumba）であった。ルムンバはジャクソン市長を務めた。そして盟友のカリ・アクーノ（Kali Akuno）たちの政治グループは「ジャクソン・クッシュ計画—アフリカ系アメリカ人の自決および経済民主主義のための闘争」を構想した。ここでは、この野心的な計画の策定に至るまでの歩みをみておきたい[3]。

　2014年に市長に就任後、ルムンバは経済開発、教育、交通機関を中心とする公共部門の充実を公約した。それだけでなく、協同型開発を掲げて、環境に優しい雇用、最低賃金、地元の労働力に支えられたダイナミックな「新しい経済」の確立を宣言した。これらのマニフェストは、労働者保護に対する強い政策表明である。その政策体系は人権に根ざし、市の予算編成に発言権を持つコミュニティグループによって推進されるはずであった。しかしながら、ルムンバは道半ばして急逝してしまう。

　以下は、アクーノの言葉である。

　　わたしたちはまた、コモンズの回復のためのより広範なプラットフォームをつくりあげ、より多くの公共財の効用（例えば国民皆保険、公的年金制度、政府資金による保育、包括的な公共輸送）、経済の民主的変革を進める[4]。

ネイサン・シュナイダー（Nathan Schneider）の著書『ネクスト・シェア』によれば、ジャクソンの市政改革グループは、1984年にニュー・アフリカン・ピープルズ・オーガニゼーションの設立にとりかかった。その分派として組織化されるのが「マルコムX草の根運動」で、1990年に発足している。この草の根運動がジャクソン・モデルの基礎となるのである。アクーノをはじめ全米のマルコムX草の根運動の実践家たちは独自の地域再生に着手し、地域開発戦略として完成したのが2012年の「ジャクソン・クッシュ計画」であった（シュナイダー2020）。

　ジャクソン市では、他都市と同様に、市長が多くの権力を掌握する。これまで市のインフラ契約は郊外に拠点を構える白人所有企業が独占してきた。ジャクソン市の人口の大半をアフリカ系の人々が占めるが、経済の果実を享受できなかった。そこでマルコムX草の根運動の活動家たちは、アフリカ系の大多数が経済的な恩恵を受けるまで、土地の開放は認めないというラディカルな政治方針を打ち出した。このような民族的使命を表明して、市長選でルムンバが勝利したのである。ただし、ルムンバ自身は慎重な考え方の持ち主であったと言われる。彼の突然の死後の2014年5月に、全米や世界中から数百人が「ジャクソン・ライジング」という集会に参加した（主催地ジャクソン州立大学）。これがジャクソン・モデルの起点になったとみてよい。市政改革派のグループは、ルムンバの死後も継承体制を敷いて、「ジャクソン・クッシュ計画」を実現させようとした[5]。

　アクーノは、市、信用組合、外部の寄付者を資金源とした1,500万ドルの協同組合開発基金の計画を構想した。そこでは、ゴミ収集、学校給食の食材供給、インフラ課題への取組みに向けて、労働者所有の協同組合を設立する内発型産業計画を練り上げていた。

　最大の課題は、住民から理解を得るための意識高揚とそれを支える社会教育である。市が学校に要請して協同組合教育を取り入れ、協同組合研修を行い、協同組合の資金調達や不動産取得を援助するルートを市政改革グループは描いた。南米の一部で実践されている「参加型予算」を盛り込む計画も立てた。

　「ジャクソン・クッシュ計画」は実に野心的な内容を盛り込んでいる。そのパンフレットでは、「資本主義との決別とアメリカ入植者による植民地計画の廃絶」という勇ましい呼びかけ文がある。読む者には、奴隷制の残滓を想起さ

せる。そして戦略の起点をジャクソン市およびミシシッピ州のブラックベルトにすえた。普通に発言できる人民集会、集会に政治責任を負う独立政党、公的な資金援助を受けるなどをスローガンにして、地域協同組合を梃子にした、経済開発戦略を打ち出したのである。

　「ジャクソン・クッシュ計画」のユニークさは、アフリカ系アメリカ人の自決と経済民主主義のための闘争を表した意思表明計画（Intent Plan）にある。そこでは、市民、特にアフリカ系市民の生活の質の向上に大きく貢献する政策を意識している。具体策としては、参加型民主主義、連帯経済、持続可能な開発における事業のベストプラクティスを生み出して、コミュニティの組織化と選挙政治を組み合わせる戦略をとっている。また計画書では、エコ社会主義への民主的な移行に向けた助走として、連帯経済の発展モデルを描いている[6]。

3．協働組織コーポレーション・ジャクソンの始動

（1）コーポレーション・ジャクソンの立ち上げ

　コーポレーション・ジャクソンという協同組織を紹介しておきたい。この組織はマルコムX草の根運動と新アフリカ人民組織による活動の産物で、労働者協同組合とアフリカ系アメリカ人による社会変革運動とを融合させている。最大のポイントは、労働者協同組合を変革のアクターの主軸にすえていることである。労働者と住民にパワーを与えるために、アフリカ系またはラテン系住民の貧困者、失業者のニーズに応えるために、連帯した行動を発展させることを目的としている[7]。

　アクーノは、協同組合育成機関、教育センター、金融機関、協同組合連合組織の4者からなる連帯活動の構想案をとりまとめ、都市農場、ケータリング会社、堆肥会社など連携関係にある3つの協同組合を立ち上げた。続いて、各種財団、芸能人、小口寄与者から資金を集め、南部補償融資基金の協力も得た。さらには、共同体土地信託用として土地の購入を始めたのが注目される。その後、ベーカリー、織物、洗剤製造の協同組合を立ち上げて、協同組合のネットワークを拡張していった。その中には、女性のための協同組合を創設・支援する企画もあった。こうして協同組合の中に、白人主導の経済勢力の支配に抗う

仕組みを組み込んでいった。

　これら野心的な協同事業の基本目標は次の通りである。①主要な生産手段の所有と管理をアフリカ系労働者階級の手に直接委ねること、②生態学的にレジリエンスを備える生産力を構築し発展させること、③市のみならず、ミシシッピ州、アメリカ南東部の政治経済を民主的に変革すること、④アフリカ系市民の自決と、ミシシッピ州の「ラディカルで民主的な変革」を国家の変革への助走として市民運動を展開することである。このような目標は、ブラック・ライブズ・マターの運動と連動させて、ミシシッピ州やジャクソン市をアメリカから独立させるかのごとく、壮大な運動スローガンを投影している。いずれにしても、自決を基本原理とし、生産手段の公有を意識することで、政治経済を民主的に変革するラディカルな内容を盛り込んでいる。グローバル資本主義と脱市場化への途という観点からは、これらの基本目標には、私的所有を超えて、アフリカ系労働者階級の手中に生産手段をゆだねていく方向が込められている[8]。

（2）アンカー機関が牽引する連帯経済

　経営戦略の視点から、アンカー機関は、以下の4つの機関において相互的な基盤を形成させている。すなわち、①協同事業と相互扶助ネットワークの連合体、②基本的な研修や事業計画の策定を行う協同型インキュベーター、③経済民主主義を教育する協同学校兼研修センター、④信用組合と銀行の協同組合の提携である[9]。これら協同思想を持つ組織ネットワークを通じて、垂直サプライチェーンが構築されている。一例としては、協同組合の農場がカフェとケータリング事業を提供しており、カフェからの廃棄物はヤードケアと堆肥化の協同組合に送られて、それが農場に供給され、生産プロセスが社会化されている。

　アンカー機関は地域再生のミッションを徹底して貫いており、投資資本を地域内部化し、顧客関係を配慮して、地域外に資本を移動させることはしない。そのため地元の非営利組織と公的機関が協働しており、特にジャクソン市が最も重要な雇用主となっている。市内には大きな経済的可能性を秘めており、市も大規模な経済的資産を所有している。最大の雇用主はアンカー機関自身であり、それだけで6万人近くの従業員を雇用している[10]。

ここでコーポレーション・ジャクソンのネットワークの一部を紹介しておく
と、芝生手入れ事業のグリーン・チーム、有機野菜農場のフリーダム・ファーム、
３Ｄプリンターを運営するプリントショップであるセンター・フォー・コミュ
ニティ・プロダクションがある。これらの協同組合は、生態学的に持続可能な
方法で運営しながら、貧困と差別の原因を軽減しようとしている。円滑な起業
を図る目的を持った、バラグーン・センターと呼ばれる協同インキュベーター
も注目される。また、コミュニティ所有の土地信託として運営できる約３ヘク
タールの土地も所有している[11]。

　このようにジャクソン市の連帯経済は、社会的連帯、相互扶助、相互主義、
平等を志向する協同経済（cooperative economy）を形成させている。労働者協
同組合から近隣地域での物々交換のネットワークに至るまで、協同の価値を実
現する協同組合の水平的かつ自律的なネットワークが展開されているのが目を
引く。この連帯経済の概念は、主に労働者協同組合と消費者協同組合の連合で
あるモンドラゴン協同組合の実践から触発されたものとされている。

（３）エンパワメントと脱商品化

　このようにジャクソン・モデルをみてくると、「白人至上主義国家」に対す
るアフリカ系アメリカ人のエンパワメント（empowerment）が重要な役割を占
めていることが分かる。そのビジョンは、社会化や脱商品化を進め、エコロジ
カルに持続可能な供給網としてバリューチェーンの全体を再編することであ
る。そのスローガンは、「社会の民主化および生産の社会化」である（Akuno
and Aku Nangwaya 2017）。経済的自治、環境保護的な自給自足、非貨幣的交換
というテーマでは、通貨、タイム・バンキング、自家栽培、再生可能エネルギー、
循環型の廃棄物再利用、コミュニティ所有の住宅、デジタル製造研究室、労働
者協同組合による連帯の促進を通じて、脱市場化の途が開かれている（Akuno
and Aku Nangwaya Ibid）。

　コーポレーション・ジャクソンを成功に導くもう１つの鍵は、ジェントリフィ
ケーションを食いとめることである。拠点となるエリアには空き地や廃屋ビル
が大量にある。都心に近いため、不動産開発業者や都市資本家がこの地域に目
を光らせている。この動きに対抗するために、協同ネットワークの支援者は土

地を購入して、高品質で手頃な価格の協同組合住宅、食料品店、太陽光発電を事業対象とした「エコビレッジ」を建設する計画である。同時に、包括的リサイクル、堆肥化、地元の食料生産、地域の有機農場へのリンク、ゼロエミッションなどの公共交通機関を推進している。このようにジャクソン市は現代資本主義の危機と弱点を逆手にとって、アフリカ系アメリカ人による人種平等のための歴史的な闘争を喚起することにより、力強い地域再生モデルを実現しようとしている。

　しかしながら市政の座に足がかりをつけているにもかかわらず、その歩みは初期段階に留まっている。2017 年初頭の時点で、協同組合のカフェ・プロジェクトは州から許可を得るのに苦労し、法的な問題により 3D 製造用の建物の購入が遅れてしまい、資金調達も困難になっている。さらには、都市型農場用の土地は汚染されていることが判明し、大規模な洗浄が必要になっている。州政府はジャクソン市に協力的ではない [12]。

４．考察

（１）背景にあるアメリカの人種問題

１）抑圧と暴力の歴史

　第二次世界大戦後、アメリカは物質的豊かさで世界を圧倒し、1950 年代には「ゆたかな社会（affluent society）」を実現したかのように見えた。しかし国内では、南部の貧困や人種差別は解消されず、リンチ事件も頻発していた。公民権運動につながる、1950 年代の動きを説明してみたい。

　まずは、映画『グリーンブック』の下地にもなった、ジム・クロウ法（Jim Crow Law）があった。アフリカ系アメリカ人への差別として代表的なものがこのジム・クロウ法である。公共交通機関の座席が白人用と有色人種用に分離され、白人とアフリカ系の人たちの結婚を禁止する州もあった。白人と有色人種が同じ場所で食事ができるレストランは違法になるケースもあり、南部ではこの分離政策が日常的であった。当時の南部では農業が主産業で、労働力である黒人奴隷の解放に反対し、差別が根強く残っていたのである。ジム・クロウ法が廃止されたのは、1964 年の公民権法成立の時である。

1950 年代に人種差別に起因した一連の事件がマスメディアで知らされるが、まずは、1954 年の公立学校での分離および通学の問題があった。ジム・クロウ法時代の人種差別と闘ったのは、最高裁判所に任命された最初のアフリカ系アメリカ人サーグッド・マーシャルであった。彼は、公立学校での分離および通学の問題に向きあい、1954 年に、ブラウン対トピーカ教育委員会の裁判で、公立学校での人種差別を終わらせようとした。しかし、最高裁判所がブラウン対教育委員会裁判で「公立学校における人種分立教育の廃止」法案を合法と認めた後、人種間対立の緊張がさらに高まった。

　この余波を受けて、最大の悲劇であるエメット・ティル事件が 1955 年に起きた。この事件は全米を震撼させた凄惨なリンチ事件であった。当時エメット少年は 14 歳だったが、白人女性に口笛を吹いたことで惨殺された。少年の母親は、このリンチ事件の残忍さを世に示すために、棺を開いたまま葬儀を行った。この事件に対する抗議の気運は、アフリカ系の活動家やその支援者から次第に社会全体へと広がり、全米がミシシッピ州内の黒人の人権問題を注視する契機をつくり出した[13]。

　エメット・ティル事件の記憶が生々しい 1955 年に、モンゴメリー・バス・ボイコット事件が起こっている。これはアラバマ州モンゴメリーで始まった人種差別への抗議運動である。事件の発端は、市営バスに乗車したローザ・パークスがアフリカ系の優先席に着座していたが、白人用の座席が満席になったために、運転手がパークスに席を空けるように指示した。彼女は、エメット・ティル事件のことが頭にあり、これに従わなかった。運転手は警察に通報し、パークスは運転手の座席支持に従わなかったという理由で逮捕されたのである。これに対し、キング牧師らが路線バスへの乗車ボイコットを呼びかけ、多くの市民がこれに応じた。1956 年、連邦最高裁判所は、地方裁判所の判決を支持する形で、モンゴメリーの人種隔離政策に対して違憲判決を下した。モンゴメリー・バス・ボイコット事件をきっかけに公共交通機関の分離を終わらせている[14]。

　リトルロック高校事件も有名である。1957 年、アーカンソー州知事のオーヴァル・フォーバスは、リトルロックの高等学校に入学をしようとする 9 名のアフリカ系の学生を阻止するため州兵を召集した。アイゼンハワー大統領はこ

れに反応し、ケンタッキーのフォート・キャンベルからアーカンソーまで、第101空挺師団を派遣し、通学するアフリカ系の学生をガードした。そして1960年代にも、分離政策にもとづく差別や暴力が続いていった。

２）公民権運動

公民権法（Civil Right Act）は、キング牧師らによって1950年代から進められた公民権運動の高まりを受けて、1964年7月2日、アメリカ議会で成立、制定された法律である。ケネディ大統領が熱心に取組み、ケネディの暗殺後、後任のジョンソン大統領の政権時に成立している。

しかし公民権法の成立後も、南部のアフリカ系の市民への差別はなくならず、北部においても大都市では貧富の格差が拡大していた。現状に不満な黒人の中には、キング牧師らが提唱した非暴力抵抗を放棄して、実力で白人に対抗しようとするブラックパワー運動が1960年代後半から台頭した[15]。

1967年には異人種間の結婚を禁じる州法が最高裁判所で違憲とされ（ラビング判決）、1968年には不動産取引における差別を禁じた1968年公民権法が成立した。1969年には、ミシシッピ州初のアフリカ系の市長が誕生した。そして1960年代末以降、投票率の向上によってアフリカ系アメリカ人の公職者が増加していった。

３）マルコムX

「ジャクソン・クッシュ計画」を魂で支えたのが、マルコムXである。彼の思想がジャクソン市政改革を想う人たちの心の支柱となっていることから、彼の生き様に少し触れる必要がある。マルコムXの本名はマルコム・リトルで、ネブラスカ州オマハに生まれた。アフリカ系アメリカ人のイスラム教徒で、白人による人種差別を経験してキリスト教を否定した。アフリカ系のイスラム教団体ネーション・オブ・イスラム（Nation of Islam）の指導者エライジャ・モハメッドと出会い、入信して頭角をあらわした。Xという名前の由来については、アフリカ系の人たちの姓は奴隷所有者がつけたものであることから、未知数を意味するマルコムXに改名したということである。

マルコムXは、全国のイスラム寺院（temple）での猛烈な演説で注目され、人種的正義を追求した。その後、ネーション・オブ・イスラムを離れて、ムスリム・モスク・インク（MMI）とパン・アフリカ主義アフリカ系アメリカ人

統一機構（OAAU）を設立した。この間、アフリカ・中東を訪問し、国際的な視野を持つようになった。アメリカの人種問題は公民権問題にとどまらず、国際問題であるとして第三世界と連帯することを主張したが、彼のエンパワメント思想は、ジャクソン市長ルムンバやアクーノに影響を与えている。マルコムＸは、1964年頃には、ネーション・オブ・イスラムと対立し、度重なる脅迫を受けていた。そして1965年2月21日、演説中に無残にも凶弾に倒れた。彼の死後に「マルコムＸの日」が創設され、全米のさまざまな都市で記念式典が行われている[16]。

5. 連帯経済からみた「ジャクソン・クッシュ計画」

　連帯経済は、近年になり、広義の社会連帯経済という用語に置き換わっている。ただし、結集という意味は分かるが、その意義はサードセクターのように広く曖昧になる。連帯経済とは、「競争や利潤や利己主義によって特徴づけられる今日の支配的な経済システムとは対照的に、人々の協働や扶助を原理として編成される経済活動のこと」とされる。馬渕浩二は、グローバル化した資本制に対抗するための1つの可能性として連帯経済が構想され、実践されている、と述べている[17]。

　また、連帯経済は、エコロジー運動、女性解放運動など、現代の様々な社会運動が提示している価値を積極的に組み込もうとしており、ジェンダーの平等や環境正義の実現を求める社会運動などが立ち上がっているとも指摘する。ここには、ニューミュニシパリズムの政治思想との類似性がみられる。

　英国の事例として、A thriving solidarity economy for the UK をみてみると、連帯経済は、地域で持続可能なコミュニティ開発、経済民主主義、社会正義、コミュニティの所有権を実現するとしている。連帯経済は人々、組織、経済的イニシアチブ、プロジェクト、活動のグローバルな動きであり、これらすべてがより良い世界を共同で構築し、経済システムを変革しようとするコミットメントを表明している。具体的な活動は、コミュニティファーム、協同組合住宅、移民貯蓄クラブ、インフォーマルのチャイルドケアサークル、近隣イニシアチブ、代替通貨、コミュニティ土地信託などである。

A thriving solidarity economy for the UK のアナウンスメントでは、連帯経済はわたしたちに真のオルタナティブを提供するとの意思を明確に表している。すなわち、人種、階級、民族、性同一性、貧富に関係なく、すべての人々が搾取されずに、自然環境を害しない形で、すべてのニーズを満たすことができるといった希求を表明している。そして連帯経済で推奨する実践がジャクソン・モデルだとも述べている。

6. ジャクソン・モデルの特徴と意義

ジャクソン・モデルの特徴は、以下のようにまとめることができる。

第1に、土地と住宅を非商品化することにより、都市と地域の「コモンズ」を再構築するプロセスを開始しており、その手段として、地域コミュニティと保全土地信託を開発している。そして公共部門、特にコミュニティ開発の公的資金を立て直すことで、医療、大量輸送機関、公営住宅を充実させ、公共インフラストラクチャーの拡充を目指している。

第2に、地域の連帯経済の基盤を築くために、協同組合および相互に強化する企業と機関、特に協同組合のネットワーク化を進めている。そして地方都市の農場、地域農業協同組合、ファーマーズマーケットなどのネットワークを目指している。

第3に、地球環境にやさしいグリーン住宅の建設事業から始めて、持続可能なグリーン経済の構築を目指している。そして食品主権を確立して、健康で手頃な価格の食品を供給し、現状の不健康な食品環境を制限して、肥満と慢性的な健康問題に取組んでいる。

これら公共部門の改革について、市政で主導権を握り、住民との直接民主主義を通して、公営化と脱市場化への途を明らかにするのがジャクソンによるニューミュニシパリズムである。

ジャクソン・モデルの意義は、アメリカの人種差別に抗する形で、自治型ミュニシパリズムを構成している点にある。その推進力の背景には、社会運動、地域文化・人種的アイデンティティーが働いている。触媒作用は、人種差別的、搾取的、環境破壊的な「植民地資本主義国家」といった様々な苦難からの脱却

が働いている。中核機関はコーポレーション・ジャクソンで、持続可能な地域開発計画を実施する労働者協同組合である。この組織は、ジャクソンの労働者と住民にパワーを与えるために、民主的な制度を発展させ、強固な連帯を生み出そうと奮闘している。地域内で所得と富の格差を減らし、協同組合の成長を通じて生活の安定をもたらそうとしている。長らく不利益を被ってきた市民の憤怒は、この経済モデルの基礎となっており、単なるムーブメントの域を超えている。人権と絡んだ闘争は長期に及び、萎えることはないだろう。

7．脱市場化への途

　ジャクソン市の脱市場化の試みは「ジャクソン・クッシュ計画」で反映されている。同計画は故ルムンバ市長が提唱した闘争ビジョンに基づいており、連帯経済の発展に焦点を当てたコーポレーション・ジャクソンの設立案として浮上した。この計画は、参加型民主主義、連帯経済、持続可能な開発を促進し、進歩的なコミュニティ組織化と平等政治と組み合わせる大胆なものである。ブラック・ライブズ・マターと呼応して、長期的な支持を得ることだろう。

　コーポレーション・ジャクソンの経営戦略であるが、全米における所得と富の格差を減らし、質の高い医療や最低賃金を保障された雇用を生み出し、労働者協同組合や他の民主的に所有されている企業の成長を目指している。鍵を握るアンカー機関は地元の非営利および公的機関で構成され、かつ最も重要な雇用主となっている。この基盤から、従業員所有の協同組合が育ちつつある。これはクリーブランド、プレストンの動きと同じで、社会的富の増幅を企図している。脱市場化はコーポレーション・ジャクソンの経営戦略のプロセスになると考えられる。

　最終的な目標は民主主義、環境社会主義を実現することであり、その手段は、脱市場化であり、アゴラモデル（直接民主主義による政治過程志向）である。ニューミュニシパリズムの特徴であるが、ジャクソンも自治型コミューンや協同組合の連合を基軸として、連合コミューン、エコ・ローカリズムを構想している。経済的介入は、脱商品化された価値の循環（社会的再生産、コモニング）において発動される。その歴史的影響はアナーキズム、国民の自己決定

の闘争から由来している。ニューミュニシパリズムの思想的な影響は、フェミニズム、脱成長、環境社会主義、リバタリアン、ミュニシパリズム、ローカリズムから受け継いでいる。これを脱市場化に引き寄せると、地域での連帯経済の構築により、市場経済を超えた取組みを構想している。

8. 人民集会と民主主義の形成

(1) 人民集会

　コーポレーション・ジャクソンのもう1つの中心的役割を担うのが、人民集会（Peoples Assemblies）である。人民集会モデルは、ミシシッピ州と一般的なアフリカ系アメリカ人解放運動において長い歴史を持っている。アフリカ系アメリカ人の歴史を振り返ると、人民集会は組織の一般的な形態で、かつて奴隷とされたアフリカ人は秘密裏に組織された霊的または祈りの集いを大切にしてきた。彼らは人間性を表現し、独自のコミュニティを形成し、今も維持し、精神を強化し、抵抗を組織化してきた。今日の人民集会は、「ニグロの集い」から触発されたものである。アフリカ系コミュニティはその管理と経済的自給自足のために苦難の末に発展してきたが、度重なる暴力による犠牲者を出しながらも、19世紀から20世紀にかけては協同組合が活用されてきた。こうした抵抗の伝統は、1950年代と1960年代の公民権運動の時代にも脈々と受け継がれた[18]。

　ジャクソン市の議論から少し離れるが、タルサ（Tulsa）の虐殺が、1921年にアメリカ南部オクラホマ州タルサのアフリカ系居住地区で起こっている。それはアメリカ史上最も凄惨と言われる虐殺であった。KKK（クー・クラックス・クラン）はタルサのグリーンウッド地区に空爆までしてまちを破壊しつくした。300人以上の死者を出し、1,200棟の家屋が破壊され、1万人が家屋を失った。実は、100年後の同日に、バイデン大統領がタルサを訪れ、犠牲者に追悼の意を表した。ブラック・ライブズ・マターの運動がメディアで報道されるが、その背後にある人種差別はとても根が深い。

　ジャクソン市の何十年にもわたる経験は、民主主義が人民集会と労働者協同組合の両輪で歩んでいることを示している。人民集会は、直接民主制とさまざ

まな連立パートナーの代表民主制の両方を組み合わせている。これは各都市のニューミュニシパリズムの共通点である。労働者と農民の協同組合は、健全な環境慣行を制度化し、食料安全保障を促進し、企業秩序の端にある協同組合経済の橋頭を確立させている。

（2）アセンブリ

　ニューミュシパリズムの特徴のひとつである「集会」について、その意義と可能性を検討する際に、ハートとネグリ著『アセンブリ』原題 "Assembly" が参考になる。同書で注目されるのが、社会運動に関する新たな提言である。同書の邦訳では、アセンブリの訳に、「集会」に加えて「集合＝集合形成」という意味をかぶせている。「集会」の行為は集合組織と意思決定のあり方にかかわり、それが社会運動を民主化させ、持続可能な組織として鍵を握るというのが著者たちの見立てである。

　ハートとネグリは新たな発想で政治組織におけるリーダーと支持者たちの関係のあり方に言及している。すなわち、ケンタウロス（ギリシャ神話の半人半馬族）に例えて、リーダーの役割は短期間の戦術的行動に限定し、他方で支持者たちであるマルチチュード の立ち位置は戦略的展望を図るべきとしている。まさしく二者の役割を逆転させているのである。その根拠は、リーダーシップに強く依存した組織体制は集権的で垂直的な構造に傾き、その硬直的な体質がもたらす弊害を懸念するところにある。社会運動組織がフラットな関係を形成し、水平的志向の運動が民主化を進展させていくという考えは、これまでの社会運動の挫折への反省に立っている。権威主義に走らない自己組織化と自己統治は、「活発な対抗権力（active counterpowers）」を構築できるという。ただし、リーダーとマルチチュードの役割分担のシフトは状況にあわせて柔軟に考えてもよいだろう。

　同書では、社会連帯経済との関連で、「アントレプレナーシップ」に言及しているのが興味深い。社会起業は比較的新しい言説であるが、それは確かに新自由主義に親和的な性格を持つ。ソーシャル・ビジネスやCSR（corporate social responsibility 企業の社会的責任）に至っては、資本主義の営利活動と歩調をあわせて、補完的な位置にある。しかしながら、ハートとネグリは言葉の純

粋な意味での起業家精神（進取の精神）を敢えてアセンブリの理論に導入している。新しい社会運動の発揚において、マルチチュードによるアントレプレナーシップは、機械、知識、資源、労働を新たに集合形成し、自律的な社会的生産・再生産を促進する社会イノベーションを創出するさらには、アントレプレナーはそこから得られた富をコモンに転換し、コモニングのプロセスを導く主体となるという。アセンブリが切り開く展望として、「政治的リアリズム」を提起して、水平的思考が市民の要求を集合化し、同時に、民主的主観を育むのに効果的であることを示唆している（ハートとネグリ 2022）[19]。

　では、ハートとネグリのアセンブリ論はニューミュシパリズムとどのように関連するのだろうか。彼らの思想をニューミュシパリズムの文脈に移し替えると、リーダーシップを握るのはアンカー機関である。クリーブランド、プレストン、ジャクソンの事例でみた通り、社会連帯経済組織は司令塔のアンカー機関と提携して、内発的経済発展にコミットしている。上記のニューミュシパリズムを反映した都市事例は、集合形成の成功例と言える。それでも、著者たちが指摘するように、ニューミュシパリズムの運動も集権的垂直的組織に傾斜することを避け、その陥穽に注意を払う必要がある。

　ハートとネグリとハートの言う「垂直」から「水平」への移行の意義は理解できる。ただしニューミュニシパリズムの場合、単にアンカー機関は戦術を担い、社会連帯経済の事業主体は戦略を実践すればよいのか。事態はそれほど単純ではないだろう。新型コロナウイルスによる感染拡大が世界経済にもたらした影響は甚大であり、かつ政治経済体制がますます変動を続ける情勢において、的確な舵取りを行う主体を著者たちの言う役割分担論で決定することは困難ではないだろうか。変革主体の形成とその成長を見据えた上で、柔軟かつ段階的に水平型組織に移行すればよいのではないか。

　最後に、ハートとネグリとの思想枠組みから斟酌して、ニューミュニシパリズムは予示的政治を指し示しているのだろうか。ニューミュニシパリズムの成否の一端を握るのは社会連帯経済のパフォーマンスであると考える。そこには、適切かつ首尾よく経済マネジメントを実行していくという経済的リアリズムがある。社会連帯経済を成長させることが可能か否かは、公共調達をめぐる条件整備者（enabler）としての地方自治体の役割がとなる。さらには、自治体権限

を把握する「公」と、コモニングを実践する「共」の協働といった二者を相並び立たせるのがアントレプレナーシップであり、その才覚が実践者に求められる。アントレプレナーは新地平を見定めつつ、常に主体形成の強化を目指していかなければならない。彼らは地域貢献を志向し、ローカル・プロデュースによる地域経済を繁栄させ、それを持続させることに意を砕く必要がある。変革主体の新たな基礎概念となるアセンブリは、従来の資本主義的分業をつくり替え、多数の運動体に戦略的なパワーを与えるのは確かである。

まとめ

　ジャクソン・モデルは自治型ミュニシパリズムを志向している。その起源は、社会運動、地域文化・人種的アイデンティティーにある。そこでの触媒作用は、人種差別的、抽出的、環境破壊的な植民地主義的な資本主義国家といった過去の苦難からの脱却に根差している。中心となるのはコーポレーション・ジャクソンで、持続可能な地域開発計画を実施している労働者協同組合である。この組織は、ジャクソンの労働者と住民にパワーを与えるために、民主的な制度を発展させ、強固な連帯を生み出そうとしている。このようにジャクソン・モデルは、地域内で所得と富の格差を減らし、協同組合の成長を通じて生活の安定をもたらすことを目的としている。

注

1　参考資料　https://www.expedia.co.jp/Jackson.dx1670

Accessed on 2021-06-17

2　参考資料：Solidarity Economy in Jackson, Mississippi
https://cooperationjackson.org/

Accessed on 2021-05-31

3　ネイサン・シュナイダー著（2020）『ネクスト・シェア』月谷真紀訳（東洋経済新報社）でジャクソン・クッシュ計画の策定に至る経過が克明に描かれている（293-297頁）。

4　アクーノの政策意図について次の選挙キャンペーン文書で把握できる。

Akuno, K.（2013）*The Jackson-Kush Plan: The Struggle for Black Self-determination and Economic Democracy* https://jacksonrising.pressbooks.com/chapter/the-jackson-kush-plan-the-struggle-for-black-self-determination-and-economic-democracy/

Accessed on 2021-06-03

5　クッシュとは、ミシシッピ川沿い、ジャクソンの西および隣接するアフリカ系住民が多数を占める地域を形成する 18 の隣接する郡のことである。

6　次のような宣言もある。ジャクソン市政改革の推進者は、すべての人々がこのプロジェクトにかかわり、社会の資源は平等であるであることを認識すべきである。すべての住民が利用できるのは当然だが、アフリカ系アメリカ人が多数派の地域として、政治的権力、社会的権力のほとんどを行使できる権利を持つ（128 頁）。

7　『ネクスト・シェア』において、コーポレーション・ジャクソンの設立に至る経過が克明に描かれている（304-310 頁）。

8　Reversing Past Oppression, Cooperation Jackson builds a better future, https://cooperationjackson.org/blog/2018/7/13/reversing-past-oppression-cooperation-jackson-builds-a-better-future

Accessed on 2021-06-02

9　Reversing Past Oppression, Cooperation Jackson builds a better future, Ibid

10　ミシシッピ州の保守的な州政府からは反感を向けられることがあり、貧しい都市をジェントリフィケーションへと誘導する大資本勢力と対峙して、ジャクソンは長い間困難に直面している。例えば、ミシシッピ州の 2 つの共同農場は 1970 年代初頭に始まっている。地元の白人は、アフリカ系農民の水源を汚染し、彼らの牛を処分することで環境問題に対応した。アラバマ州のアフリカ系の農家は、きゅうりの購入額の 3 倍になる市場をニューヨークに見出した。生産者の協同組合は、農産物を配送するためにトラックを借りたが、州兵にトラックを停車させて 72 時間とめてしまった。人種差別主義者のジョージ・ウォレス知事は、説明なしに、いかなる車両でも 72 時間押収できると宣言した。農民が道を取り戻した際、きゅうりは台無しにされた。

11　Jackson, 2018 Year in Review

12　Reversing Past Oppression, Cooperation Jackson builds a better future, Op Cit

13　この事件の裁判は全米で注目されたが、その判決では、陪審員は白人のみで構成され、被告2人は無罪となった。無罪判決の数ヵ月後に、被告たちは雑誌インタビューに応じ、ティルの殺害を認めている。この事件をきっかけにして、アフリカ系アメリカ人の公民権運動が動き出した。

14　バス利用者の約4分の3を占めていたアフリカ系市民が一斉に利用しなくなったことにより、市のバス事業は経済的に大きな打撃を被った。

15　同法成立後も、選挙権行使に対して妨害から殺害まで激しい抵抗があった。1964年夏に、ミシシッピ州では北部の大学生を中心に、有権者登録を支援するフリーダム・サマー運動が展開されたが、運動家6人が殺害された。

16　基本情報を得られる文献は、荒このみ著（2009）『マルコム X —人権への闘い』（岩波書店）

17　馬渕浩二著（2021）『連帯論―分かち合いの論理と倫理』筑摩書房

18　Akuno, K.（2013）*The Jackson-Kush Plan: The Struggle for Black Self-determination and Economic Democracy* https://jacksonrising.pressbooks.com/chapter/the-jackson-kush-plan-the-struggle-for-black-self-determination-and-economic-democracy/

Accessed on 2021-06-03

19　アントニオ・ネグリ、マイケル・ハート著（2022）『アセンブリ 新たな民主主義の編成』水嶋一憲・佐藤嘉幸・箱田徹・飯村祥之訳（岩波書店）Hardt,M., and Negri,A.(2017) *Assembly* , Oxford University Press

第8章
総括　国家と地方の相克

山本　隆

はじめに

　本章においては、ニューミュニシパリズムの意義と課題について、脱政治化の浸透と民主主義の危機、コモンズからの視座、ニューミュニシパリズムと公営化戦略、オルタナティブとしての協同組合、市民と地方自治体との社会契約、地方の罠などの観点から総括を行う。

１．商品化がもたらすもの

　市場化とは、需要と供給の法則に従う「市場メカニズム」の実装である。さらに市場経済は、社会の制度から分離し、市場メカニズムによって完全に運営される。

　こうして市場経済のシステムの中では、あらゆる生産活動が、価格設定の機能を持つ市場で販売されるように組織化され、需要と供給によって完全に統御される。

　ナンシー・フレイザー（Nancy Fraser）は、資本主義の危機は３つの要素に由来すると述べている。すなわち、生態学的危機、社会の再生産の危機、金融危機である[1]。

　社会を脅かす多くの危機が潜行している。それらは、バブル経済と金融危機、経済の長期停滞、労働者や人々を搾取する企業、気候変動による異常気象などである。

「労働の商品化」については、労働価値説という学説がある。それは、人間の労働が価値を生み、労働が商品の価値を決めるという理論である。アダム・スミス、デヴィッド・リカードを中心とする古典派経済学の基本理論として発展し、カール・マルクスに受け継がれた。フレーザーは、今日の労働の極端な商品化は、情動的能力、社会と経済を支える価値のあり方を脅かし、家事労働、子育て、学校教育、情動的なケア労働など、社会的紐帯と社会で共有されるべき諸活動の本来の意味を希薄化させていると指摘する。賃金報酬を得る生産的労働と、賃金報酬を得られない再生産労働の分断は、極端にジェンダー化された分断であり、それによって、近代資本主義における女性の服従が正当化されたとされる。つまり、労働の商品化は、社会の再生産に関わる過程に、その矛盾を埋め込んだのである。

　「自然の商品化」という別の矛盾もある。これは自然の恵みを対価に換算する経済行為である。経済活動において、生産要素と規制なき市場交換が進むとき、自然は危機に見舞われる。例えば、水の民営化、遺伝子の特許化、環境デリバティブを扱う市場が生まれている。先の労働と同じように、自然の破壊も、環境保護団体、労働組合、先住民族などから告発される。自然の商品化は、熱帯雨林などですでに始まっていた。熱帯雨林ではいま、多国籍企業が森林を囲い込み、クレジットを売って利潤を出す一方で、森の恵みを利用して暮らしている小農民や先住民を締め出し、森がもたらす恵みの利用を禁じる事例が続出してきた。また多国籍企業は、遺伝子組み換え、ナノテクノロジーなど、さまざまなバイオテクノロジーの技術や特許を持っている。こうした自然収奪の対象となるバイオマスは、小農民や漁民、森に住む先住民などの生計の基盤を脅かしている。

　とりわけ多国籍企業は、生態系サービスとして対価に換算し、自然の恵みを使う際にはその対価を支払う仕組みを取り入れている。特に炭素クレジットは、森林や畑などでの取組みで削減した二酸化炭素の量をクレジットとして発行し、企業などが購入できるようにする仕組みである。アメリカでは、環境政策を重視するバイデン政権のもとで、炭素クレジットが"新たなゴールドラッシュ"とも呼ばれて、新たな市場を形成している。

　そして「貨幣の商品化」は、第1章でみたように、金融派生商品の売り出し

によって、金融市場に多大な影響を及ぼしている。証券化をはじめとするマネー資本主義は、未曾有の金融リスクを引き起こした（サブプライム・ローン問題）。コミュニティは壊滅し、サブプライム・ローンの犠牲となる住民が大量に出現し、何十億人の仕事と生計が奪われた。マネー資本主義が顕著になったのは 1980 年代以降である。富を運用する金融マネジャーらは、最新の技術や情報を駆使し、短期的な投機に走った。その舞台は地球規模で、行き着く先はバブルと、その崩壊が招く恐慌である。わたしたちに与えられた課題は、いかにしてマネーの暴走に歯止めをかけ、グローバル資本主義に内在する格差拡大のメカニズムを制御するかどうかである。

　今日の資本主義は既に限界にきている。資本主義そのものは、人類の進歩に必要な新たなアイデアの実現を可能にするなど、その積極面は否定できない。ただし、グローバル資本主義を放任すれば、世界は修復しがたいほどの代償を被る。社会の繁栄を脅かすような数多くの危機から、グローバル資本主義による利潤獲得の仕組みに限界がきているのは確かである。人類の英知を集め、地球規模の協調と連帯で克服するしかない。

２．市民社会からの視座

　非営利の活動は社会連帯を強め、市民社会の発展を促進し、引いては民主主義を強化する一助となる。「市民社会」が何を意味するかは議論のあるところだが、個人および家族という一次集団と国家との中間に存在する一定範囲の社会的活動という解釈がある。市民社会という観念は、個人の権利と自由の保障に不可欠であり、国家権力の不当な拡大に対する防壁として機能すると考えられている（ジョンソン 2002）。

　市民社会の捉え方は論者により実にさまざまである。それは、分裂的で個別主義的になる可能性を秘めている。この懸念は、歴史を振り返って、フランス革命直後の 1791 年に、ギルド・団体の禁止を導いた。この関連で、ポール・ハースト（Paul Hirst）は、アソシエイティブ・デモクラシーの研究の主要テーマは、国家の分権化および国家の主権主張に対する異議である。基本単位となるのは、自らの構成メンバーに対して責任を負う自己統治型ボランタリー団体

であり、ハーストが提案したのは、非営利団体を通じたガバナンスに他ならない（Hirst 1994）。

　社会思想史の古典を紐解けば、ヘーゲルの考えた「市民社会」は、私的利害に溢れた「欲求の体系」であった。そこでの職業団体（Korporation）の役割は、個々人の私的利害を「共同の特殊的利害」の下に統合することとされた。

　一方、マルクスは、『哲学の貧困』（1847）と『共産党宣言』（1848）の著作を経て、「市民社会」について、ブルジョアジーが支配する「ブルジョア社会」を包含しつつ、分裂し対立しあう利己的個人によって形成される「商業社会」とみた。そして同時に、諸階級の敵対的関係を含む「階級的経済社会」として捉えた。

　そのような「市民社会」を変革して、「協同社会」に置き換えることが、マルクスにとっての新たなテーマとなった。1840年代以降、「資本主義社会」に替わる新しい社会を「協同社会」と呼び、そこで構想されたのが、多数の「生産協同組合」によって形成される国民的規模での1つの「協同組合的社会」であった。

　その転化は、信用制度によって資本主義的企業から株式会社への発展がもたらされる中で、国家権力が土地と資本を「自由な協同的な労働」の道具に変質させることで生じた。その転化を実現すれば、資本主義的生産様式は、協同組合企業や協同組合工場における「協同的生産様式」に変化するとマルクスはみたのである。

　その後、アントニオ・グラムシはヘーゲルとマルクスの主張を独自に統合して、「市民社会」はイデオロギー的な階級闘争の場だとする結論に到達した。グラムシは、政党や自発的結社・市民団体などの私的組織は、国家が「被統治者の組織された同意」を獲得するための手段にしていると理解した。

　グラムシの「市民社会」の認識は「国家とは、政治社会＋市民社会の総体で、強制の鎧をつけたヘゲモニー」と表現され、「国家の一般概念には、市民社会概念に帰着すべき諸要素が入っていることに留意すべき」だと述べた。グラムシのいう「市民社会」は、「私的な民間の組織」である「政治的並びに組合的な結社」、「教会、組合、学校等々」を指す。そして「支配階級の政治的・文化的ヘゲモニー装置」を形成するものと理解されている。したがって、「市民社会」

とは「支配階級の政治的・文化的ヘゲモニー装置」としての「民間組織」のことであり、アルチュセールが換言するところの「国家のイデオロギー諸装置」でもある[2]。

　現代では、ハーヴェイの知見が注目される。彼によれば、NGO の役割はアンビバレント（両義的）であり、それらは多くの場合、国家が福祉の供給から撤退した「社会的空白部分」に進出している。つまり、NGO が国家の撤退を補完代替し、その結果、NGO は「グローバルな新自由主義のトロイの木馬」として機能することもある。市民社会 = NGP・NPO という単純な公式論には慎重な理解が必要である（ハーヴェイ 2007 : 243-244）。

3. 蔓延する脱政治化とその弊害

（1）脱政治化の浸透の民主主義の劣化

　脱政治化（depoliticisation）とは、社会問題を政治活動またはその影響力から排除することを意味する。脱政治化が進行すると、政治イシューではなくなることから、公共サービス・福祉サービスが公共部門から民間部門に移されるのである。政府資金によるサービスから私的資金によるサービスに移行するときに脱政治化の機能が作用する。サービスの民営化は、多くの場合、個人のコストの増加につながるのが通例である。英国内での社会福祉と教育の民営化の拡大や、アメリカでの医療の長期にわたる民営化は、どちらも脱政治化の例と言われる[3]。

　人々が政党や選挙政治を拒否する場合、脱政治化は反政治（anti-politics）を助長する可能性がある。これは、選挙での投票率の低下と抗議行動の欠如によって特徴づけられるのである。当然、脱政治化は民主主義に悪影響を及ぼすと言われている。サービスが民営化され、政府とは別に運営されるようになった場合、一般市民には公共サービスの後退という悪影響を被ることになる[4]。

　脱政治化は、意思決定をめぐる政治的性格を中央国家から薄めることになる。これは、通常大臣の責任であるべき決定が、それらの政治的決定を助言または実施する準公的機関に委任されるか、または大臣の裁量を規定する規則が設けられることを意味している。制度的取決めが、政府当局が推進する政策（例え

ば緊縮財政など）に対する国民の反対を抑制する場合、為政者にとって脱政治化が奏功していることになる。

　要するに、脱政治化は、論争の的となる決定事項に対する責任を回避しようとする政府にとって効果的な戦略であり、「政治」の問題であるかどうかについての国民一般の言説を操作することによって、重要な政策決定を非政治的に見せることができる。法務専門家、エコノミスト、科学者、その他のエキスパートに政策決定と実施を任せた場合、その決定は「政治的」ではないように見せることが可能となるのだ。または脱政治化は政治運動を分断させ、国家責任を稀釈させる可能性も出てくる。例えば子どもの貧困対策として、日英のフードバンクや子ども食堂を奨励する場合、権利であるはずの国民の最低限度の生活保障は議論されなくなり、第2章でピルが指摘している通り、フォーマルからインフォーマルへの転嫁と融合が生じる。

（2）民営化の脅威

　民営化はさまざまな形態に変異する。英国での社会福祉の民営化の新しい形態は、サービス利用者に個人予算やダイレクトペイメント、バウチャーを与えるパーソナライゼーション（personalisation）という市場化型の制度がある。サービスの市場化という流れの中で、アウトソーシングや公私のパートナーシップ（PPP）が促進された。民営化・市場化の拡張は、民主的なアカウンタビリティを無視し、人件費や労働組合の力を抑制する手段ともなった。高齢者居住施設の職員離職率は、公共セクターの施設で10％前後であるが、民間セクターとなると25％に跳ね上がる。時給の中央値も、民間セクターの施設は著しく低い。他の報酬や訓練、年金を考慮すれば、格差はさらに拡大する。脱政治化の蔓延は、以下で説明するように、所有権の奪取、公共セクターの不安定化、公的な供給の不安定化、サービス利用者の無力化といった弊害を生み出している。

①所有権の奪取

　公営サービスの供給が減少する一方で、民間住宅の差し押さえ、失業、職員の配置転換などで雇用保護が悪化している。さらには、公的年金の目減り、支出削減による地域施設の閉鎖は、所有権の奪取の典型的な形態である。

②公共セクターの不安定化

　先のパーソナライゼーションは、コストまたは公共政策の問題に関係なく、新しい支持者や通常は個人予算を守ることを望む人たちによるサービス利用者の利益団体を生み出している。

③公的な供給の脱政治化

　脱政治化とは、政治的な舞台から意思決定プロセスを除外するような統治戦略と定義される。注意を要するのは、脱政治化にはそれ以上の次元がある。金融化とパーソナライゼーションは、サービス供給について事実上国家から個人へ決定権を移している。

④サービス利用者の無力化

　社会福祉のパーソナライゼーションでは、エンパワメントという掛け言葉にもかかわらず、ボランティアが賃金労働者にとって代わり、契約がアドボカシーを低下させ、コミュニティ福祉では、施設の運営に多くの予算が降り向けられることで、パーソナライゼーションが多くのコミュニティ組織を無力化するという現象が生じている。民営化でサービス供給を担うことになった民間企業では、取締役会において政策決定の多くが行われている。民間企業のトップ・マネジメントにおいて、関連する意思決定が機密報告書付きの非公開会議で開催されている[5]。

4．コモンズからの視座
——ニューミュニシパリズムとコモンズの結節

（1）暮らしに根づいたコモンズ——「歩く権利」を求めた運動の事例から

　新自由主義は自然資源と社会資源を際限なく私的所有（民営化）し、グローバル資本と結びつけて国家の枠を超える支配形態を形成してきた。この知識集約型資本主義が水などの自然資源のコモンを収奪し、資本は収奪機能を徹底させている。

　コモンズとは何か。英国の歴史では、コモンズの存在は中世にまで遡及する。封建時代に立ち返ると、17世紀の法律により、コモンズの土地に対する住民の権利に重大な制限が始まった。以来、1604年から1914年まで5,200超を対

象にした農地の囲い込み法（enclosure bills）が議会で制定された。

　コモンズについては、キンダースカウト（Kinder Scout）の歩く権利（right to roam）がその意味をよく伝えている。キンダースカウトは英国のピークディストリクト国立公園の最北部にある丘で、美しい景色を眺望でき、ウォーキングやトレッキングのコースが無数にはりめぐらされている。この地は 1951 年に全英で最初に指定された国立公園で、もちろんあらゆる階層の人々が踏み入れることが可能である[6]。

　英国には無数のフットパスがあるが、かつて農作業や教会への道筋であり、何世紀もの歴史に裏付けされた天下の公道であった。国中では全体で 24 万 km にもおよび、地方自治体が管理している。1932 年のマス・トレスパス事件をきっかけにして、歩く権利は確立された。その経緯であるが、産業革命のさなかの 19 世紀頃に、ウォーキングが流行し始め、彼らはランブラー（Ramblers）と呼ばれた。

　キンダースカウトのような土地はコモン（共有地）で、昔は誰にも所有されてなかった。その後、地主がこの地を独占したが、歴史でみれば数百年にすぎない。かつての美しい景色が一握りの富裕層により独占され、しかも年に数回の狩りで使われる程度であった。

　散策に最適なピークディストリクトは私有地であったが、マンチェスターの若い労働者はこの地に足を踏み入れた。その背景には、都市の工場で働き詰めであった労働者たちは劣悪な環境の下で厳しい労働を強いられていたという事情があった。安息日の日曜日になると、気晴らしに散策したいという気持ちで、汽車に乗ってピークディストリクトにやって来たのである。しかし立ち入りは許されなかったにもかかわらず、1932 年に 400 人の若い労働者が集まり、侵入してしまった。うち 6 人は逮捕され、この事件は全英で報道された。これはマス・トレスパス事件と呼ばれ、この報道は世論を動かした。その後、1940年代後半には歩く権利が確立した。また、ピークディストリクトを出発点とする国立公園の設立につながった。

　現代では資本の力はますます強まり、1980 年代以降でも、私有財産は資産家のものになっている。英国では、多くの国家資産は民営化の対象となり、公共空間は大幅な減少をみせていった。コモンズが縮減する中で、資本の動きに反転して、公的福祉の再編成を促したのがミュニシパリズムである。

（2）コモンズをめぐる2つの理論潮流

　コモンズの議論は、社会が自然や人的な資源をどのように管理するかというものであった。コモンズの概念的なアプローチは2つある。1つは、新制度主義の流れで、「制度」が人間、集団の政治行動を規定することを強調する理論で、ノーベル賞を受賞した経済学者エリノア・オストロム（Elinor Ostrom）の研究が代表的である。オストロムの著作 "Governing the Commons" は、協働型の社会関係や制度的な形態が現代資本主義に埋め込まれる実態を明らかにし、公有地、水、空気資源であるコモンズを再定義した。注目されるのは、コモンズは自治的（self-governing）であり、コモンズのガバナンスシステムを明らかにしている点である[7]。彼女は資源のマネジメントにおける市民社会組織、地方自治体の役割を解明する研究課題を追究した。ここからわたしたちが学ぶことは、相互扶助や連帯のネットワークを通じて、民主的なルールにもとづく日常的な形態を通じて、共有資源が組織化されることである。単なる私有論では、情報や互酬など無形の仕組みが検討されていないとするのが、オストロムの知見である。

　もう1つが、マルクス主義者による解釈である。彼らはコモンズを都市の政治経済の争いの場とみなし、利益主義にもとづく市場化や民営化を問題視している。そしてコモンズのあり方について、脱資本主義的な協力関係を求めるのである。この点を深める意味で、ハートとネグリのコモンウェルス論が重要となる。ハートとネグリは、マルクス主義の立場から、コモンズを理論化している。その著書が『コモンウェルス』（2012）である。コモンウェルスという概念は「共」という富（コモンウェルス）を意味する。彼らの鍵となる言説は、自然的、人為的なコモンズ、公共私的の関係、所有財産と所有権、そしてミシェル・フーコーが『性の歴史I 知への意志』などで提示した支配の概念である生政治（bio-politics）で構成されている。コモンは、共同責任、互酬、連帯、民主主義が共有された活動で、資源などのモノとその共有の管理システムに関するダイナミックな関係である。集合財を構築し、保護し、拡大していく基盤とする政治的な原理を説いている。

　人間のあらゆる営みが市場に取り込まれる時代に、貧富の拡大や紛争の頻発など様々な困難が生じている。コモンウェルス論は、「共」とは自然なものと

人為的なものとを峻別し、新自由主義下の資本主義、法外な私物化する行為を問題視している。ネグリとハートは、現代のコモンについて、オープンアクセスの共有と民主的かつ集合的な自主管理運営として定義している。「共」こそが、所有への呪縛を乗り越えられる概念であり、「人民」や「労働者」といった特定の単位に収斂されない多種多様な人びとの集合体＝マルチチュードが依拠し、蓄積すべきものだと述べている。

（3）都市コモンズの収奪と再生への途

　社会科学からみたコモンズは、本来は非都市的な環境に言及したもので、オストロムの研究では森林保護や漁業、マルクス主義の場合は木材の収奪を研究対象とした。今では、アプローチは変わり、都市での新たなコモンズの誕生が注視されている。特に 2008 年の経済危機以降、都市は知識集約型でテクノロジー主導型の資本主義色を強め、不況後の緊縮財政と経済再生の中心的な空間としての都市の役割を映し出している。これを社会的公正や不平等の地理的考察からみると、資本主義の対立的なダイナミクスを観察する際の戦略的空間としての都市に関心が寄せられている。人文地理学や批判的社会科学の研究者は、新自由主義を都市の現象としてみている。

　都市という文脈では、アンリ・ルフェーヴルも不動産資本の 2 次的循環の分析にもとづいて、建築環境の開発が資本主義のダイナミクスに中心的な役割を果たしてきたと分析している（ルフェーブル 2011）。同じく、ハーヴェイはレントの占有がコモンズの創出と占有に関わっていることを指摘している。レントとは賃料（家賃・地代など）のことで、投資や資産からの収益を指す。かつてハーディンは「コモンズの悲劇」を唱えたが、資源のエンクロージャーを肯定的に捉えていた。しかし、新自由主義とその都市形成を批判的に解釈する者は、民営化の資本主義的形態の再生産の道具として都市のエンクロージャーをみており、福祉国家の後退につながったと断じている。インナーシティにおいて、コモンズの保護は社会の商品化や市民的権利の否定をカモフラージュする手段に使われており、福祉政策が後退する中で、低所得者層やマイノリティの生活権に大きな影響を及ぼしたとされる（ハーヴェイ 2013）。このようにマルクス主義のアプローチでは、コモンズの政治を両義的

に解釈しており、新自由主義で支配的な不動産収奪、大都市市民の感情や知識のあり方、生政治の深化について、ポストグローバル資本主義の反転の時期とみている。

　興味深いのは、物理的、地理的側面だけでなく、「空間（space）」に関する議論にまで発展していることである。ビンガム－ホール（Bingham-Hall）らは、都市コモンズの意義について、以下のように指摘している。

> コモン化されたものは何でも積極的に利用し維持している住民のコミュニティがある。社会的な定義をすれば、... 共通したアクセスは公共の所有権（public ownership）よりも都市との相互作用が重要である[8]。
>
> Bingham-Hall

　このようにコモンズは、コミュニティが管理する社会関係の共有リソースとフレームワークを指すが、土地を基礎にした概念から、住民やコミュニティが参加するより広い発想を生み出しており、パトナムなどが議論してきたソーシャルキャピタルの重要性に行き着くのである（Bloemen, S.and Hammerstein, D. 2017）[9]。

　このように都市コモンズは、コミュニティの参画を基礎としており、分野は土地利用だけにとどまらない。コミュニティ図書館、コミュニティ・パブ、共同菜園などのリソースはまさに「コモンズ・リソース」であり、ペインター（Painter）は「... 社会的ハブ、創造的空間、知識共有プラットフォームを設定することにより、社会ノベーションを可能にしている」と述べている（Keith, M. and Calzada, I. 2018）[10]。ニューミュニシパリズムとコモンズの結節点がここに確認できるのでる。

5．ニューミュニシパリズムと公営化戦略

　現代の資本主義社会は、ビル・ゲイツなどの天才起業家のような個人の成功を過大評価する傾向がある。GAFA の総帥者には畏敬の念さえ込められている。ただし、彼らが築いたイノベーションは、過去の社会から受け継がれた技術が

脈々と受け継がれており、恵まれた社会支援から得られたものである。

　グローバル資本主義の暴走が進むなか、市民の手により、コモンの領域を新たな形で広げようとする動きがある。市民が出資して電気を地産地消する「市民電力」の取組みがある。また働く人たちが共同出資し、協同で事業を運営する労働者協同組合、さらには技能やモノを共有するシェアリング・エコノミーも広がっている。これは民営化とは一線を画する一種の「市民化」と言えるだろう。

　例えばアメリカ・コロラド州ボルダーでは、活動家が自前の電力システムを再公営化するキャンペーンを進めている。地域住民による公共所有権の提案は、エコロジー志向を強め、都市の再生可能エネルギーへの移行を加速させるものである。これは、ボルダーの市民が既存の市場主導型の公益企業のあり方を疑問視している証左である。公共所有の提案は、電力会社の運営管理を民主化できるようになり、コミュニティが新しい規制を提唱する局面でその意義が認められている（シュナイダー 2020）。

　もちろん公的所有には大きな課題がある。公営企業を操るテクノクラート型自治は、政治的影響力に伴う官僚主義の跋扈や、汚職や管理ミスのリスクから人々・会社を守らなければならない。その際の自治とは、目標と結果に対するアカウンタビリティを市民にすべて明らかにすることである。また、国家と労働者またはコミュニティ組織との共同所有権のような新しいハイブリッドな形態は、アカウンタビリティと経営効率性の両方を確保できる新しい方法を見出す必要がある[11]。

6．オルタナティブとしての協同組合は可能か？

（1）協同組合主導の経済変革のプロセス

　はたして協同組合は資本主義に抗する経済勢力になり得るのだろうか。協同組合の取決めでは、企業自治、出資金の制限、意思決定への全従業員の参加、1人1票の原則、従業員への利益配分、配当の制限といった6原則を掲げている。これを前提にして、協同組合関連の法律は、協同組合を公式に承認し、登録を認め、法の保護の対象とすることをうたっている。注意を要するのは、協同組

合は資本の運動法則を否定するものではない反面、資本の論理に依拠した私的所有の無限の拡張に制限を課すといった自己矛盾を抱えている。この点で、左派の研究者は、資本主義後の経済組織の一部であるだけでなく、それを生み出すための中心的なツールであると期待を寄せている。

　しかしグレッグ・シャーザー（Greg Sharzer）は、協同組合運動の創始者であるロバート・オーウェンからマルクス、ローザ・ルクセンブルグの思想に至るまで、協同組合の存在が、市場の世界、資本のルールから逃れられなかったと指摘している（Sharzer 2017）。かつては、協同組合はポスト資本主義社会の経済組織を予示していたが、市場経済の枠内で活動するという「後ろ向きの」経験によって、市場主義の矛盾の罠に囚われてしまいがちである。ポスト資本主義社会において、集合的な労働慣行を実現するための移行措置として、相互扶助にとどまる限り、協同組合の力は社会変革の戦略の中心にはなりにくいのではないか。

　それでも、左派が「協同」と呼ぶものは、民主的な企業が労働組合やコミュニティ集団と連携して、株主と民間企業を突き動かす利潤最優先の動機を排除していくことをわたしたちに期待させる。第3章でみたアゴラなどの直接民主主義は、地域のニーズに対応する諸制度を認識させ、革新市政と協働してそれらを構築することにより、協同組合は市場関係に対抗でき、非市場経済への転換を志向していく。

　協同組合主導の経済変革のプロセスを構想するとなれば、まずは協同組合の基盤を強化し、労働の分配率の変更を促し、国家に社会予算の増額を要求して、国家および制度の変革に焦点を当てることになる。アルペロヴィッツの見解は、協同組合を通じて生産手段の所有権を労働者階級に譲渡するという野心的な展望を表明しており、ここから「新しい民主的社会経済」を生み出せるとしている（Alperovitz and Albert 2014）。これを「移行期の制度的権力関係の政治経済学」と呼んでいる。19世紀のヨーロッパの「協同組合型コモンウェルス（cooperative commonwealth）」の理想では、企業を集合的に組織し、労働者と会員に利益を分配する自給自足のネットワークが可能とした。

　協同組合の可能性については、オーウェンとビアトリス・ウェッブでさえ、市場内の社会化された財産が営利競争相手から餌食にされると予測した。マル

クスは、協同組合による社会化された生産の可能性を予見したが、プロレタリアートによる政治的支配なしにはその可能性は実現されないことを強調した。ウェッブも、労働者が国家権力を奪取するという道筋ではなく、進化的な社会主義の一形態として協同組合を構想した。しかしオーウェンとは違って、ウェッブはコモンウェルスが政府の介入なしに到達するとは考えなかった。マルクスと同様に、社会的協同に対する構造的な限界を認識していた（Sharzer Ibid）。ニューミュニシパリズムが教えるのは、協同組合がより大きな体系的な課題に取組むべきことである。すなわち、戦略的および政治的言説を強めることである（Alperovitz and Hanna 2013）。

（2）アルペロヴィッツの多元的コモンウェルス論

　ニューミュニシパリズムの本質を考えるうえで、アルペロヴィッツの多元的コモンウェルス論をみておきたい。アルペロヴィッツは、彼の「多元的コモンウェルス論」において共同所有権のさまざまなあり方を描いている。そこでは多様なコモンズから構成され、相互依存の原則にもとづいて組織され、「共通善（common good）」の構築に向けて設計された国家と社会経済システムを表わしている。19世紀、農耕ポピュリストはこのようなビジョンを「協同組合型コモンウェルス」と表現した。今日、「多元的コモンウェルス」では、コミュニティを基礎にして、全体論的な（holistic）システムが確立されると考えられている。

　「多元的コモンウェルス」は、現代社会の根底にある社会経済制度における所有のあり方を問い直す概念である。私的所有権を前提とする現代資本主義と、官僚的で一元化された形の公的所有権にもとづく国家社会主義はいずれも支持しない。代わって「多元的コモンウェルス」がオルタナティブの形態となるという。この枠組みでは、複数性の公的、私的、協同による所有権が、さまざまなスケールで、異なるセクターで構成されている。

　「コミュニティの富の構築」も、現代のコモンズ、協同組合、または地域機関で蓄えられた広く共有された富に向けた政体（ローカル・ステート）として理解できる。一般的には、富を共有するということは、私的利益ではなく、公益のために、コミュニティのレベルで、つまり近隣地域、都市、広域圏、または国家のスケールで所有権を行使することを意味している。

アルペロヴィッツの「多元的コモンウェルス論」の原則は、6つのチャネルを通じて、平等を促進する。

①所有権を変更することは、当然富と所得の不平等な分配に直接影響を及ぼす。

②富の所有権の変更に向けた民主化の戦略は、経済的、政治的権力をより均等に分配するために効果をあげる。

③このようなオルタナティブは制度における不平等を減じる。労働者協同組合、国営企業、非営利団体は、民間企業よりもはるかに平等主義的な賃金構造を備えている。

④「多元的コモンウェルス」は、平等化を計画すると同時に、公正な政治基盤を構築するのに必要な経済民主的安全保障をコミュニティが享受できるようにする。

⑤「多元的コモンウェルス」は、コミュニティが受けてきた歴史的な搾取に対する補償などを評価するものではない。

⑥「多元的コモンウェルス」は、取引活動に対するまったく異なるアプローチに基づいている[12]。

　「多元的コモンウェルス論」の原則は資本主義経済の根本原理を否定しており、グローバル資本主義に抗する内容となっている。

7．市民と地方自治体との社会契約

　ニューミュニシパリズムの意義は、市民と地方自治体との社会契約を踏まえて実践されている点である。特に市営化戦略において、「アンカー機関」の政策判断と実行力が要諦となる。ニューミュニシパリズムでは、特にアンカー機関の役割がオルタナティブを導く環境をつくり出し、そのミリュー（環境）を市民に吹き込んでいる。地域で開発するのは、協同組合、地元企業、土地信託の運用、地方公有のエネルギー会社の設立、ブロードバンドシステムの推進、コミュニティと労働者との所有権のハイブリッドの創設などである。これらを連合形態に束ねてスケールアップし、従来の資本主義および社会主義を超えた次代のシーズを蒔くと同時に、新しい政治の下部構造に対して主要な制度・権力の要素を埋め込む必要がある。

市営化戦略では、「アンカー機関」が主体となり、地域外のアウトサイダー企業による利潤の吸い上げを食いとめ、地方で公共調達を行いつつ、投資される資金を最大化していくのが道筋である。その過程では、労働者協同組合や社会的企業など、社会目的を掲げた、民主化された市民所有の企業群が活動する。アンカー機関が企画し、競争原理を尊重しつつ、地元のアクターを意識した公共調達の構想は、分権型経済計画そのものとも言える。病院や大学を例にとると、これらは公的資金（例えば医療ケア、福祉、教育などの分野）によって大部分が支えられている。また非営利団体は、地域経済の安定化と民主化を支援するために、そして計画的に購買力を転換させることにより、市場の予測可能性を一定程度統御できる。アンカー機関による働きかけは、協同組合や他の民主化された組織による事業開発を優先的に促進できるのである。

　富のあり方を民主化する中で、協同組合やコミュニティ所有の諸組織は、都市公営化を目指すことになる。ただし、公的所有の意義が認められるには、特定の機能とスケールがあり、電気や水道などの基本的な公益事業に取組む際には、「地方の罠（local trap）」に直面することになる。後段で触れるが、公共機関の有効性を発揮して、民主的ガバナンスの正統性を明らかにし、普遍的なメカニズムを通じてコミュニティ全体にアカウンタビリティを証明していかなければならない。

　すでに述べたが、問題は計画の個別内容ではなく、国際的に認知され得る戦略的および政治的大義そのものである。しかし、社会変革のために独立した組織をどのように集合化させるかといった課題については、協同組合自体にそのような機能はない。協同組合はアフター資本主義社会を招来する手段であると暗示されるが、現実には協同組合の可能性は市場の強制によって制限されることがあり、また協同組合の教育的価値が社会に浸透しているわけではない。日本の事例になるが、長年のゼロ金利政策の下で、地域の信用金庫は経営に苦しんでいるが、一部の信用金庫は貸しはがしなどの反民主的な行為への誘惑に駆られている。協同組合は自ら掲げる「コミュニティを支える」というミッションを順守すべきであり、アカウンタビリティや社会的責任を有する。

8．国家理論の視座
—地方の罠

　ニューミュニシパリズムの１つのモデル「コミュニティの富の構築」は、地域経済の疲弊といった逆境の中で構想された。この目的は、地域経済力を強化し、レジリエンスを高めることである。経済で取り残された地域への支援は、地元のアクターによる内発型経済を刺激することが必要である。プレストン・モデルは、資本制経済の枠内にとどまり、テクノクラート主導で推進を図っていることが分かる。したがってプレストンの市政改革は、緊縮財政、グローバリゼーションへの抵抗に徹し、その過程で民主主義の再構築を目指している。脱市場化の一側面としては、地方自治のリフレーミング、それに伴う諸制度の変革、権力の再分配、公共のコモン化を図ろうとしている。

　これまで繰り返しみてきたように、アンカー機関が地域戦略を考案しており、労働者協同組合、再公営化、地元志向の公共投資と調達などを戦術にしている。そこから学びとれるのは、第１に、貧しい地域に対する資本金融と投資を梃子にして、独自の地域経済政策を展開している。アンカー機関の後景には、労働党系のシンクタンクが後方支援しており、元労働党党首のジェレミー・コービンが後押ししていた。第２には、協同組合を振興させる機会を提供しており、協同労働を広範囲に躍動させているのが特色である。プレストンは産業革命と協同組合の発祥地域にあり、すでに素地はでき上っていた。第３には、経済財政的な誘導策が中央地方の財政制度とかかわっており、補助金の交付や税制優遇で工夫しているのも現実的な課題である。地域再生にとって、税財政の熟知は必須の経営戦略である。

　気になるのは、経済優先策と市場主義との距離である。市場を梃子にした地域開発であるゆえに、経済第一主義ともとられかねない。その意味で、「コミュニティの富の構築」はラディカル左派の発想ではない。地域の経済格差という文脈において、地方自治体が地域内経済の循環にこだわり、集団的な対策を講じる機会主義だとも解釈できる。

　「コミュニティの富の構築」には、国民経済の観点からも問題が横たわって

いる。それは、全国的な視野から、いかにして持続可能な方法で富を創出でき
るのかという課題である。いかにして他の地域経済とのゼロサムの壁を超えら
れるのか、そして国家のスケールと突き合わせて、いかにして公平に富を創出
できるのかといった難問である。

　ミュニシパリズムは、「近接性の政治（politics of proximity）」から出発してい
る。地域発であるがゆえに、政治のスケールが重要性を持つ。それでも各々の
アクターの行為を総体化して全体像を描いていけば、地方自治体が協働する中
で、脱市場化への途がみえてくるかもしれない。

　バーティ・ラッセル（Bertie Russell）は、政治の変革を展望する戦略的なス
ケールとしてミュニシパルを捉えるべきだと指摘している。しかし同時に、「地
方の罠」への警戒も発している。「地方の罠」とは、国などの高次のスケール
とのかかわりで、地方の革新者が中央の意図に取り込まれ、妥協するといった
事象を指す。地方の権勢を維持または強化するという課題は、運動論者には永
遠のジレンマと言える。「コミュニティの富の構築」で懸念されるのは、個別
のローカリズム運動が外部的な影響力に接して、自律性を担保できるのかどう
かである。さらに重要なのは、基礎自治体（municipal, city, local）をもってして、
他のスケールよりも本質的に民主的で平等主義的であると思い込む「罠」もあ
る。政治レベルにおいて、清新さ（integrity）がどこまで為政者に担保される
のかは分からない（Russell 2019）。

　近接性の問題に関して、民主的な市政を打ち立てようするニューミュニシパ
リズムが、果たして「地方の罠」に陥らないのか。古代ギリシャの都市国家の
政治手法が現代に通用するのか。国家と地方の政治を検討する際に、1980年
代の英国の自治体社会主義の経験が想起される。当時、シェフィールドやリバ
プールなどの急進的な地方自治体は強大なサッチャー政権に抗しきれなかった。
むしろその後のニューレイバー時代を迎えると、ニュー・パブリック・マネ
ジメント（NPM）に親和的な地域政策を採用した。地域から国のレベルにま
で政治を「スケールアップ」した際、変革型のイデオロギーは色あせてしまう。
そうではあるが、この点に関連してデイビッドソンとアイブソンは、以下のよ
うに擁護論を示している。

ミュニシパリスト運動は、権力は上層へ集中しなければならないという、
　　従来からのスカラーをめぐる理解に挑み、都市の域を超えて都市政治を
　　具体化するという点で、依然として極めて重要な方法である[13]。

Davidson and Iveson

　実利的な議論になるが、地方という地政学的な単位で、どのように富が構築
されて、それがどのように維持発展するのだろうか。この問いに答えるために、
富の得失に関する情報を収集し、分析する必要がある。プレストン・モデルは、
成長を生み出す過程で、経済の乗数効果を算出するが、その試算が政策効果の
エビデンスになる。全国レベルに広げて、「コミュニティの富の構築」の全体
的な波及効果をみておく必要性に触れたが、全国的にこのプロジェクトが実施
されると想定した場合、国民経済全体で良好な影響が生まれてくるのかは未知
数である。果たして、地域間で富の奪い合いはないのか。それがもし「ゼロサ
ム」だとすれば、自治体がつくり出した経済保護主義は、問題なしとは言えない。
　富が集中する大都市に利する地域政策の実施は、結果的に大都市での富と
権力の集積を後押ししてきた。これを反転させて、国の権力と富の不平等な
分配のあり方を転換しなければならない。ニューミュニシパリズムなどの市
政改革運動の目的の1つに、市民の覚醒がある。その意味で、社会教育も重
要なテーマとなる。フェザーストーンらは、「ローカリズムの議論とかかわっ
て、集団的抵抗の戦略に加勢することが重要であり、ローカリズムが新自由
主義のロールバック／ロールアウトを可能にする」とみている（Featherstone
et al 2012)。

まとめ

　ニューミュニシパリズムの各地域の実践では、特殊性を示しながらも、同
時に普遍性を有している。各章でとりあげたスペイン - バルセロナの民族自決、
クリーブランドおよびプレストンのコミュニティの富の構築の推進、ジャクソ
ンの人種差別への抵抗といったそれぞれに個別性はあるが、地域格差への反抗
という普遍性も持ち合わせている。それらは、奴隷労働、封建的隷属、人種的

従属、社会的排除、帝国主義的支配、性差別、家父長制からの解放といった問題からの解放を目指している。

ニューミュニシパリズムは、グローバル資本主義を超えるオルタナティブとして可能なものなのか。この目標を達成するためには、さらに代替的な政策や戦略を開発し、新しい経済のフレームワーク、新しい公共サービスを構築した上での効果的なマネジメントが必要となる。これらを達成するためには、国家の役割やガバナンスを再規定し、公共サービスのデザインや供給システムを描きなおす必要がある。

国家の理論からの視座も重要である。その意味で、ボブ・ジェソップの論考を引き合いに出すと、ニューミュニシパリズムが基礎自治体の政治戦略ゆえに、ローカル・ステートの再構築がイシューになるが、そのことは第2章でピルが論考している。ローカル・ステートの再構築については、ジェソップが「戦略的選択」から生まれる状態として言及している（ジェソップ 1994）。国家権力が諸勢力の支配的バランスを反映することから、国家自体や国家管理層だけをみても、その背景にある社会諸関係を看過することになる。つまり、戦略−関係アプローチでは、国家の市場経済の制度的分離を注視することが重要となり、国家の機能的自律性という視点から、その戦略的選択性を評価すべきとしている[14]。

ジェソップが言いたいのは、国家を構成する社会勢力のバランスは常に不均一であり、一部の勢力が他の勢力よりも支配的になり得るという蓋然性である。それでも、国家を構成するプロセスに介入するためには、国家内の社会勢力のバランスは、歴史的および地理的に常に偶発的な状態となる。したがって、資本主義国家は必然的に資本主義関係の再生産に適した政治戦略を支えようとする。特に国家の官僚の利益は流動的で緊張状態に置かれるが、国家装置の外からの闘争は、国家の機関に脅威となる形で選択肢を要求することになり、パワー・バランスが変化する可能性が出てくる。

ニューミュニシパリズムにとって、国家の壁は厚い。第4章の電力問題でみたように、上位政府との規制をめぐる離齬は実際的な問題となる。それでも、ニューミュニシパリズムの斬新さは、国家の論理よりもむしろ、市民のための都市の論理を具現化する行為であり、ポストグローバル資本主義の未来を占う

「多様な経済」を予示している。

　新たな経済空間を構築しようとする姿はわたしたちを勇気づける。ニューミュニシパリズムは地方自治制度を革新するという意味で明らかに一歩前に踏み出しており、国家の論理を超越した「都市の政治的地平」の出現を予感させる。市民である「わたし」と権威を持つ「行政体」はどのように折り合いをつければよいのか。市民は地方自治体と「社会契約」を結び、基本的な権利、デモクラシーを迫る運動を実行するという重要な任務を担っている。ニューミュニシパリズムは、地方の生命行政を実現させる貴重な運動体であり、紆余曲折は予想されても、その志は実現され受け継がれるだろう。

注

1　ナンシー・フレイザー著「社会のすべてが商品となるのだろうか？―資本主義の危機に関するポスト・ポランニー的省察」中野佳裕編・訳、ジャン゠ルイ・ラヴィル、ホセ・ルイス・コラッジオ編（2016）『21世紀の豊かさ　経済を変え、真の民主主義を創るために』（コモンズ）

2　植村邦彦著（2010）『市民社会とは何か　基本概念の系譜』（平凡社）で市民社会観の変遷がまとめられている。市民社会の視座では、多くをこの書から参考にしている。

3　興味深い文献として、次のものがある。Etherington, D. and Jones, M. (2018) Re-stating the post-political: Depoliticization, social inequalities, and city-region growth in *Environment and Planning A: Economy and Space*, Vol. 50(1) 51–72. この論文は、都市の経済開発とそれに関連する「脱政治」の現象を鋭く考察しており、不均等発展を規制する国家の役割の曖昧さと、そこから生じる対立と闘争を論じている。

4　Fawcette, Flinders, Hay and Wood(2017), *Anti-Politics, Depoliticization and Governance*, Oxford.

5　参照：Whitfield Dexter（2012）The Mutation of Privatisation A critical assessment of new community and individual rights, *European Services Strategy Unit – Research Report* No. 5

6　Harding, M., Rothman,B., Smith, R,andWaghorn T.(2012)*The battle for Kinder Scout*, Willow Publishing

7　公共選択論の視座から、オストロムは公共財と共有資源を研究し、資源管理の効率性はコミュニティが役割を果たした際に最も効果的になることを示した（『公共選択の展望』多賀出版 2000）。社会的共通資本論の視座からは、宇沢弘文がすでに 1990 年頃にコモンズに注目しており、社会的共通資本の 1 つとしてコモンの意義を指摘している（『社会的共通資本』岩波新書 2000）。宇沢はコモンズ研究の草分けである。また政治哲学の視座から、ハート（Hardt,M.）とネグリ（Negri,A.）は「共（コモン）」の意義を重視しており、公共投資の配分のあり方を問うている（『コモンウェルス上・下』2012）。

8　Bingham-Hall, J. (2016) Future of cities: urban commons and public spaces
https://www.gov.uk/government/publications/future-of-cities-urban-commons-and-public-spaces
Accessed on 2019-07-18

9　英国政治との関係では、元首相デビッド・キャメロンの「大きな社会」構想、そして 2011 年ローカリズム法（Localism Act 2011）がコミュニティの参画を強調した。特に注目したいのが、2011 年ローカリズム法で、「コミュニティの価値を持った資産（assets of community value）」に対する「コミュニティの入札する権利（community right to bid）」をうたっている。クロソ・マズッコは、都市コモンズを構成する基本的な枠組みを発案している。それは、4 つの要素で成り立っている（Croso Mazzuco,S 2016）。①公共空間―開放性が特徴で、アクセス可能で柔軟性のあるものでなければならない。②集合型ガバナンス―集合的かつ非階層的なガバナンス構造で形成されている。③実践的な行動―地域の発展を支援する実践的な活動にもとづいている。それはサービスのコ・プロダクションの過程で学習の営みが絡み合ってくる。④メリット―コミュニティと都市開発は、集団統治と実践的な行動による公共空間の再利用の結果である。利益は個人レベルと集団レベルの双方で発生し、エネルギーと食料生産、地域の経済開発、スキルと健康増進などに変換でき、コモナーズ（コモンズを管理するグループ）によって設定された意図によってパターンは異なってくる。

10　参加型アプローチを採用した都市コモンズの例がいくつかある。イタリアのボローニャは共同都市（Collaborative City）で、住民は公共空間、公園、廃屋ビルを対象とした共同設計（co-design）に参加している。建築を中心としたまちづくりが市民生活の質を高めるとして、ソーシャル・デザインを重視する

ヨーロッパならではの動きである。イタリアのボローニャ市の条例に着目すると、2014 年に、「都市のコモンズの管理・再生のための市民と市の協力条例」が制定され、「コモンズとしての都市」プロジェクトが始まっている。

　市民と市の協力を規定した条例を支えるのが「協力契約」である。この「協力契約」の下で、コモンズに関する自治体を含めたステークホルダーの協力に関する規則が定められている。この契約では、個人、私的な集団、コミュニティ、NPO によって設計され署名されている。地元の協同組合、地域の財団、住民組織がこの条例によって支援されている。

　新津によれば、この条例が、自治体から市民への技術的・金銭的な支援の受け渡しの手段を講じているという。市民による都市の共有を強化する活動について、「社会イノベーションと協力の提供」「都市の創造性」「デジタルイノベーション」「協同型コミュニケーション」「協同型ツールと実践」の 5 つのカテゴリーで支援しているのが参考になる。ボローニャ市では、この条例が機能したことから、新たに「共同ボローニャ（Co-Bologna）」プロジェクトを開始することになった。これは、社会イノベーションと協同型経済を通して、都市のコモンズの再生に関わるプロジェクトと政策を統括することを目的とした革新的な公共政策となっている。共同ボローニャは、ボローニャ市で都市的な創造力を駆使して、多くの人々を巻き込む参加型アプローチとして展開されている。
新津尚子「コモンズとしての都市」プロジェクト：イタリア・ボローニャ市と市民の協力によるコモンズの管理

https://www.ishes.org/cases/2018/cas_id002481.html

検索日：2019 年 11 月 14 日

11　アカウンタビリティ（accountability）の訳語は「説明責任」ではない。法案や政策立案の趣旨、企業活動や経営状態について、単に説明するのではなく、その内容に対する法的責任を負うことを意味する。「答責性」「応責性」という訳語の方が原語に近い。

12　アルペロヴィッツは多くのエッセイをオンラインに掲載している。参考文献を参照されたい。

13　Davidson M and Iveson K (2015) Beyond city limits: A conceptual and political defense of 'the city' as an anchoring concept for critical urban theory. *City* 19(5):646–664.

14　ジェソップは、資本主義国家分析の４つのモデルとして、レギュラシオン・アプローチ、国家と政治の政治経済アプローチ、批判的言説分析と関連アプローチ、自己編成の諸理論を用いている。その視点は、第１に、再生産には市場諸関係だけでなく国家の機能も必要とする、資本主義とその力学の基盤である資本－労働関係、第２に、賃金形態、労働力市場だけでなく、多様な非市場メカニズムも再生産に関与する、擬制商品としての労働力。第３に、社会システムと生活世界の進化形成に生態的に、より支配的なものになる、資本蓄積のグローバル化の力学が向けられている。また調整が必要とされるのは、資本主義の自己完結能力の欠如、資本関係に内在する多様な構造的矛盾と戦略的ジレンマ、多様な調整の様式とガバナンスのパターンといった３つの側面である。いずれも、資本蓄積の一般化にとって最善の解決策はひとつではなく、多様な対応策でどのように補完しうるかにかかっている。国家の理論研究の６つの次元として、次のテーマを掲げている。形式的な制度的側面としては、①政治的代表の諸様式とその結合様式、②国家装置の内的接合様式、③介入の諸様式とその接合様式がある。実質的・戦略的側面としては、④多様な社会諸勢力によって表明される政治的企図、⑤国家の理性と統治術を背景とした支配的な国家の企図、⑥ヘゲモニー的企図である（ボブ・ジェソップ著（2005）『資本主義国家の未来』中谷義和監訳（御茶の水書房）、第１章）。

第Ⅲ部

社会的企業・社会的連帯経済、日英の高齢者ケアの市場化

　第Ⅲ部では、グローバル資本主義に対するオルタナティブの実験、それに伴う福祉の市場化の実態を紹介する。

　グローバル資本主義のオルタナティブとなりうる可能性を秘めたものが、社会的連帯経済である。その鍵となるアクターが社会的企業であり新しい形態や実験的な取組みについて事例を踏まえて解説する。また、それが、持続可能な開発目標（SDGs）の達成に貢献するにとどまらず、「富」の新しい解釈および分配のあり方に踏み込むものであることも指摘する。

　福祉の市場化については、最新の調査資料を踏まえて、英日における高齢者ケアの現状を総括する。

第9章
フェアシェアズ・モデル
―社会的企業と持続可能な開発

ローリー・リドリー＝ダフ
ディビッド・レン
（八木橋　慶一　訳・解題）

社会的企業と社会的経済

　本章は、社会的連帯経済および持続可能な開発目標（SDGs）へのフェアシェアズ・モデル（FSM）の貢献を検証することで、社会的企業に関する読者の知識をさらに深めるものである。この議論のために、本章は5節構成としている。第1節では、富（wealth）の概念を捉え直し、社会的企業の創設にかかわる4つのアプローチを論評するためにこの概念を利用する［Defourny and Nyssens, 2017］。第2節では、国際連合が持続可能な開発を達成しようと努めているSDGsを紹介する。社会的企業へのアプローチとSDGsの間の関係を説明するために、第3節ではFSMを紹介する。また、FSMがリゾネイト・ビヨンド・ストリーミング社（Resonate Beyond Streaming Ltd）での実践にどのように適用されているかも検証する。同社は、アイルランドで登録されているフェアシェアズ型の協同組合である。第4節ではFSM原則とSDGsとを関連付ける。最後に、起業教育の発展で富の捉え方を変えることが、パラダイムシフトにどう貢献できるかをまとめる。

1-1 理論的レンズとしての富の6つの形態

　筆者たちは現在、EUのプロジェクトにかかわっているが（European FairShares Labs for Social and Blue Innovation）、そこで以下のように社会的企業を説明している［訳者註：2018年の執筆時点］。

　　社会的目的に導かれた経済活動のための一般的な用語としてだけでなく、会社を（民間で専門的な投資家よりかは）従業員、生産者、消費者、ボランティアが管理するという経済の一部における専門用語として使われる。第一義的には、労働者協同組合、従業員所有会社、消費者組合を指すが、富をより公平に分配するために労働組合と連携することで、非営利組織や非政府組織、信用組合、ボランタリー団体や自助グループといった組織の経済活動に拡大できるものである[1]。

　この定義は、社会的経済の対立的な性質を反映している。一方では、メンバーのニーズを満たすアソシエーションや共済、協同組合をつくるために、市民社会での民主的活動から起こるものである［Arthur et al. 2003］。他方では、受給者の人たちへサービスを提供する財団やチャリティ、準公共団体をつくる慈善活動家による目的主導型の活動である［Haugh and Kitson 2007］。この境界のあいまいさは、社会的経済の発展史に深く根差したものである［Westall 2001; Monzon and Chaves 2008］。

　しかし、財務資本よりも、むしろ社会、文化、経済、環境上のニーズを満たす経済を追求する点では、見解の相違を超えて一致している。たとえば、協同組合の世界的に受け入れられている定義は「共同所有や民主的に管理された事業を通じて、共通の経済、社会、文化上のニーズおよび願望を満たすために自発的に手を結んだ人たちによる自治的な組織」というものである［ICA 2018］。社会、文化上のニーズ（と願望）が込められている点は、企業の発展を目的とした総体的かつ人間中心主義的なアプローチを反映している。にもかかわらず、社会的経済の研究者が、地球の物理的環境の管理に自分たちの責任があると

はっきりと認めたのは、ごく最近のことである ［Novkovic and Webb 2014］。これは、持続可能な開発のために、政府や協同組合、民間セクターによる制度的な支援によって推進されている ［Brakman Reiser 2012; Mills and Davies 2013］。個人や社会、環境面での責任についてのこの認識により、富の性質に関する新たな見解が求められている。

　表9－1は国際統合報告評議会（International Integrated Reporting Council, IIRC）の6つの資本（http://integratedreporting.org を参照のこと）で提案された見解に対する批判を反映している。IIRC は自身を「規制者、投資家、企業、基準設定者、会計専門家、NGO のグローバルな連合」と位置付けており、それらが持続可能な開発目標（SDGs）に沿って会計基準を変更するよう努力している。このフレームワークは、企業がどのようにして富の多様な形態を創造、また破壊するかを検証する、学生向けの有効な教育ツールである［訳者註：IIRC は他団体と合併、2021年6月に価値報告財団（Value Reporting Foundation）が設立］。

表9－1　富の6つの形態

カテゴリー	説明
自然	土地、空気、水、鉱物、自然過程（化学反応）がより入手しやすくなること
人的	労働者の健康、スキル、能力
社会関係	高い信頼関係のある人たちのネットワーク
知的	労働者のアイデアやデザインの数、質、有効性
製造	製造された商品の品質や入手のしやすさ（道具、機械、建物、サービス）
財務	企業やプロジェクトによる利用および／または創出された金銭

出典：http://www.fairshares.coop/fairshares-model/（2018年3月14日）

　わたしたちはみな、いくつかの点で関心を共有している。だれもがきれいな飲み水を手に入れ、きれいな空気を吸い、健康的でおいしいものを食べ（自然の富（natural wealth））、保護や安全を提供する住居（製造の富（manufactured wealth））で暮らしたいと思っている。だれにとっても望ましい製品やサービスを提供する、あるいはあらゆる人によりよい健康上の成果を生み出す、そういったことに努める企業は公共財を生産している。過去30年間で、多くの政府が

公共財の生産から、公共サービス型社会的企業（PSSEs）を通じたこれらのコミッショニング〔委託〕に転換した。彼らは、行政が一部所有、あるいは間接的な資金提供や厳しい規制を受けている事業組織のことである［Hood 1995; Sepulveda 2014］。

　時に、あるグループでは共通の関心がある。おそらく、彼らはあるスポーツをしたり、あるいは見たがったりする（野球あるいはフットボール）。おそらく、彼らはある特定のもの（たとえば音楽あるいは食料）をつくるために協力する。この場合、そこに一般的な公共の利益はない。あるのは、特定の財やサービスを生産、消費するための相互の利益や私的な利益の組み合わせである。協同組合・共済型企業（CMEs）は、社会関係の富（social wealth）を生み出す。というのも、彼らは互いの利益を満たすものをつくるために人びとをまとめるからである。協同組合・共済型企業はまた、人的富（human wealth）および知的富（intellectual wealth）も創出する。なぜなら、会員が自分たちのアイデアやスキル、能力を高めるためにともに働くからである。

　この約170年間、人的富や社会関係の富を築く協同組合・共済型企業は、着実に数を増やしてきた。彼らは、とくに2008年の金融危機以降、財務の富（financial wealth）に焦点を絞り過ぎている民間企業よりも回復力に勝っていることを証明した［Birchall and Ketilson 2009; Restakis 2010; Laville 2015; Ridley-Duff and Bull 2018］。協同組合・共済型企業は、ニーズ充足（社会関係の富と自然の富）を最大化する製品（製造の富）を生産、販売することで、（金融面での刺激よりも知的な刺激に適応する）より倫理的な市場へ向かうように考え方に変化をもたらす。

　最後に、社会的責任ビジネス（SRBs）と事業型チャリティ（CTAs）を追求する人たちである。この約20年間、これらは社会起業という分野を通じて研究されている［Nicholls 2006; Yunus 2007］。意欲のある人たちにとって、公共財の生産で私的利益を追求することは、充実した仕事人生（人的富や知的富、社会関係の富）につながる。社会起業家たちの私的利益は、営利的な起業家たちの私的な利益とは異なる。というのも、彼らは人的富や社会関係の富、知的富、製造の富を増やすことで、大いに（あるいはより）充実感を得るからである［Chell 2007］。この分野の初期の著作は、研究機関および政府の双方に対し

て、コミュニティあるいは公共の利益をもたらすために、事業型チャリティや社会的責任ビジネスを追求する起業家の新しい動きがあると注意を促した [Leadbeater 1997]。自然の富や人的富、社会関係の富、財務の富の創出に対する、この「混合価値」アプローチは、社会的な目標と民間セクターで獲得される営利のスキルを組み合わせたものである [Emerson 2000]。廃棄物管理やリサイクル、アップサイクリング、クリーンエネルギー生産、貧困なコミュニティ向けの金融サービス、低コスト住宅のような産業はすべて、社会的責任ビジネスや事業型チャリティが成功できる産業である [Ridley-Duff and Bull 2016]。

1-2　社会的企業への 4 つのアプローチ

　2013 年から 2017 年の間に、200 人を超える研究者が社会的企業モデルに関する世界的な研究に参加した（https://www.iap-socent.be/icsem-project を参照のこと）。彼らを支援するため、プロジェクトのコーディネーター（EMES 国際研究ネットワークのメンバー）は、社会的企業の多様なモデルにつながるように、社会的企業が経済的な交換の 2 つ以上のタイプを組み合わせたという理論を展開させた [Defourny and Nyssens 2017]。彼らの類型は、公共サービス型社会的企業、協同組合・共済型企業、社会的責任ビジネス、事業型チャリティというわたしたちの構成と一致している。この構成は、国家やボランタリー、協同組合、民間の各セクターというアクターの影響を区別するためにイギリスで行われた研究をもとにしたものである [Westall 2001; Teasdale 2012; Ridley-Duff and Bull 2016 を参照]。図 9 − 1 において、社会的企業へのそれぞれのアプローチの背後にある利益と進化経路双方を示すために、社会的企業に関する EMES 理論を適応させている。

　公共サービス型社会的企業は、公共サービスや公共の利益をどうすれば生み出すことができるのかを再検討するために、公共セクターやチャリティ団体の人びとの要望から生まれたものである。行政活動のコスト削減という動機があるかもしれない一方で、これだけが動機というわけではない。起業する人は、国営産業や独占企業よりも独創的方法で人的富や社会関係の富、知的富を増やす公共サービス型社会的企業を設立できる、と考える公務員がいる。公共サー

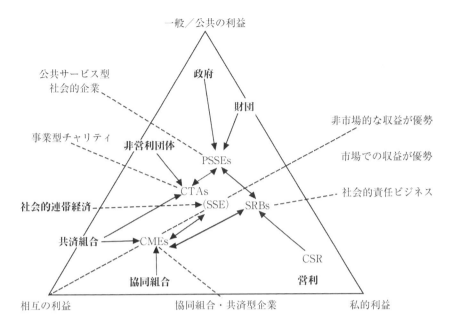

図 9 − 1　社会的企業モデルにおける各利益のつながり

出典：Defourny and Nyssens（2017）および Ridley-Duff and Bull（2016）の研究の解釈より。 Copyright Rory Ridley-Duff 2018, Creative Commons 4.0 International Licence, BY─NC─SA

ビス型社会的企業では、公共あるいは一般的な利益が優位を占めている。また彼らは、富の創出の新しいアプローチを生み出すという目的のために、税収（財務の富）の使い道を変更させる、あるいは行政や慈善事業から集まるほかの資源に支えられている。

　この良い事例としてあげられるのが、バングラデシュのグラミン銀行である。ここは、行政の資金援助とグラミン財団の支援で始まった。2007 年にグラミン財団と創設者であるムハマド・ユヌスは、数百万の農民に金融サービスや保険商品を提供したことで、ノーベル賞を受賞した［Yunus 2007］。しかし、公共サービス型社会的企業は必ずしもそのやり方にとどまらない。グラミン銀行は、利用者が所有する協同組合・共済型企業に転換するまでに、会員制（おも

に銀行の女性顧客）をつくりあげた［Jain 1996］。グラミンは、（Grameenphone による）通信事業や（Grameen Shakti による）再生可能エネルギーを提供する社会的責任ビジネスを始めることでさらに拡大したのである。

　財団やアソシエーションもまた、彼らの第一のミッションを支援する事業型チャリティを通じて、社会的企業を発展させることができる。EMES ネットワークでは、これらは事業型非営利組織（補助金や寄付よりは商取引に頼る非営利の事業組織）として紹介される。この良い事例が、バングラデシュで農村開発を支援する NGO の BRAC である。ここは、1990 年から 2000 年の間に、寄付財源 90% から事業収入 80% に転換した［Jonker 2009］。酪農家や職人の参加する事業型チャリティが、公衆衛生プロジェクト（公共サービス型社会的企業）のための収益を生み出している。

　また協同組合・共済型企業は、協同組合運動の歴史や価値観にもとづく組織でもある。これらの組織すべてが、協調的意思決定や集団意思決定を通じて、人的富や社会関係の富を創出することに深くかかわっているのは明白である。とりわけ良い事例として、イタリアの社会的協同組合の運動があげられる。介護人や医療専門家、患者が、患者の健康状態の改善や雇用スキルの向上のために、協同組合・共済型企業の全国ネットワークをつくりあげている[2]。たとえば、（協同組合員として）患者は 3 年間にわたって技術スキルやソーシャルスキルを学び、その間には医療ケアも受ける。半数以上（65%）が職業訓練の終了前に別の仕事を見つけており、これは他国で同様なことを行う営利組織あるいは慈善組織の報告より 2 倍以上の数字である［Borzaga and Depedri 2014; Ridley-Duff 2016］。

　最後に、社会的責任ビジネスを通じて、公共の利益の増進に積極的に取組んでいる民間人についてである。このビジネスは、その志に制約が課される企業の社会的責任よりもはるかにうまくいくものである。この好例としてトムスシューズが上げられる[3]。同社は、先進国で靴が一足購入されるたびに、南アメリカで貧しい子どもたちのために靴（製造の富）を一足製造している。同様に、ティム・スミットのエデン・プロジェクト（イギリスのコーンウォール）は、グリーン・テクノロジーや廃棄物ゼロマネジメント（知的富と自然の富）の専門知識を輸出することで、収益（財務の富）を生み出している。最初の事例では欧米の消費者の財務の富を、南アメリカの子どもたちのための製造の富に変

表9－2　社会的企業の発展に関するアプローチのまとめ

アプローチ	略称	法的形態／FSM	特徴	富の創出
公共サービス型社会的企業	PSSEs	公共サービスの供給拡大のために、政府機関と緊密に連携する、チャリティや企業、法人企業、協同組合 **フェアシェアズ・パートナーシップ用のモデル・ルール**	公務員とコミュニティのリーダーとの連携 他の社会的企業とのパートナーシップの構築 公共投資 利用のための生産に賛成	利用しやすさの改善による自然の富や人的富、社会関係の富、財務の富の保護および／または高品質の**公共サービス**
協同組合・共済型社会的企業 （社会的協同組合や連帯企業を含む）	CMEs（あるいはSCs）社会的連帯経済への主要なアプローチ	協同組合／信用金庫共済 信用組合 住宅金融組合 社会的連帯協同組合 **フェアシェアズ協同組合用のモデル・ルール**	会員オーナーの主導 投票のよる理事長の選出 民主的な参加 利用と市場のための生産	下記を通じた人的富や社会関係の富、知的富、財務の富の共有 ・共同所有 ・参加 ・公平な利益分配 ・労働条件や生活条件の改善
事業型チャリティ（EMESによる世界的な調査では「事業型非営利組織」（ENPs）との表現あり）	CTAs（あるいはENPs）	財団 チャリティ コミュニティ利益組合 非営利企業 チャリティ事業子会社 **フェアシェアズ非営利団体用のモデル・ルール**	従来型の非営利組織以上に企業家的コミュニティや公共の利益のための資産保護補助金や寄付収入と事業収入の混合 利用および／または市場のための生産	公共の利益を生み出すために、知的富や製の富、財務の富を活用：典型的なのは、自然の富あるいは人的富、社会関係の富を保護したり、増やしたりする社会的投資
社会的責任ビジネス（「ソーシャルビジネス」との呼称あり）	SRBsあるいはSBs	社会的な目的を持つ企業／法人企業 ベネフィット・コーポレーション［社会的営利会社］ コミュニティ企業 **フェアシェアズ企業用のモデル・ルール**	民間金融や商業金融の利用 企業提携 倫理的かつインパクトのある投資市場のための生産に賛成	SDGs達成のために、市場活動に人的資本や財務資本を投資（たとえば、自然の富や人的富、社会関係の富の保護や増進）

えている。靴のおかげで、子どもたちが学校やコミュニティの活動に参加できるからである（人的富や社会関係の富の創出）。エデン・プロジェクトは、コーンウォールの人たちの財務の富を生み出すために、知的富を共有している。これにより、廃棄物ゼロマネジメントのシステムの導入を助けることとなり、プロジェクトは自然の富を保護している。

　私的利益や相互利益、公共の利益を組み合わせることで、社会的企業に対する異なる4つのアプローチを特定できる。そしてそれぞれが、富の創出に関する様々な形態に優先順位をつけている。まとめると、これらは社会的連帯経済の構築のための4つの出発点を提示しているということである。表9−2は、社会的企業の4つのアプローチを説明するものである。これは法的モデル（およびFSMルール）や組織的な特徴、富の創出にかかわる特徴を関連付けしたものである。

　表9−2のようにまとめることで、社会的企業への異なるアプローチで達成されるデザインや発展、倫理、成果にはかなりのばらつきがある、またあり続けるというのに驚かされるべきではない［Ridley-Duff and Bull 2018］。社会的企業を規制する法律がすべて、また社会的企業を振興するために展開されるすべてのトレードマークや戦略が、社会的企業についての多様な（組み合わせのある）見解を認識しているとは限らないからである。

　次節では、社会的企業とSDGsがどのように収斂するかを検証するために、持続可能な開発とフェアシェアズ・モデル（FSM）を紹介する。まずは持続可能な開発の概要を述べることから始める。FSMがマルチステークホルダー型の社会的企業の発展にどのように適用できるか、この検証にもとづいて進める。

2-1　持続可能な開発

　『責任ある経営原則（Principles of Responsible Management）』［Laasch and Conway 2015］は、国連の責任ある経営教育（PRME）イニシアティブを支持するものである。このテキストは世界的な学術研究の成果物である。研究者や講師、実務家、政策立案者といったさまざまな人たちが、ビジネススクールでの教育を変えるために、論文や事例研究、解説記事、教材を寄稿した［Doherty, Meehan and Richards 2015]。持続可能な開発の分野は、富の6つの形態を創出する「トリプルボトムライン企業」の設立と支援に深くかかわる点を共有している。この実践のためには、環境条件や社会状況から生じた制約を破ることなく、社会的ニーズを充足させるように、公共機関や市民社会組織、市場機構を説得する必要がある。この点では、持続可能な開発や責任ある経営、社会的企業の分野は、理論的観点を共有している。1987年に、ブルントラントは次のようによく引用される声明を執筆した。

> 持続可能な開発とは、次世代のニーズを満たすための彼らの能力を損なうことなしに、現代のニーズを満たす開発、というものである。これは、以下の2つの重要な概念を含んでいる。
> ・ニーズの概念、とりわけ世界の貧困に関する本質的なニーズであり、これは何より最優先とすべきもの
> ・現代や未来のニーズを満たすための環境面での能力には、テクノロジーや社会組織の状況により課せられた制約があるという考え方
>
> Bruntland 1987: 43

それゆえ、持続可能な開発は、資源の再生産あるいは置換、補充を可能にするよりも、資源の消費を抑えることにかかっている。これは、物理的な環境との関連では概念上は単純なものであるが、経済的な問題や社会的な問題に適用する場合には、より難しいものである。

経済学的観点からは、持続可能な開発は、生産活動に必要な富を入手できる会社の能力に損害を与えることなく、会社が財務の富や製造の富を公平に分配する点にかかっている。このプロセスでは、どのステークホルダー［利害関係者］も、次世代に必要とされる人的や知的富、社会関係の富、製造の富を伝える（あるいはコモンズ［共有資源］に移す）能力を持つことが必然的に求められる。社会学的観点からは、持続可能な開発は、企業がコミュニティのメンバー間の対人信頼感を改善する点にかかっている（つまり、人的富や社会関係の富の分配）。企業は、ステークホルダーが自身のニーズを満たすために頼る社会関係の富を創出すること、および自然の富を維持すること、この双方を行

う必要がある。環境保護の観点からは、持続可能な開発はより直接的な行動に移ることである。その行動とは、自然が補えるよりも早く自然の富を消費しないように保証する、あるいは自然の富がいつまでも存続しない場合には、安全な代替物を生み出すことができるようにする、といものである〔Barbier 1987; Giddings et al. 2002〕。

2-2　国連の持続可能な開発目標（SDGs）

　2016 年に、国際連合は持続可能な開発（SDGs、図 9 − 2 を参照）を達成するためのフレームワークを公表した。これは、持続可能な開発を達成するに必要なものと認められる活動の範囲をかなり広げ、また持続可能な開発を達成するために民間経済および社会的経済双方の組織を重視することとなった。非常に多くあるので、SDGs を関連するテーマにまとめるのに役立つ。

　持続可能な開発それぞれには、関連した目標がある。両者の間の論理的な関係性を示すために、その目標はグループ分けの正当化に利用できる。まず、特定の目標は、人的富や社会関係の富、知的富の創出や維持と関連付けることができる。目標 1（貧困をなくそう）や目標 2（飢饉をゼロに）、目標 5（ジェンダー平等を実現しよう）、目標 10（人や国の不平等をなくそう）は、おもに不平等の問題に取組むものである。一方で、目標 3（すべての人に健康と福祉を）や目標 4（質の高い教育をみんなに）、目標 8（働きがいも経済成長も）、目標 16（平和と公正をすべての人に）、目標 17（パートナーシップで目標を達成しよう）は、福祉や仕事と関連する幅広い問題に焦点を当てている。次に、目標 6（安全な水とトイレを世界中に）や目標 7（エネルギーをみんなにそしてクリーンに）、目標 13（気候変動に具体的な対策を）、目標 14（海の豊かさを守ろう）、目標 15（陸の豊かさも守ろう）はすべて、自然の富のよりよい管理に寄与するものである。最後に、目標 9（産業と技術革新の基盤をつくろう）や目標 11（住み続けられるまちづくりを）、目標 12（つくる責任つかう責任）は、おもに製造の富や財務の富に焦点を当てている[4]。

図9－2　国際連合 2030 持続可能な開発目標

出典：https://www.un.org/sustainabledevelopment/

（日本語版は国連開発計画（UNDP）駐日代表事務所 https://www.jp.undp.org/
content/tokyo/ja/home/sustainable-development-goals.html より

検索日：2021 年 6 月 25 日

3-1　持続可能な開発と FSM

　フェアシェアズ・モデル（FSM）は、アソシエーションや協同組合、ソーシャルビジネスにおける民主的ガバナンスを向上させることを目的とした実践的研究プログラムとして生まれた［SHU 2014］。歴代のバージョンとも、SDGs が深く埋め込まれている。FSM（バージョン 3.0a）の中心となる提案は、もし第 1 次的ステークホルダー（設立者や労働者、利用者、投資家）が一連の原則（表 9－3 を参照）を適用するなら、自然の富や人的富、社会関係の富、知的富、製造の富、財務の富はより公平に管理ができる、というものである。

　FSM は、成功している企業では 4 つの異なる貢献が組み合わさっている、という仮定を明確に示すものである［Ridley-Duff 2015; 2018］。この 4 つの貢献

はすべて1人でも行うことはできるが、通常は多くの人が行うことである。フェアシェアズ・ラボの教材では、4つの貢献の間にある関係性が、ショートストーリーを使って説明されている。

表9-3　フェアシェアズと持続可能な開発

原則	持続可能な開発との関連
原則1 第1次的ステークホルダー間での富と権力の共有	貧困や不平等に取り組む最良の方法は組織の再構築である。社会的および経済的な権力を、民間セクターのビジネスモデルでは周縁化される人たちにさらに与えることで、富への貢献に適切に報いることが可能となる。
原則2 社会的目的の明記と社会的インパクトの監査	社会的目標の追求を正当化することは、SDGsを積極的に追求するビジネスの数を増やすことになる。
原則3 提供される商品やサービスの選択についての倫理的な評価	何を生産するのかについての議論に労働者や利用者グループが参加できることは、人びとや市民、環境にとってよいものであるという商品やサービスを入手できる可能性が高まる。
原則4 生産や販売のプロセスにおける倫理的な評価	ガバナンスやマネジメントに労働者や利用者が参加できることは、人びとや社会、環境にとってより健全な生産や消費の実践につながる。
原則5 （企業における）社会民主主義的な所有、ガバナンス、マネジメント	ステークホルダー4者すべてが参加できるということは、経済活動における多様な富の形態の投資方法について、直接民主主義的な管理を促進する。

出典：http://www.fairshares.coop/brand-principles/ の説明より

検索日：2018年5月6日

＊＊＊＊＊＊＊＊＊＊＊＊＊＊＊＊＊＊＊＊＊

　あなたには有機農産物を使ったレシピのアイデアがあると想像してほしい。そのレシピを試すには、レシピが完璧だと判断するまで何度か調理して食べることになる。レシピをつくり、食材を買い、調理して食べることは、あなたの事業なのである。レシピの作者として、あなたは起業家なのである。フェアシェアズの言葉では、設立者ということになる。あなたが設立者というのは、新しいレシピをつくるという自発性からである。しかし、この場合、あなたは労働

も提供する。また調理したものを食べる。ということは、自分のつくった料理の利用者でもあるのだ。最後に、食材を買うことで、あなたは自分のプロジェクトに金銭的に投資もしている。つまり、考案者、労働の提供者、食品の利用者、金銭面での投資家として、あなたは自分のプロジェクトに4つの異なった関心を示したのだ（これらがFSMで認められる4つの利害関係である）。

　さて、あなたが友人たちと自分の（おいしい）レシピを共有する場合、何が起こるかについて考えてみよう。友人たちは夢中になり、パーティーで試したいようだ。あなたはレシピを書き留めている（調理法と同じく、食材の情報も含む）。このような場合、レシピについての知的財産権は（法律上）あなたにある。パーティー開催のために、新しい選択をすることになる。ふたたび率先して動き、食材を買い、食事会のホストとしてふるまい、調理し、終了後は片づける。もしこうすれば、あなたはまた、設立者かつ労働の提供者であり、自分の生み出したものの利用者であり、（パーティーの）投資家である。友人は（あなた自身と同じく）利用者となる。

　しかし、別の展開もありえる。あなたは、パーティーを準備する友人たちの1人にレシピを教える。彼らが食材を買い、調理し、その料理を食べるために彼らの友人たちを招待する。あなたはレシピの考案者としてノウハウを提供したが、他人にあなたの知的財産を使わせることになるので、彼らは料理をつくり、その成果を食べることができる。別の友人たちが食材を買う費用を負担する（つまり、金銭面での貢献者となる）。明確なのは、あなたやあなたの友人たちは、複数の役割を引き受けることができる、ということである。さらに、こちらの方が効率的なのだ。それぞれの（スキルや食材、金銭を持つ人たちの）貢献を認めることは、FSMのもう1つの側面なのである。事業に貢献した者全員が、共同会員として扱われる。

　最後に、友人たちが非常に夢中になり、そのレシピの知識を広め、人びとが試食する（有料）イベントを組織し、世間に販売するためにフードフェスティバルに行く、そのようなことを目的に協同組合を創設したいという場合を考えてほしい。設立会員は、自然食品愛好家がこの新しい（協同組合）企業に投資するはずだと議論する。いま、ネットワークに関心のあるだれもが、いくつかの選択を迫られている。だれがこのアソシエーションの設立者となるだろうか。

だれが労働を提供する（また支払う）だろうか。だれをアソシエーションの開くイベントに招待するだろうか。またどのように食事代を払ってもらう（サブスクリプションあるいは小売価格を通じて）か。だれがこのアソシエーションに金銭的な投資ができるか。またどのような条件が適用されるか。

　アソシエーションでは、多数の人たちが利害関係を数多く持つことができる。何人かは設立者になり、労働を提供し、自分たちの労働でつくられた食事を食べる（利用する）かもしれない。アソシエーションとして運営することで、会員はフェアシェアズの価値と原則にしたがって組合を設立できる。自身の関心に応じてだれもが参加可能で、料理をつくる際に材料を買い、つくり、食べ、投資するといった彼らの貢献に報いることになる。

　しかし、もしこれをやめたいなら、あなたは自身のレシピの知的財産権を行使することができる。レシピを公開し、その著作権を主張できる。その場合、他者はレシピのコピーのためにあなたに支払い、利用に関する契約条件を守らなければならない。アソシエーションの代わりに、あなたは民間企業を設立し、フェアシェアズの原則を放棄することになり、会社のすべての資本（株式）の唯一の法的所有者となる。あなたには友人たちを雇用する気持ちがある（しかし彼らを会社の会員にはしない）。（彼らに賃金を払った後に）利益を維持する。銀行から融資を受ける（他者に株式を公開しない）。あなたは顧客を見つけるために宣伝をするが、彼らに会員となるチャンスは提供しない。法的に顧客を従業員と区別し、従業員を金融投資家と切り離す。

　この事例からわかるように、4つ利害関係すべてが新しい事業ではつねに代表されている（設立者や労働者、利用者、投資家）。これらは、多様な人たちによる複数の方法で表現されるかもしれない。民間企業は互いの利益を区別し、切り離す。次に、設立者に可能な限り大きなコントロール権を与える契約を通じて、再度彼らを結びつける。これにより、会社は不平等をつくり、権利と義務を区別し、それぞれが代表する利益に異なる結果をもたらす。雇用契約は、雇用者と被雇用者の権利を保護する（通常は雇用者側が作成）。商品供給についての契約は、サプライヤーと消費者の権利を保護する（通常はサプライヤー側が作成）。契約は貸借契約を保護する（通常は貸し手側が作成）。

　フェアシェアズ企業は可能な限り、会員制を通じて異なる利益を統合する。

また利害関係のあるすべてのグループが民主的にコントロールできるとする定款により、労働条件や供給条件、利用条件、貸借条件を設定する。この場合、レシピはあなた自身のものであるが、クリエイティブ・コモンズ・ライセンス（あなたに利用の許可を尋ねることなく、レシピのコピーや変更、「実演」することができる）の下で他の会員にレシピを利用する権利を認めることになる。さらに、ある個人が複数のグループの一会員になることができる（その人物の貢献しだいである）。彼らはそれぞれの貢献に応じて公平に報われる（生み出した利益あるいは資金余剰の共有）。会員制（と配当）は、彼らの活動の性質と程度を反映する。投票権は、もはや財産権にもとづくものではなく、企業での彼らの積極的な参加にもとづくものなのである。これが、フェアシェアズ企業が民間企業あるいは公営企業、ボランタリー事業と異なる点である。企業と重要な関係を持つすべての人たちの参加に賛成であり、彼らのそれぞれの貢献に応じて公平に報いることを追求する。

出典：https://fairshares.moodlecloud.com - Course' Introduction to the FairShares Model' Copyright Rory Ridley-Duff 2018, Creative Commons 4.0 International Licence, BY―SA

＊＊＊＊＊＊＊＊＊＊＊＊＊＊＊＊＊＊

　FSMへのマルチステークホルダー型のアプローチ（図9－3）は、社会的連帯経済を促進する数多くの試みのひとつである［Lund 2011, 2012; Conaty 2014; Conaty and Bollier 2015 も参照のこと］。単一のステークホルダー型の社会的企業では、意思決定の権限は、個々の慈善活動家や社会起業家に、あるいは主権者としてふるまう取締役や理事たちの役員会に委ねられる。連帯企業は、おもに協同組合運動の民主的な伝統を利用するが、生産者や利用者双方を巻き込むといった考え方に更新することで、異なる論理により運営されている［Vieta 2010］。連帯原則に対してよく引用される反対論としては、ステークホルダー間の利害の対立は、非効率な資源の利用や煩雑なガバナンスにつながる、というものがある［Sternberg 1998; Mason, Kirkbride and Bryde 2007］。にもかかわら

ず、協同組合・共済型企業の成功は、彼らに対する反論を提示している ［Whyte and Whyte 1991; Gates 1999; Moreau and Mertens 2013 を参照］。この企業は、預金者と借り手の双方、生産者と消費者の双方、そして個人会員と組織会員の双方がかかわる企業だからである。

　FSM は、人だけではなく利益も強調しているので、ほかのマルチステークホルダー型モデルからは逸脱している。ほかのマルチステークホルダー型モデルは、個人がどの会員制グループに所属するかに焦点を当てるのだが、FSMでは個人が複数のグループに所属することが可能である。図 9－3 が示すように、FSM は 4 つの第 1 次的グループ（またそれらの間の協同型ネットワーク）という会員制を主張するものである。これは、公平な発言権や富の共有を奨励するために、ステークホルダーが共有の知的財産を利用する場合、共通のきずなが形成できるという考え方にもとづくからである。出資は、知的投資や人的投資、社会関係投資、財務投資として構成され、それぞれに貢献した者には会員としての資格が与えられる。会員には、発言権や彼らが生み出した富の分配がある ［McCulloch and Ridley-Duff 2016］。

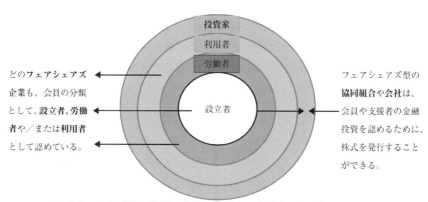

図 9－3　FSM に適用される法律の利害関係および団体
Copyright Rory Ridley-Duff 2017, Creative Commons 4.0 International Licence, BY—NC—SA Commercial rights granted to Akashishoten

表9－4で強調したように、〔オストロムの〕ノーベル賞受賞した研究により、「対象となる貢献」を認めるマルチステークホルダー型企業の実現可能性に関して、その論拠が強固なものとなっている。彼女の研究では、次のように生産者と消費者のための設計原理を説明する［Ostrőm 1990］。オストロムの知見が示唆するのは、相互利益と持続可能な開発目標は、集合行為を導くように巧みに作り上げられたルールを通じて達成できる、というものである。ルンド［2011］はさらに掘り下げている。連帯はそれ自体がビジネスモデルの基準となりうる、というのである。インターネットのおかげで、協同運営型の企業やプラットホームを通じた財の共同生産や共同融資、共同購入が容易になっている。現代では、この見解は広まりつつある［Lehner 2013; Laville 2015; Scholz and Schneider 2016］。次節では、社会的企業へのFSMの適用を説明するために、フェアシェアズを早くから導入した企業（アイルランドの音楽配信の協同組合であるリゾネイト・ビヨンド・ストリーミング社）を紹介する。

表9－4　フェアシェアズ企業に参加するステークホルダーのグループ

設立者： 企業を立ち上げた人や組織	設立会員は、企業を立ち上げたという理由で会員としての資格が与えられる（組織の設立文書の署名者ということ）。フェアシェアズ会社あるいは協同組合では、設立会員は設立者株式を割り当てられる。
労働者： 企業が提供する財やサービスをつくる人や組織	労働者会員は、対象となる労働に貢献したという理由で会員としての資格が与えられる。フェアシェアズ会社あるいは協同組合では、労働者会員は労働者株式を割り当てられ、剰余が生まれた場合には投資家株式の資格を得ることもできる。
利用者： 企業から財やサービスを利用あるいは購入する人や組織	利用者会員は、対象となる利用に貢献したという理由で会員としての資格が与えられる。フェアシェアズ会社あるいは協同組合では、利用者会員は利用者株式が割り当てられ、剰余が生まれた場合には投資家株式の資格を得ることもできる。
投資家： 財務資本を創出あるいは提供する人や組織	投資家会員は、財務資本の創出あるいは提供を行ったという理由で会員としての資格が与えられる。フェアシェアズ会社あるいは協同組合では、投資家会員は投資家株式が割り当てられる。

出典：European FairShares Labs for Social and Blue Innovation, エラスムス・プラス・プロジェクト 2016―1―DE02―KA204―00397, http://www.fairshares.coop/fairshareslabs/

3-2　フェアシェアズの価値と原則の適用

　リゾネイト・ビヨンド・ストリーミング社は[5]、FSM を早くから採用した会社である。同社はアイルランドの産業共済組合法のもとで、フェアシェアズ協同組合として 2017 年に法人化された組織である。リゾネイトは、プラットフォーム型協同組合として組織された、音楽配信サービスの会社である [Scholz and Schneider 2016]。同社のランディングページでは、彼らのミッションは、アーティストを守り、熱心な音楽ファンに役立つことで「音楽配信を作り変えること」であると明言されている。同社の［定款］第 5 条 a 項では、「会員に音楽交換のプラットフォームを提供することにより、音楽や関連商品、サービスのプロモーションや流通、販売および／または交換が可能になる」ことが目的であると述べられている。また同条 g 項でも、「プラットフォーム型協同組合を資金援助したい人たちに支援や援助を提供するために設立された、資金調達組織によるプラットフォーム型協同組合のエコシステムを支える」ことも目的と述べられている。

　音楽会社はミュージシャンに対して不当に低い報酬を支払っている。楽曲売り上げの印税から配信サービスへ代わったことで、レコード会社や音楽配信会社が利益を取った後にミュージシャンが受け取るのは、しばしば 1 セントにも満たないのである。リゾネイト社内では、ミュージシャンは協同組合が分配できる利益の 45% とだけでなく、配信から受け取る収入もその割合が高い。ファンも分配できる利益の 35% を支援に対する払戻金として受け取っている。リゾネイトの社会的企業としての事業モデルは、「ストリーム・トゥー・オウン（stream to own）」というシステムにより運営されている。これは、9 回目の配信まではどの音楽トラックの配信でもファンの支払い金額が増え、その後トラックはファンの所有になり、好きなだけ聞くことができるというものである。ファンはアップルミュージック（Apple Music）あるいはスポティファイ（Spotify）と比べて、月極サブスクリプションの半額未満を支払うだけでなく（1 日あたり約 2 時間の配信）、シングルトラックの 9 回配信後には iTunes のダウンロードに相当する金額をミュージシャン（たち）へ支払うこ

とになる。またミュージシャンがスポティファイで同額を受け取るには、150回の配信が必要である。「ストリーム・トゥー・オウン」のシステムは、音楽会社の個人オーナーよりも、アーティストやファンの利益になるような配信を新たに考案したのである。リゾネイトは自社のウェブサイトにおいて、この戦略を「すべての再生に支払いを（pay for every play）」[6] と説明している。最初の配信では 0.002［セント］とわずかな額で、9回目の配信までは毎回 2 倍になるという。彼らは、音楽ブログや放送局との関係を深めることでそのサイトを宣伝している。

　リゾネイトのガバナンスは、フェアシェアズ協同組合のモデル・ルールにもとづいている。5 グループ（設立者、協力者、音楽制作者、ファン、支援者）の会員がいるマルチステークホルダー型協同組合に登録されている。彼らのサイトのソースコードは、実行可能になりしだい、オープンソースとなる。規則集によると、総会ではオンラインによる協調的意思決定と同様に、「オフライン」ビデオ会議を利用することができると規定している。（支援者を除く）すべてのクラスで、総会における決議の提出、参加、（3 か月後の）発言、（6 か月後の）投票が可能である。設立者は 3 か月および 6 か月の認定規則が適用されない。経営陣や CEO は、契約の交渉や取締役会が承認した契約の確認を行う。リゾネイトは、自分たちのフェアシェアズの所有権やガバナンスの仕組みを図でまとめている。

　リゾネイトは、音楽制作者やファン、ボランティアの協力者、支援者が参加でき、彼らに余剰収入を分配することで、フェアシェアズの第 1 原則に取組んでいる。この取組みのために、自分たちの協同組合を明確に構築している。「ストリーム・トゥー・オウン」のアプローチは、ソーシャルメディアが配信方法を変えるという、リゾネイトの社会的ミッション（第 2 原則）を現している。彼らの目標は、ソーシャルメディアのクリエイター（この場合はミュージシャン）の収入を増やすことである。というのは、クリエイターがほかの人たちのためにつくる富を分かち合うことができないからである。リゾネイトがソフトウェアのオープンソース化にかかわったり、ボランティアのプログラマーと利益を分かち合ったりする点は、生産に責任を持つ協同組合型のシステム（フェアシェアズの第 4 原則）を現わしている。ファンが参加できる点は、消費に責

任を持つ（第3原則）ことにかかわっている。協同組合の仕組みにより、会員は企業の将来の方向性をコントロールし、会員による民主的な管理を行うことができるのである（第5原則）。

4　理論的統合

　FSM の適用により、特定の製品および／またはサービスの生産や消費において、第1次的ステークホルダー間の連帯に基盤を置いた共通のきずなが発展する［Utting 2015］。これは、かつての協同組合理論とは異なるものである。その理論とは、生産者あるいは消費者の経済的役割に結びついた共通のきずな、あるいは地理的な特徴、たとえば場所あるいは居住資格などにもとづいている。（労働者や利用者、市民投資家間での）連帯についてのこの新しいタイプは、社会的連帯経済と SDGs をつなぐものである［Laville 2015; Utting 2015; Ridley-Duff 2015］。そう言うことなので、フェアシェアズ原則が SDGs それぞれとどのように関連しているかは、検討に値する。

　貧困と不平等は、フェアシェアズ原則1で直接取組まれている（第1次的ステークホルダー間での富と権力の共有）。起業リーダー（設立者）や音楽制作

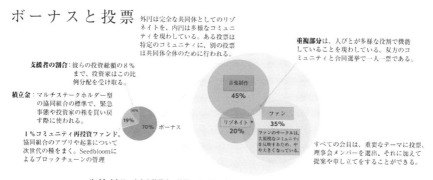

図9−4　リゾネイトの所有権と余剰利益の分配
出典：https://resonate.is/exploring-why-were-a-cooperative/　　　　（2018年2月）

表9－5　人的富、社会関係の富、知的富の監理と SDGs

目標	種類	フェアシェアズとの関係	国連の目標	間接的な目標
1	貧困をなくそう	原則1は、富をより多くのステークホルダーに分配できるようにするものであり、これは貧困を削減するという直接的な影響がある。	1.1,1.2,1.4	
2	飢餓をゼロに	「土地を確保し、平等に利用できる」－FSMは、土地（や物件）の管理を改善するためのコモンズベースの所有権に関するオストロムほか（1999）の研究と同じ立場である。	2.3	
3	すべての人に健康と福祉を	権力と富の共有は、不平等を是正し、ヘルスケアを利用できる資源を提供することになる。ブレイブ協同組合（Brave.coop）（カナダのフェアシェアズ型協同組合）はウェルビーイングに直接寄与している。		3.9
4	質の高い教育をみんなに	ICA［国際協同組合同盟］の原則5および社会的監査への関与は、FSMのモデル・ルールに書き込まれている。ウィン（2018）は、協調型の大学ガバナンスのためにFSMを推奨している。またフェアシェアズ・ラボは、成人教育の機会を提供している。	4.3,4.7,4.A	
5	ジェンダー平等を実現しよう	フェアシェアズは、ジェンダーに関係なく組織のすべてのメンバーに民主的な権限を分配している。したがって、女性の経済面でのエンパワメントを促進している。	5.5, 5.a	
8	働きがいも経済成長も	経営者による嫌がらせ、重労働に対抗する発言権を被用者に提供し、安全な労働環境に寄与することで、フェアシェアズは「ディーセント」ワークを奨励する。	8b3, 8.4, 8.5, 8.6, 8.7, 8.8	8.a
10	人や国の不平等をなくそう	フェアシェアズ原則1および5は、富と権力の分かち合いを支援する。意思決定の権限や経済的剰余は、第1次的ステークホルダー間で共有される。	10.2, 10.4	
16	平和と公正をすべての人に	労働者と消費者の両者がガバナンスや社会的監査において発言権を持つことを保証するので、FSMは透明性があり、アカウンタビリティのある団体に貢献している。	16.6, 16.7	
17	パートナーシップで目標を達成しよう	フェアシェアズは、モンドラゴン協同組合のネットワークをモデルとして、マルチステークホルダー型のパートナーシップを支援する。		17.16

弱い支持　　　　　中程度の支持　　　　　強い支持

者（労働者）、リスナー（利用者）、支援者（投資家）が参加することで、リゾネイトは、民間企業で予想される関係よりも、第1次的ステークホルダーがより公平な関係にあることを保証できる。原則5（社会民主主義的な所有、ガバナンス、マネジメント）の適用により、企業内での統制権が変更されるので、市民（リスナーや支援者）には直接的な利益がある。全体として、原則1と5は人的富や社会関係の富、知的富を管理する会員の能力を高めるものである。このタイプの共有システムは、福祉や生活の質を改善する［Rothschild and Allen-Whitt 1986; Erdal 2000; Borzaga and Depredi 2014］。

表9－6　自然の富、製造の富、財務の富の管理とSDGs

目標	種類	フェアシェアズとの関係	国連の目標
6	安全な水とトイレを世界中に	フェアシェアズ原則3および4は、財の倫理的生産と消費（廃棄物処理を含む）を考慮する。	6.3
7	エネルギーをみんなにそしてクリーンに	直接的な関係なし	2.3
9	産業と技術革新の基盤をつくろう	フェアシェアズは、生産と消費の選択や活動における倫理性を検討するための社会的監査（原則2）を行うことで「包摂的かつ持続可能な産業化」を促進する。	9.2,9.3
11	住み続けられるまちづくりを	FSMのマルチステークホルダー型の設計原理および社会的監査は、持続可能なコミュニティづくりに貢献する。	11.4
12	つくる責任つかう責任	これは、フェアシェアズ原則4に特に関係する。財の生産や販売について倫理的な審査を行うからである。	12.1, 12.2, 12.4, 12.5, 12.6, 12.7, 12.8
13	気候変動に具体的な対策を	責任ある生産と消費（原則4）は、陸や海の生態系に責任を持つ管理によって、気候変動対策に貢献する。	13.1, 13.3
14	海の豊かさを守ろう		
15	陸の豊かさを守ろう		

　　　　弱い支持　　　　　　　中程度の支持　　　　　　強い支持

フェアシェアズ原則 2（社会的目的の明記と社会的インパクトの監査）は、自然の富の管理に貢献する。リゾネイトでは、音楽制作者（労働者）やファン（利用者）が運営機関に参加できる仕組みを通じて、また社会的監査によりこの原則を達成している。この監査は、環境への影響を評価することで、会員がSDGs への貢献を管理できるようにするものである（表 9 − 6 を参照）。社会的監査（FSM ルールの第 47 条）は、会員が経済の持続可能な管理を監視するように義務付けている。これは、会員や社会、環境に対する企業の業務や製品、サービスの影響を確認することである。

しかし、生産と消費の選択がもたらす影響を吟味する点については、原則 3及び 4 の方がより直接的に結びついている。「つくる責任つかう責任」という持続可能な開発目標は、フェアシェアズ原則 4（生産や販売のプロセスにおける倫理的な評価）に直結している一方、イノベーションや産業、都市およびコミュニティのインフラにおける SDGs は、フェアシェアズ原則 3（提供される商品やサービスの選択についての倫理的な評価）の解釈により形成される。原則 3 および 4 は、コインの裏表なのである（消費のために何が生産されるか、またどのように生産や消費されるか）。

5　結論

富の概念を再構成することは、人びとや社会、環境のウェルビーイングに社会的企業が十分な貢献をしている点を明らかにする。この再構成により、社会的企業が SDGs や持続可能な開発を達成するのに求められる思考のパラダイムシフトを、どのように支えているかが明確にされる。これは、製造資本や財務資本を基盤にした富の概念化を、自然の富や人的富、社会関係の富、知的富を認める概念化に置き換えることである。そうすることによって、広範囲にわたるウェルビーイングを保障するために求められる、それぞれの富のつながりを理解することが可能となる（図 9 − 5）。

わたしたちは、総論（4 つのアプローチ）および各論（FSM の形態）の双方から社会的企業を検証するために、上述の富の概念化を展開した。それぞれのアプローチをさらに理解するために、わたしたちは社会的企業のアプローチと

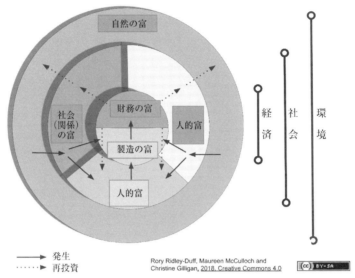

図9−5　FSM を利用した社会的企業による富の組み合わせ

出典：Ridley-Duff, McCulloch and Gilligan（2018）Six Forms of Wealth

http://www.fairshares.coop/fairshares-model/　　　　検索日：2018 年 3 月 14 日

FSM が富の 6 つの形態にどのように貢献しているかを評価した。図 9 − 5 に
添えられているフェアシェアズの文書では、以下のように述べられている。

> 製造の富と財務の富は、人的富や社会関係の富、知的富から生まれる（ま
> た組込まれている）ものとして位置づけられている。商品やサービスは
> アイデアから生まれるが（知的富）、それらは組織的に生産を行う（人的
> 富の活用）人びとのネットワーク（社会関係の富）が生み出し、洗練し
> たものである。具体的な商品が生まれ（製造の富）、市場で販売（財務の
> 富の創出）が可能になる理由がこれである。…（中略）… **ここで示した**
> **見解は、次のようなものである。富とは、人間のスキルや能力を高める**
> **ために自然を管理することで生まれるものであり、また考えを共有する**
> **人たちの関係を通して築かれるものであり、人間や社会、環境のニーズ**
> **を満たす財やサービスの生産を刺激するものである。**

（原文で強調）

わたしたちは、次のような議論を組み立てた。①持続可能な開発はSDGsの追求を通じて促進される。②社会的企業はSDGsに直接的に貢献している。③FSMはSDGsを社会的企業の発展に融合させる効果的な方法である。④リゾネイト（アイルランドの音楽配信の協同組合）はFSMが実際に適用された好例である。まとめるなら、権力や富の分配を再編する法的フレームワークを通じた第1次的ステークホルダーの参加によって、FSMは持続可能な開発を促進するのである。これで福祉の改善や不平等の軽減、責任ある生産と消費のプロセスの組織化が可能となり、より効果的な気候変動対策につながるのである。しかしFSMは、未来の企業を具体化するために生産者と消費者をまとめようとする、社会的連帯経済の内部での数多くの取組みのひとつにすぎない［Vieta 2010; Laville 2015］。これらの取組みはどれも、富や権力を分かち合う新しい方法に焦点を当てており、生産者と消費者が（社会）起業家および（市民）投資家とより公平な関係を持つことになる。

追加情報：

FSMに関する論文や書籍の中の章は増えており、入手できるようになっている。これらはフェアシェアズ協会のウェブサイト（www.fairshares.coop/publications）を通じて入手できる。ソーシャルおよびブルー・イノベーションのための欧州フェアシェアズ・ラボ（European FairShares Labs for Social and Blue Innovation）のプロジェクトのパートナーにより、さらに資料が作られている。これらを同プロジェクトのウェブサイト（www.fairshareslab.org）から入手できる。

本章は、フェアシェアズ協会（FairShares Association Ltd）の会員からのクリエイティブ・コモンズ・ライセンス 表示 - 非営利 - 継承 4.0 国際（International BY-NC-SA Creative Commons Licence 4.0）を受けた、公表済みの資料を含んでいる。著者の許可を得ることなく、（適用ライセンス条項の制限に従って）これらの資料を自由に複製、改変、頒布、再利用できる。商用複製権は（株）明石書店に許諾される。

原注

1　European FairShares Labs（英語版冊子），

エラスムス・プラス・プロジェクト 2016-1-DE02-KA204-00397

http://www.fairshares.coop/fairshareslabs/ よりダウンロード

2　ドキュメンタリー映画『Together（ともに生き ともに働く）』には、イタリアの社会的協同組合の全国ネットワークをテーマに扱う部分がある。http://www.together-thedocumentary.coop/ を参照のこと。

3　トムスシューズの解説については、Ridley-Duff and Bull (2016) の第 2 章を参照されたい。動画については、http://vimeo.com/2567675 を視聴のこと。

4　この SDGs のグループ分けは、シェフィールド・ハラム大学の PRME（経営教育）グループの研究成果である。ここは、2016 年の PRME 大会でのグループ分けで研究を始めた。さらに、2018 年では EMES 国際調査研究大会の期間中に発展した。

5　詳細な情報については、https://resonate.is を参照のこと。本事例は、フェアシェアズ・ラボ・エラスムス・プラス・プロジェクトのパートナーが記した、21 の「関連する実践」事例のひとつである。

6　詳細については、https://resonate.is/strategies/ を参照のこと。

引用文献

Arthur, L., Scott-Cato, M., Keenoy, T. and Smith, R. (2003) 'Developing an operational definition of the social economy', *Journal of Co-operative Studies,* 36(3): 163-189.

Barbier, E. (1987) 'The concept of sustainable development', *Environmental Conservation,* 14(2): 101-110.

Birchall, J. and Ketilson, L. H. (2009) 'Resilience of the Cooperative Business Model in Times of Crisis'. in *Sustainable Enterprise Programme/Responses to the Global Economic Crisis,* Geneva: International Labour Organisation.

Borzaga, C. and Depedri, S. (2014) 'When social enterprises do it better: efficiency and efficacy of work integration in Italian social co-operatives', in S. Denny and F. Seddon (eds), *Social Enterprise: Accountability and Evaluation Around the World.* London: Routledge, 85-101.

Brakman Reiser, D. (2012) Benefit Corporations - A Sustainable Form of Organization?, *Legal Studies Paper* No. 293, Brooklyn Law School, Downloaded from: https://ssrn.com/abstract=2144795.

Brundtland, G. (1987) *Our Common Future.* Oxford: Oxford University Press【邦訳】環境庁国際環境問題研究会訳（1987）『地球の未来を守るために』、福武書店

Chell, E. (2007) 'Social enterprise and entrepreneurship: towards a convergent theory of the entrepreneurial process', *International Small* Business Journal, 25(1): 5-26.

Conaty, P. (2014) *Social Co-operatives: A Democratic Co-production Agenda for Care Services in the UK* (Manchester: Co-operatives UK).

Conaty, P. and Bollier, D. (2015) T*owards an Open Co-operativism: A New Social Economy Based on Open Platforms, Co-operative Models and the Commons,* Report on the Commons Strategies Group, Berlin, Germany.

Defourny, J. & Nyssens, M. (2017) 'Fundamentals for an International Typology of Social Enterprise Models', *Voluntas*, 28(6): 2469-2497.

Doherty, B., Meehan, J. and Richards, A. (2015). 'The business case and barriers for responsible management education in business schools', *Journal of Management Development,* 34(1): 34-60.

Emerson, J. (2000) 'The nature of returns: a social capital markets inquiry into elements of investment and the blended value proposition', working paper, Harvard Business

School.

Erdal, D. (2000) *The Psychology of Sharing: An Evolutionary Approach,* PhD Thesis, University of St Andrews.

Gates, J. (1999) *The Ownership Solution: Toward a Shared Capitalism for the Twenty-First Century,* Reading MA: Perseus Books.

Giddings, B., Hopwood, B. and O'Brien, G. (2002) 'Environment, economy and society: fitting them together into sustainable development', *Sustainable Development,* 10: 187-196.

Haugh, H. and Kitson, M. (2007) 'The Third Way and the third sector: New Labour's economic policy and the social economy', *Cambridge Journal of Economics,* 31(6): 973-994.

Hood, C. (1995) 'The new public management in the 1980s: variations on a theme', *Accounting, Organisation and Society,* 20(2/3): 93-109 for changes in public sector management.

ICA (2018) *Co-operative Identity, Values and Principles,* Geneva: International Co-operative Alliance, https://ica.coop/en/whats-co-op/co-operative-identity-values-principles,

Accessed on 2018-03-14

Jain, P. (1996) 'Managing credit for the rural poor: lessons from the Grameen Bank', *World Development,* 24(1): 79 — 89.

Jonker, K. (2009) "In the Black with Brac", *Stanford Social Innovation Review,* Winter 2009.

Laasch, O. and Conway, R. (2015) *Principles of Responsible Management.* New York: Cengage Learning.

Laville, J. (2015) 'Social solidarity economy in historical perspective'. in Utting, P. (ed), *Social and Solidarity Economy: Beyond the Fringe,* London: Zed Books, Chapter 1 (eBook).

Leadbeater, C. (1997) *The Rise of the Social Entrepreneur.* London: Demos.

Lehner, O. (2013) 'Crowdfunding social ventures: a model and research agenda', *Venture Capital: An International Journal of Entrepreneurial Finance,* 15(4): 289-311.

Lund, M. (2011) *Solidarity as a Business Model: A Multi-stakeholder Co-operative's Manual* (Kent OH, Kent State University).

—— (2012) 'Multi-stakeholder Co-operatives: Engines of Innovation for Building a Healthier Local Food System and a Healthier Economy' *Journal of Co-operative*

Studies, 45(1): 32-45.

Mason, C., Kirkbridge, J. and Brdye, D. (2007) 'From Stakeholders to Institutions: the Changing Face of Social Enterprise Governance Theory', *Management Decision,* 45(2): 284-301.

Mills, C. and Davies, W. (2013) *Blueprint for a Co-operative Decade,* Oxford: Centre for Mutual and Employee-Owned Business, https://ica.coop/en/media/library/the-blueprint-forthe-co-operative-decade.

Accessed on 2018-03-14

Moreau, C. and Mertens, S. (2013) 'Managers' Competences in Social Enterprises: Which Specificities?', *Social Enterprise Journal*, 9(2): 164-183.

Nicholls, A. (2006) *Social Entrepreneurship: New Models of Sustainable Social Change.* Oxford: Oxford University Press.

Novkovic, S. and Webb, T. (2014) *Co-operatives in a Post-Growth Era: Creating Co-operative Economics.* London: Zed Books.

Ostrom, E. (1990) *Governing the Commons: The Evolution of Institutions for Collective Action.* Cambridge: Cambridge University Press.

Ostrom, E., Burger, J., Field, C., Norgaard, R. and Polcanski, D. (1999) 'Revisiting the commons: local lessons, global challenges', *Science,* 284: 278-282.

Restakis, J. (2010) *Humanizing the Economy: Cooperatives in the Age of Capital.* Gabroila Island, BC: New Society Publishers.

Ridley-Duff, R. and Southcombe, C. (2012) 'The Social Enterprise Mark: a critical review of its conceptual dimensions', *Social Enterprise Journal*, 8(3): 178-200.

Ridley-Duff, R. and Bull, M. (2016) *Understanding Social Enterprise: Theory and Practice,* London: Sage Publications.

—— (2018) 'The coming of age of the social solidarity economy', paper to *Welfare Societies in Transition - 3rd EMES-Polanyi International Seminar,* Roskilde, Denmark, April 16-17.

Ridley-Duff, R., McCulloch, M. and Gilligan, C. (2018) 'Six Forms of Wealth', in *FairShares Model V3.0a,* downloadable from http://www.fairshares.coop/fairshares-model

Accessed on 2018-03-14

Ridley-Duff, R. (2015a) *The Case for FairShares: A New Model for Social Enterprise*

Development and the Strengthening of the Social and Solidarity Economy, Charleston: CreateSpace Independent Publishing Platform.

—— (2015b) 'The FairShares Model - an Ethical Approach to Social Enterprise?', *Econviews - Review of Contemporary Business, Entrepreneurship and Economic Issues,* 28(1): 43-66.

—— (2016) 'Professional development in work integration social enterprises', paper to *Osaka Social Policy Group, Kwansei Gakuin University,* 13th May, unpublished.

—— (2018) "The internationalisation of FairShares: where agency meets structure in US and UK company law", in Boeger, N. and Villiers, C. (eds), *Shaping the Corporate Landscape,* Oxford: Hart Publishing, pp. 309-332.

Rothschild, J., and Allen-Whitt, J. (1986) *The Co-operative Workplace.* Cambridge: Cambridge University Press.

Scholtz, T. and Schneider, N. (eds) (2016) *Ours To Hack and Own: The Rise of Platform Cooperatives,* New York/London: OR Books.

Sepulveda, L. (2014) 'Social enterprise - a new phenomenon in the field of economic and social welfare?', *Social Policy and Administration,* 49(7): 842-861.

SHU (2014) *Democratising Co-operatives, Charities and Social Enterprise* REF Impact Case, Sheffield Hallam, http://impact.ref.ac.uk/CaseStudies/CaseStudy.aspx?Id=4965.

Sternberg, E. (1998) 'The Defects of Stakeholder Theory', Corporate Governance: *An International Review,* 5(1): 3-10.

Teasdale, S. (2012) 'What's in a name? Making sense of social enterprise discourses', *Public Policy and Administration,* 27(2): 99-119.

Vieta, M. (2010) 'The new co-operativism', Affinities, 4(1). Available at: http://affinitiesjournal.org/index.php/affinities/article/view/47/147

Accessed on 2015-04-23

Wenger, E. (1998) *Communities of Practice: Learning, Meaning and Identity.* Cambridge: Cambridge University Press.

Westall, A. (2001) *Value-led, Market-driven: Social Enterprise Solutions to Public Policy Goals.* London: IPPR.

Whyte, W. and Whyte, K. (1991) *Making Mondragon,* Ithaca NY: Cornell University

Press/ILR Press.

Winn, J. (2018) 'The Co-operative University Now!', paper to *Co-operative Education Conference 2018*, Manchester, 1-2 May.

Yunus, M. (2007) *Creating A World Without Poverty: Social Business and the Future of Capitalism* (Kindle edn). New York: Public Affairs【邦訳】猪熊弘子訳（2008）『貧困のない世界を創る　ソーシャル・ビジネスと新しい資本主義』、早川書房

※巻末の参考文献（p.244）にも同じ文献リストを掲載している。

第9章　◆解 題◆

1．FSM とは

　本章は、シェフィールド・ハラム大学のローリー・リドリー＝ダフ（Rory Ridley-Duff）教授と同大学のデイビッド・レン（David Wren）上級講師による共著論文、'Social enterprise, sustainable development and the fairshares model' を訳出したものである。初出は、2018 年刊行の『人間福祉学研究』（関西学院大学人間福祉学部研究会）第 11 巻第 1 号（23-42 ページ）である。

　筆頭著者であるリドリー＝ダフ氏は、社会起業および社会的企業の研究において、英国を代表する研究者の一人である。同氏の代表的な著作を以下にあげておく。

　The Case for FairShares: A New Model for Social Enterprise Development and the Strengthening of the Social and Solidarity Economy, 2015, CreateSpace Independent Publishing Platform.

　Understanding Social Enterprise: Theory and Practice, 2011, Sage Publications.

　（※ Mike Bull との共著、2015 年に第 2 版、2019 年に第 3 版）

　Creating Social Enterprises in FairShares Labs, 2020, FairShares Association.

　（※ Roger Schmidtchen ほか 7 名との共著）

　ほかに関連論文を多数執筆しており、業績全体については同氏の個人ページを参照されたい（https://www.roryridleyduff.info/）。

　本章では、社会起業・社会的企業の新しいモデルとして、フェアシェアズ・モデル（FairShares Model, FSM）を紹介した。しかし、社会起業および社会的企業がどのようなものか、あまりなじみのない読者もいるであろう。本章でも説明がなされている箇所はあるが、事前に関連の知識を得ていないと理解しにくいと考える。そこで、一般に流布している定義を簡単に紹介する。

　まず社会起業（social entrepreneurship）だが、このタイプの起業を行う人物、

つまり社会起業家（social entrepreneur）とセットで語られることが多い。一例として、社会起業家の支援を世界でいち早く始めた団体として著名なアメリカのアショカ（Ashoka）では、社会起業家について「社会起業家とは、この社会で最も差し迫った、社会や文化、環境にかかわる問題に対して、革新的な解決策を持った人物」と定義する[1]。

このような人物が、社会問題の解決に取組めるように、事業に必要なさまざまな知識の獲得やネットワークづくりを支援するのが、アショカの活動の目的である。社会問題に独創的アイデアで積極的に取組み、事業として継続させる意志を持った人物が社会起業家ということになり、その活動が社会起業ということになるであろう。

社会的企業について本章の説明以外に、たとえば英国で社会的企業の支援を行っているソーシャル・エンタープライズ UK（Social Enterprise UK）は、「社会的企業とは、世界をよりよい方向へ変えるビジネス」であり、利益を生むことを目的としつつも、社会変革のためにその利益を再投資や寄附に使うビジネスとする[2]。上述の社会起業家によるビジネス（社会起業）を行う事業体、ということになろう。

しかし、本章を一読した読者にとって、このような説明はリドリー＝ダフらの見解と比べると、若干のズレを感じるはずである。一言で言えば、上述のような一般的な説明では、社会起業家のような個人に焦点が当たり、社会的企業も彼らの事業組織のようなイメージを抱くかもしれない、ということである。それに対して本章は、社会起業家個人や彼らが主導するかたちでの社会的企業の運営ではなく、多様な利害関係者（ステークホルダー）が事業組織（社会的企業）の運営にかかわる点、および事業組織の生み出した利益、つまり「富」をどのように分配するのかという点に着目していることが理解できるであろう。

これは、FSM およびこのモデルの実践を支援する、フェアシェアズ協会（FairShares Association Ltd）の成立の流れをたどると明瞭となる。リドリー＝ダフによると、2009 年にマルチ・ステークホルダー型社会的企業を着想、2012年に FSM に結実し、フェアシェアズ協会も共同で設立することにつながった（2015 年に法人化）[3]。ここに至る背景だが、彼は 1989 年からコンピューター関連の労働者協同組合に加わっていた経歴があった。その後、本格的に協同組合

および社会的企業研究に取組んだ。つまり、協同組合の観点から社会的企業の研究を進めてきたのである[4]。

　周知のように、協同組合は組合員間の相互扶助の原理にもとづいて運営される組織である。社会起業家個人の活動や彼らの立ち上げた組織（たとえば非営利団体）だけでなく、協同組合型の組織も社会問題の解決に取組めるはずである。本章でもふれているように、社会的企業は協同組合と非営利組織の両者の特徴を併せ持つものと定義されている。また、この両タイプの組織を抱合する概念が、社会的経済とも紹介している。したがって、社会的企業は社会的経済内部の新しい形態ということになる。この点は、ヨーロッパの社会的企業研究では主流であり、著者もその立場に位置する。とりわけ、協同組合研究の観点から社会的企業研究を始め、独自に展開させたといえる。

　本章の第1節や図9−1で示されているように、著者は社会的経済内部の従来型組織（協同組合および共済、非営利団体）だけでなく、公共サービス提供機関や営利企業からも、事業組織の社会的企業化は可能という立場を取り、限定的なものとはしていない。社会的経済や民間経済、政府すべてのセクターから社会的企業を創出できるのであり、さまざまなタイプの社会的企業を包括する経済概念が「社会的連帯経済」と主張する。とはいえ、社会的連帯経済へのアプローチは、本章で紹介した社会的企業の4つのタイプから等しく可能なものと述べていない。表9−2で明記しているように、著者自身の研究の原点に忠実に、「協同組合・共済型社会的企業（CMEs）」が主要なアプローチと断言している。

2. FSM と社会的連帯経済

　では、著者はなぜ協同組合こそが社会的企業の、ひいては社会的連帯経済の本流と主張するのであろうか。そこには、著者自身の経歴からだけでなく、思想面での確固たる基盤があり、それがFSMを生み出しているからだ。

　本章で見たように、FSMの最大の特徴は、やはりマルチ・ステークホルダー型の組織原理（共同所有、参加型ガバナンス）である。著者は、その源流は協同組合運動の始祖、ロバート・オーウェンにあるとする。オーウェンをコミュ

ニタリアン［共同体を重視する立場］と位置づけ、協同組合は社会の多様な集団的利益を反映するものとして始まったとする。それが、協同組合の発展の歴史の中で以下の3つに枝分かれしたと指摘する。

①消費生活協同組合（消費者の集団的利益）
②連帯協同組合（社会の集団的利益）
③労働者協同組合（生産者の集団的利益）

とくに、②のタイプとしてスペインのモンドラゴン協同組合（世界的に著名な協同組合企業グループ）やイタリアの社会的協同組合（障害者など社会的に不利な立場の人たちが一定の比率以上加わるタイプの協同組合）を上げ、FSMはこれらヨーロッパ大陸諸国で歴史的および文化的に独自に発展を遂げた事例に強く影響を受けたことを認める。この「連帯」という価値観を基軸に、消費および生産にかかわる協同組合やそこに参加する人たちを巻き込むことで、新しい協同組合運動を発展させようと狙ったものといえる。そして、著者は自身も含めた協同組合運動家が、1980〜90年代以降の実践を通じてこの3つの流れを融合させ、FSMを生み出したとする[5]。つまり、社会の多様な利害関係を反映する組織づくりの原理がFSMということになる。このプロセスの中で、設立者や労働者、利用者、投資家という第1次的ステークホルダーを設定し、原則として4者による組織の所有および運営、そして利益の分配に関するルールを定めたのである。

　1990年代に欧米では社会起業家や社会的企業の認知度が高まり、協同組合運動も新しい潮流が生じた。しかし、2000年代の英国では、協同組合よりも非営利組織（たとえばチャリティ）の社会的企業化を後押しする政策が主流となり、著者を含めたFSM策定の当事者たちは、その流れに抗する文脈で研究および実践を続けている[6]。

　著者やフェアシェアズ協会のこれまでの活動および経済社会の動向との関連を整理すると、次のようにまとめられる。本書でふれているように、グローバルな資本主義の拡大とそれに軌を一にした民営化は、1980〜90年代から本格化した。それは、政府の公共からの撤退という現象も伴っていたといえる。ま

た、公共サービスの民営化に際しては、営利組織だけでなく非営利組織も活躍を期待され、事実その役割を受け入れた。上述の非営利組織の社会的企業化政策もその延長線上にあったと考えられる。一方、著者たちはそのような現実に対して、協同組合運動の観点から対抗策を練った。そして、従来からの社会的経済にとどまらない、南アメリカなどで展開していた連帯経済の動きに着目し、両者を切り結ぶ可能性の秘めた上述の②連帯協同組合に期待をかけた。これを基盤に社会的連帯経済をグローバルな資本主義へのオルタナティブに押し上げ、その実践として FSM を構築した。このように言えるのではないだろうか。

さらに、FSM にはコモンズといった公共性の追求する性格がある。そこには、政府が撤退した公共領域を、市民の手によって再生させようという意図も見える。この点について、著者は「新しい協同組合主義（New Cooperativism）」と呼ばれる理論および運動に、とくにアルゼンチンやイタリアでの実践に関心を寄せている[7]。これらは、コミュニティのために活動する組合が中心ということである。著者にとって、社会的連帯経済の中核は地域に根差した連帯協同組合であり、その理論的支柱が「新しい協同組合主義」というわけだ。そして、営利や非営利、公共など各セクターに属する事業組織が社会的企業化を図る場合、彼を社会的連帯経済に導くための事業組織モデルが FSM、と考えられる。

とはいえ、FSM の広がりはどのようなものなのか、という疑問があるかもしれない。もちろん、本章でもふれたように、著者は社会的連帯経済の多様な取組みのひとつであることは認めており、発展途上のモデルであることは間違いない。しかし、オルタナティブの可能性のひとつとして、FSM の現状を確認することに意義はあろう。あわせて、本章では紹介しきれなかった FSM の特徴的な部分についても下記で紹介する。

2020 年末時点で、このモデルを適用している社会起業家（とその組織）は 26 か国で 200 を超えている。英国を中心にネットワークを拡げ、本章で紹介したリゾネイト社以外の事例研究も進めている。たとえば英国内の事例として、FSM にもとづく起業支援を行う Evolutesix 社（https://www.evolutesix.com/ を参照）、エコ製品の提供や地域における FSM の事業組織の拡大を図る LocoSoco 社（https://locoso.co/ を参照）、小売協同組合にソフトウェアを提供する労働者協同組合タイプの VME Coop（https://vme.coop/ を参照）があげられる[8]。

また、本章でも言及されているように、EU の起業支援プロジェクト（エラスムス・プラス・プロジェクト）において、FSM の拡大を図った。英国以外には、ドイツ、ハンガリー、クロアチア、オランダで試行されたものである。これらの動きに共通しているのは、起業支援や FSM を含めた協同組合に関する教育であろう。本章や事例であげた FSM タイプの事業組織は、個別の規模は中小企業レベルであり、単独の事業よりもモデルの拡散が中心であると考えられる。

　次に FSM の特徴だが、本章でもふれている富の分配に関する部分を紹介する。FSM の第 1 原則でもあり、このモデルの特徴がもっともよく現れているからである。第 1 次的ステークホルダー間での利潤の分配については、上述のリゾネイト社の事例でも紹介したが、FSM と SDGs との統合を図っていることからもわかるように、単純な利潤分配の立場を取っていない。表 9 － 5 や 9 － 6 からもわかるように、将来世代に「富」を、つまり共有資源を残すという考え方があるからである[9]。「コモンズ」を重視する姿勢があるといえる。たとえば、フェアシェアズ協会では FSM を取り入れた事業組織のうち、会社法の適用を受ける組織を「フェアシェアズ・コモンズ・カンパニー（FairShares Commons Company）」と呼ぶ。そして、このタイプを選択した事業体に実施を求める規約を定めている[10]。FSM のオリジナルでは設立者会員に該当するステークホルダーを受託責任（stewardship、スチュワードシップ）会員と呼び、彼らによる企業への関与には、規約において議決権の行使などにさまざまな条件を付けている。

　具体例としては、彼らには FSM に従って会社のエコシステムを守ることが求められている。たとえば、ステークホルダーや市民による共有資源の公正な利用、将来世代に資源を残すこと、会社の知的財産権（知的富）を社会・自然のエコシステムのために利用、各ステークホルダーの利益を守ることなどが定められている（規約第 29 条）。営利会社方式を選択した場合でも、ステークホルダー重視および共有財産や資源の保護の姿勢を保持するように求めているのである。資本主義社会において、営利会社のスタイルを完全に否定することはできない。しかし、SDGs やコモンズといった価値観をモデルに組み込むことで、事業体レベルからのオルタナティブを試みているといえる。

3．日本への示唆

　最後に、日本における協同組合関係での大きな動きと本章との関連に簡単に紹介しておきたい。

　2020年12月、労働者協同組合法が成立し、2022年中には施行されることが決まった。労働者協同組合という他国ではすでに存在していた法人格が、21世紀になってようやく認められたのである。運動自体は40年以上の歴史があり、法制化を求める動きも20年にわたった。法制度面からは、たしかに遅れていたかもしれない。しかし、日本の労働者協同組合関連の各団体とも、社会的連帯経済を志向している[11]。この点は重要である。FSMや連帯協同組合も労働者協同組合と無関係ではない。その運動を継承あるいは影響を受けながら発展したものだからだ[12]。日本においても、この動きから新しい協同組合モデルが生まれ、社会的連帯経済の成長を促す可能性があるかもしれない。FSMは、その際のひとつの指針となりうるものであろう。

注

1　Ashokaホームページより https://www.ashoka.org/en/focus/social-entrepreneurship

検索日：2021年7月29日

2　Social Enterprise UKホームページより
https://www.socialenterprise.org.uk/what-is-it-all-about/

検索日：2021年7月29日

3　Ridley-Duff, R. (2015) *The Case for FairShares*.

4　Harvey, R.（2021）'Meet... Rory Ridley-Duff, co-op educator at Sheffield Business School', Co-op News, 8th June 2021（https://www.thenews.coop/155068/topic/education/meet-rory-ridley-duff-professor-of-cooperative-social-entrepreneurship-sheffield-business-school/）

検索日：2021年7月30日

5　Ridley-Duff, R. and Bull, M.（2019）'Solidarity cooperatives: The (hidden) origins of communitarian pluralism in the UK social enterprise movement', *Social Enterprise Journal*,

15（2）：243-263

6　Ibid

7　リドリー＝ダフ教授へのインタビューより（2021 年 7 月 23 日、Zoom 利用）。また、「新しい協同組合主義」については、本章の引用文献にもある Vieta, M. (2010) 'The new co-operativism' を参照のこと。

8　上記のインタビューおよび同氏提供の資料より。

9　同氏へのインタビューより。

10　規約についても、リドリー＝ダフ教授から提供を受けた。

11　たとえば、日本労働者協同組合連合会の「わたしたちが目指すもの」で掲げられている。https://jwcu.coop/newcomers/goals_short/ を参照のこと

検索日：2021 年 8 月 15 日

12　Ridley-Duff and Bull, Op.Cit

第10章

英国高齢者ケアの市場化の陥穽
―行き過ぎた市場化がもたらした介護制度の欠陥

山本　隆・山本　惠子

はじめに

　世界の福祉において、これまで3つの大きな流れがみられた。それらはグローバル化、新自由主義、そして市場化である。公共サービスの新自由主義化は、推進論者によってその利点ばかりが語られてきた。しかしながら、彼らの言う目的や主張にかかわらず、公共部門はそのエトスを失い、不安定化し、脱政治化（後述）されて、利用者の無力化をもたらしている。ローカル・ガバナンスの視点からは、国際・国内レベルにおける事実上の民主主義の脱構築化を招いている。今一度問うべきは、競争がどのように生じており、競争によりサービスの質は向上してきたのか。そして、競争をシステム化した行政は生存権を奪うまでに変質していないかという問題である。

1．目的と方法

　本章では、英国の行き過ぎた市場化とその弊害を明らかにしていく。特に強調点として、準市場のイメージから程遠い介護の商品化の実態を明らかにする。2008年からジュリアン・ルグランの準市場に関する翻訳書が出版され、関連論文も刊行・翻訳されたが、市場化と公的関与の折衷案として好意的に

扱われてきた。しかしながら、準市場にはバリエーションがあり、市場化はますます強まりをみせた。公共サービスの再公営化が叫ばれる今日、「社会的共通資本」（宇沢弘文の概念、第8章の注6も参照）の根幹は、民主的管理のもとに置かねばならない。保険大国のドイツ介護保険でも、税の投入が本格的に議論されている。

　研究方法は、民営化を批判する英国の学術論文（参考文献を参照）を考察し、加えて英国ソーシャルワーカーにヒアリング調査を実施した。ヒアリング調査では、事実関係を確認するため、ロンドン・マートン（Merton）区[1]で高齢者ケア担当をする上級ソーシャルワーカーのディー・ケンプ氏から知見を得た。Zoom形式によるインタビュー調査日は2020年10月18日である。

2．英国高齢者ケアの現状

（1）準市場から始まった福祉の市場化

　福祉の市場化の議論は「準市場（quasi-market）」から始まった。日本の研究者の間でも、準市場という概念について、これの推進論者はジュリアン・ルグラン『公共政策と人間　社会保障制度の準市場改革』および『準市場　もう一つの見えざる手　選択と競争による公共サービス』にその論拠を求めている。

　「準市場」とは、公共部門に市場メカニズムを部分的に導入して、競争状態をつくり出し、そのことで効率的で質の高いサービスを生み出す仕組みを言う。競争原理が働くものの、規制などの公的関与もあるため、準市場と呼ばれる。英国福祉国家の文脈からは、公共サービスの供給における公共部門の独占（日本では措置制度）を廃止し、営利・非営利の民間組織を参入させて、供給者を複数にすることが試みられた。そのねらいは、公共サービスの利用者がサービスを選択できるように再設計することであった（Le Grand and Bartlett 1993）。

　ルグランの準市場論をみてみると、戦後福祉国家への批判が込められている。準市場の対象は主に教育や医療を中心にしているが、教育、医療、福祉など、公共サービスの専門家は公共的で専門的な観点から利用者のために業務を行ってきた。そこでは、専門領域の専門家による決定権や自治を尊重するべきと言われてきた。ただし、ルグランの見立てでは、公共サービスの専門家もそれ

自身の利益があるという。専門家は自身の利益を最大化するために合理的に行動するはずであり、必ずしも利用者のニーズに対応しているとは限らない。そして専門家自身は利用者のために職務に取組んでいると考えているが、その考えが利用者のニーズに対応しているとは限らない。

　ルグランは、公共サービスの供給は公共セクターが独占的に担って、利用者に選択肢はなかったという批判的な見方に立っている。批判の事例として、教育では、学区制で保護者や子どもには進学先の公立学校を選択することが困難であったこと、医療では、登録している地元の一般医（GP）から診察を受けるという割当制である。

　彼の提言は、準市場に移行することで、公共サービスの利用者がサービスを選択できるようにするという新たな公私論である。彼の言う準市場の段階に達すると、専門家も利用者から選択されるように努力し、利用者のニーズに対応したサービスの提供に努めるようになり、結果的に公共サービスの質が向上するという。

　ルグランには市場化がもたらすサービス向上への大いなる期待感がある。ただし、一般市場において、民間の供給者は利益が伴う市場には参入するが、市場に十分な資金が出回っていないところには、参入意欲は生じない。したがって、市場では競争原理が機能しないこともあり得る。英国では、地域によっては介護事業者の参入は乏しく、かつ市場の失敗も起こっている。さらには、市場化の「変異（mutation）」を指摘する知見もあり、まさに介護事情は錯綜している（Whitfield, D. 2020）。ウィットフィールドは、民営化の進展を通して、公共セクターの不安定化、公的な供給の脱政治化、サービス利用者の無力化といった懸念を指摘している。日本の社会福祉基礎構造改革でも、同様な準市場の議論があった。例えば日本の介護保険制度でも内部市場が導入されており、制度内部において介護市場が形成されて、多様な介護事業者による競争が奨励されてきた。ただし、日本の介護事業者は介護報酬の低さゆえに、経営で悪戦苦闘している。そのつけは、ケアワーカーなどの人手不足に現れている。

（2）市場化の進展の現状
　日本と同様に、英国の人口は高齢化の道をたどっている。65歳以上の人口

が約 1,200 万人で、高齢化率は 18％と日本よりはかなり低い（Office of National Statistics 2018）。1 万 5,600 か所の介護施設があり、40 万人の高齢者が介護入居施設で生活している（Laing–Buisson 2018）。高齢者の 21％は地方自治体から要介護のサービスを受けているが、うち、13％は自己負担で支援を受けている（Triggle 2018）[2]。介護を準市場に見立てた場合、165 億ポンド相当の市場（2019 年 3 月）が成立している。

介護施設の市場の重要な要素は、個人で費用負担する者（private payers 自費グループ）は、金額で市場の 51％、サービス量で 45％を占めていることである（Laing–Buisson 2018）。レーンとビュイッソン（Laing–Buisson）の 2018 年報告によれば、「地方自治体の多くは、自費グループから多くの拠出を期待できることから、支払い可能な価格で介護を整備して、施設ケア市場への再参入を検討している」と述べている。ちなみに、自治体純予算の 37.8％が成人社会的ケア（adult social care 障がい分野を含む）に当てられている（ADASS 2018）[3]。

英国の介護財政の特徴は、①地方自治体が社会的ケア（social care 社会福祉の意味）として、②国民保健サービス（NHS）が医療サービスとして、③自費グループが介護部門に拠出していることである。これら三層で介護財政が成立しているのである。

地方自治体の公的拠出に着目してみたい。まず申請者はミーンズテストを受ける。ここでの重要な点は、保有する資産の多寡で制度利用の適格性が判定されることである。イングランドと北アイルランドでは 2 万 3,250 ポンドを超える資産を持つ個人は、公的制度の対象とはならない。また、地方自治体の拠出額は地域によって異なり、医療用として NHS の財源で補填される場合がある。

次に、民間の介護企業に着目してみたい。介護企業は自費グループを市場のターゲットにしている。施設介護でみると、自費グループと公的制度の利用者グループは混在して生活することもあるが、自費グループには高い料金が課される。ベイリスとギデオンによれば、平均差額は週に約 236 ポンドである。費用負担でみると、2018 年で、地方自治体または NHS が 74 億ポンドを施設介護に拠出しており、自費グループが 77 億ポンドを支払っている。新規に施設が建設される場合、ほとんどが自費グループに向けての計画になっている（Bayliss and Gideon 2020）。

在宅介護の事業所も大多数が民間企業により運営されており、一部は家業である。2008年の不況に続いて、多くの介護事業者が破綻してきた。現在の新型コロナウイルス（COVID-19）のパンデミックにより、英国の275の入居施設が閉鎖されるものと推定されている。介護事業者が破綻した場合、施設入居者は新しい施設に移り、また在宅ケアの継続性を保証するために新規の事業者につなぐ責任が地方自治体にある。

　では、市場化はどこまで達成されたのか。ガーディアン紙によれば、「民間企業は入居施設のベッドの84％を所有し、運営している。これに対し、ベッドの13％がボランタリーセクター（非営利部門）によって、3％が地方自治体によって占められている。在宅介護に関しても、状況は似ている。介護機関の85％は民間の介護企業による所有である。14％がボランタリーセクターによって、わずか1％が地方自治体によって提供されている」と指摘している[4]。

（3）現状の問題点

　最大の問題は、入居施設の質のばらつきである。その要因には、介護保障の責任を負う地方自治体の財源不足、介護職員の低賃金と人材確保の困難さ、施設経営へのサポート体制の弱さである。これらすべてが日本の事情と似ている。介護市場の規模は現在160億ポンドであるが、社会的ケアでは2019/20年で26億ポンドの予算不足が生じている。このような窮状から、地方自治体協議会（LGA）から国や地方の行政に要請が出されており、地方自治体自身が準市場の失敗の原因を明らかにして、その対策に取組むことを求めている（Independent Age 2017）[5]。

　また、Independent Age のレポートは以下のように問題点を指摘している。

　　市場の質を向上させるために、次の推奨事項を示したい。まず政府は、社会的ケアに関する次のグリーンペーパーで、ケアホームの質の差異に取組むよう努めなければならない。質に問題がある地域では、地方自治体はその地域差の要因を理解する必要があり、地域のケア市場を形成するためのケア法の義務を果たすために、さらに多くの対応策を実施しな

ければならない。ケアの質監視委員会（Care Quality Commission, CQC）のデータを活用して、保健省は地域差を助長している要因をよく理解し、ケアホームの質のばらつきに取組む上でリーダーシップを発揮する必要がある[6]。

英国の中央と地方の財政状況の特徴を単純化して説明すれば、国と地方自治体の関係は昔の日本の「3割自治」と呼ばれた時代の状況と似ている。英国の地方自治体は自主財源が乏しく、地方税率の管理も厳しく制約されている。高齢者ケアは成人社会的ケアというカテゴリーに入るが、福祉部長は限られた予算の中で高齢者福祉の向上に努めている。予算の執行では、福祉部長は予算パネルという機構に予算枠について協議する。高齢者福祉の予算額が決まると、福祉職員が把握したニーズを予算に流し込む。民間委託は通例になっているため、特定のサービスについて入札を行い、事業者を選定する。

（4）予算規模と介護単価

現在の成人社会的ケアの費用には3つの基本的な要素がある。すなわち、介護単価（unit costs of care）、プロセスコスト、需要の管理である。介護単価は日本の介護報酬に相当するもので、地方自治体はこの単価を決定する役割と責任を持つ。ただし日本とは異なり、自治体単位であるため、地域により価格差がみられている。たとえばシェフィールド市では、入居施設の1週間の費用は約690ポンドと定めているが、ロンドンのイズリントン区では1週間あたり約1,000ポンドで、その差は大きい。

また、日本の介護報酬の仕組みが介護職員の労働条件を規定しているように、英国の介護単価もケアワーカーの労働条件に影響を与えている。たとえば一部の施設では、ケアワーカーは5人の入所者に配置されることになり、他の施設では、ケアワーカーは9人を担当する。プロセスコストは福祉の市場形成のために行政に生じる間接費であるが、需要の管理はケア法以来、要介護ニーズの発生を遅らせる予防プログラムとして開発中である。

3．高齢者ケアの市場化と金融化

（1）高齢者ケアの金融化

　介護の市場はアメリカを中心とするグローバル金融資本の注目を集めている。アメリカでは1980年代以降、規制緩和が進んでおり、ドルの固定相場制を定めたブレトンウッズ体制の終焉に伴い、連邦準備理事会（FRB）が金融政策を通じて介入を強めるようになり、株主資本主義が台頭してきた。それ以来、企業のあり方も変容し、短期で成果を上げることを求められるようになっている。その変化は、業務の外部委託や自動化、労働組合に属する従業員の削減などによるコストカットに及んでいる。

　近年の低利回りの金融環境において、英国の介護市場はグローバル資本にとって魅力的である。その理由は、高齢化する人口をビジネスの脈絡に読み替えて、介護事業が予測可能で安全なリターンをもたらすからである。特にプライベート・エクイティを保有する投資家は、事業を再構築して利益を得るために企業の売り買いをする。エクイティというのは、株式資本のことである[7]。その利益は、小規模な供給業者を買収することによって実現される。また、不動産投資信託（REITS、以下リートとする）は、高収益で運営会社に物件をリースし、また投資家は株主への手数料の支払いから利益を得ることができる。

　英国では、施設や在宅をあわせた介護サービスは公的財源の投入が常に不足がちであった。この溝を埋めるべく、個人の貯蓄から自費で介護サービスを購入する高齢者が多くいる。つまり、公的な介護制度の外で消費するニーズが増大しており、その間隙をぬって、投資ファンドが介護企業を創設し、介護の私的セクターを形成しているのである。もちろん、こうした金融取引的な活動は、介護事業にリスクを及ぼすことになる。

　実際、入居施設の民営化は問題をはらんでいる。エクイティ・ファンドによる介護企業の買収は、金融危機よりも前に急激に増加していた。企業の買収の行為は、大きな債務を生み出すことになる。金融工学を駆使した介護事業の経営戦略は、不動産資産の売却やリースバックで資金を受けるが、持続可能なものではない。投資ファンドが介護サービスを商品化する際に、利益優先のため、サービスの供給態勢や雇用の条件をおろそかにする。債務支払いやマーケティ

ング、コンサルタントや弁護士の費用などを回収したいためである。

　一方で、民間の介護事業の負債は「レバレッジド・バイアウト（leveraged buyouts）」という投資手法と関連することがある。レバレッジド・バイアウトとは、M&Aを行う際の資金調達のひとつで、M&Aにおける売却企業の資産やキャッシュフローを担保にして借入金を返済する仕組みである。売却企業の信用力に基づいて資金調達するため、買収企業は少ない自己資本でもM&A買収を実施できる。このようにして投資家は国債などの従来の安全な投資のほかに、介護事業などの低リターンの投資先に豊富なマネーを投入し、介護への投資環境をつくり出している。

　また投資家は借り換えを行う。入居施設を購入する投資家は、そのコストを入居施設チェーンに転嫁する。負債のレベルは、プライベート・エクイティが所有する入居施設で最も高くなっている。高額な負債は高い利息払いにつながるものの、税額控除の対象となるため、投資家に有利に働いている。第1章でも指摘したように、資産家が税制の政策効果の恩恵を受ける点が、グローバル資本主義の問題の核心でもある。

　レントシーキングという点で、介護の民間組織を比較してみると、非営利の方が多くの利息を支払っている。レントシーキングとは、民間企業などが政府や官僚組織へ働きかけを行い、企業に有利に法制度や政治政策の変更を行うことを指す。大手の4つの入居施設の供給業者は、年間約2億3,900万ポンドの負債利子を支払っているが、最終的に納税者と入居者の個々の支払いによって相殺される。ただし本来、入居施設がこれほどの多額の借入れをする理由はない。金融の世界で、複雑な資金調達を行い、負債も抱えるが、資産家は税制のメリットを活かして、投資と負債をバランスさせるのである（Bayliss and Gideon Ibid）。

　介護企業などの関連会社が負債を負う場合、特にこれが高金利である場合には、株主の利益はさらに押し上げられる。プライベート・エクイティの所有者であるテラ・ファーマ（Terra Firma）が、2012年にフォーシーズンズ（Four Seasons）を買収し、子会社から年間15％（10年以上の複合ベースで）の利息で2億2,000万ポンドを借り入れた。返済が予定されていた2022年までに、介護企業は支配株主に元の金額の4倍の債務を負ったが、その負債は後で帳消

しにされた（Bayliss and Gideon Ibid）。

　在宅介護の供給業者も大きな負債を抱えている。プライベート・エクイティ・ファームであるグラファイト・キャピタル・パートナー（Graphite Capital Partners）が所有するシティ＆カウンティ（City and County）は、株主ローンを含む1億8,000万ポンド以上の負債を抱えていた（利息は10％）（Bayliss and Gideon Ibid）。

　またボイッジ・ケア（Voyage Care）は、債務を借り換えるために、2013年に債券市場で2億7,200万ポンドを調達している。2019年の企業会計では、ボイッジ・ケアの負債は4億9,100万ポンドに膨れ上がり、年間の財務費用は3,800万ポンドにも達した。介護事業に乗り出す金融ファンドはリスクテイクに躊躇しないが、負債のレベルも桁違いに多額である（Bayliss and Gideon Ibid）。

　介護の事業経営のトリックは次の通りである。事業所の多くは、「販売と賃貸借契約付き売却［リースバック］（sale and leaseback）」の契約のもとで、不動産の所有権を関連企業と分割する。リースバックは、不動産を専門の不動産会社へ売却し、買主であるオーナーに対してリース料（家賃）を支払うことで、引き続きその不動産を利用する方法である。運営会社は不動産会社に賃貸料を支払うが、この契約の下で、入居施設チェーンは高い賃貸料を支払うことになる。金融と社会の関係は深まっているが、公的介護制度と介護サービスを提供する民間企業との間に緊張が生じてくる。その事例が、後で説明する介護企業の倒産で、「市場の失敗」である。

　不動産会社は投資家に「儲かる」物件を売り込んでいく。不動産所有者がタックス・ヘイブン（Tax Haven）に登録される場合、さらにメリットが生まれる。主に税制上の優遇措置を地域外の企業に対して戦略的に設けている国や地域を指し、代表的な地域としては、イギリス領ケイマン諸島、バージン諸島といったカリブ海の島国や、ルクセンブルク、モナコ、アメリカ東部のデラウェア州などがある。イギリス領ケイマン諸島の事例は小説と映画『ファーム』でストーリー展開の舞台となっている[8]。

　英国の事例を続けると、2018年にケアUK（Care UK）がシルバー・シー・ホールディングス株式会社（入居施設を所有するために設立された組織）に520万ポンドの賃貸料を支払った。シルバー・シー・ホールディングス社

は、母体組織であるプライベート・エクイティの株主であるブリッジポイント（Bridgepoint）により所有されている（Bayliss and Gideon Ibid）。介護企業・仲介企業・母体の投資企業という関係が成立し、これらのコングロマリットは買収を繰り返す。

　また介護事業は、不動産開発業者の間でリートへの関心を集めている。リートは一般にも知られた資産経営の手法で、Real Estate Investment Trust の略称である。投資者から集めた資金で不動産投資を行い、そこから得られる賃貸料収入や不動産の売買益を原資として投資者に配当する商品である。UK リート（UK REITs）は、過去 10 年間で最高の収益をあげたという実績を誇っており、入居施設で生み出される確実な賃貸収入を生むとして資産家の関心を集めていた。またアメリカを拠点とするウェルタワー・リート（Welltower REIT）は、英国の介護市場を有望な投資先の一つとしている。同社は介護事業の金融化をリートと結びつけて、60 床以上のホテルスタイル施設への投資を行っている。この経営モデルはスケールメリットを活かして低コストで運用されているのも特徴である。

　ここで気になるのは、投資マーケットで運用されている介護企業のサービスの質はどうなのかという問題である。アンマリー・ネイラー（Annemarie Naylor）とジョセフィン・マグナッソン（Josefine Magnussuon）は、CQC のデータを分析して、民間企業は公共セクターと非営利セクターよりも質が低く、特に規模の小さな入居施設は大規模施設よりも比較的質が高い傾向があることを指摘している（Naylor and Magnussuon 2020）。

　表 10 - 1 は、「不適切」または「要改善」と評価された入居施設の供給業者をタイプ別に比較している。そこから、民間営利のケアの質が低い傾向にあることが分かる。非営利セクターは「不適切」または「要改善」の割合が低く、ベッド数を基準にした場合、チャリティ系企業が 16.4％、法人化されていないチャリティ団体が 15.8％、企業登録済みの非営利団体が 12.0％となっている。そして公共セクターは 3 つのタイプの中間に位置する。評価が低いのは民間営利セクターで、特に企業の 4 分の 1 が問題を抱える入居施設となっている。

表 10 − 1　「不適切」または「要改善」と評価された入居サービス供給業者

タイプ別		2016 年
民間営利セクター	企業	24.8%
	パートナーシップ	20.8%
	個人	20.8%
公共セクター	自治体所有	17.4%
	病院（主に精神病院系）	14.6%
非営利セクター	チャリティ企業	16.4%
	企業登録のないチャリティ	15.8%
	企業登録された団体	12.0%

出典：Data that cares（2020）Future care capital, p.42

　準市場であれ、何であれ、公的介護の市場化が高齢者のニーズにつけこんで、投資家の利益を叶えるように公的制度がゆがめられている。2000 年代初頭以来、介護事業への投資家の関与は拡大してきたが、従来の利益実現の手段を超えた、投資家や株主を最優先する複雑な金融取引が跋扈している。

　高額な賃料や家賃の支払い、同じ企業グループ内の借り入れなどの結果、巧妙な投資家や金融集団による錬金術が生まれているのである。新規の投資先は、自費でサービスを購入する中流層の高齢者に向けられており、裕福な高齢者が住む地域をターゲットにしている。

　これに対し、貧しい地域には投資は集まらず、介護費用は自治体財源で賄っている。例えば、イングランドのノース・イースト（北東部）は自費グループの割合が最も低く（18%）、サウス・イースト（南東部）は最も高くなっている。主に地方自治体が財政的に支える入居施設は、経済的に成長する対象とはみなされない。英国の富の南北格差を反映した形で、「介護砂漠（care deserts）」と揶揄される良好な介護を受けられない階層がつくり出されている。

　以上からわかることは、公的介護の市場化が進んだ末に、構造的な社会的不平等が生じている実態である。また、介護事業をバックで支える投資企業には、透明性とアカウンタビリティが欠如している。

（2）市場の失敗の事例 ―サザンクロスの倒産

　ここでは、民間大手の入居施設の破綻を紹介しておく。2011年の時点で、サザンクロス(Southern Cross)は英国最大の介護企業であった。この介護チェーンはプライベート・エクイティ投資企業であるブラックストーン社（Black Stone）の所有のもとで急速に拡大していた。ブラックストーン社は「セール&リースバック」を設定して、2004年にサザンクロスを買収している。

　不動産企業NHPもブラックストーン社が所有していたが、2006年にカタール投資庁が支援するファンドに11億ポンドで売却された。この親会社の処分後に、サザンクロスも徐々に経営困難に陥っていった。賃料はライバル企業のそれよりも高かった。

　サザンクロスはローンを確保できる物件をなくしたことで債務超過となり、2008年の金融危機により稼働率は大きく低下していった。加えて地方自治体の介護サービス購入の支払いが凍結されたため、リース料を支払えなくなった。コスト削減を試みたものの、肝心の介護サービスの質が低下したため、2011年に破綻するに至った。財務構造はケアワーカーの不足と5人の居住者の死亡で一気に悪化した。倒産後は、行政の処理策の末に、サザンクロス傘下の施設は他の介護企業に引き継がれ、入居者はサービス利用を何とか継続することができた。

　金融工学を駆使した介護事業への投資活動は常に不安定性を抱えており、経営破綻を想定する必要がある。そのリスクに対処するために、2014年ケア法は対応策を講じている。同法は介護市場の開発、持続可能性をサポートすることを目的として、地方自治体に新しい法定義務を課しているのである。とりわけ特定の事業所の財務健全性を評価することとし、CQCに「市場監視」の役割を付与している。ただし、CQCも万能ではない。この規制当局には市場の失敗を防止できる権限はない。高齢者の介護利用の不確実性を最小限に抑えるために、緊急時対応計画を発出するが、地方自治体に通知を提供するという権限にとどまっている。市場の失敗はいつ起こっても不思議ではない[9]。

4．サービスの劣化と虐待、介護職員の低賃金と離職

（1）施設居住者への虐待

　高齢者ケアの金融化は経済優先の象徴であり、投資家が国債などの従来の安全な資産投資からの低リターンの投資先となり、グローバルな投資環境が形成されてきた。大手の介護産業は金融投資家によって所有されており、金融ファンドは不透明な企業慣行を通して多くの利益を上げている。

　その結果として、社会的ケアは低いリスクと高いリターンの投資機会の場と化し、供給者はコスト削減の戦略、利益達成に向けた利潤最大化の圧力といった政策を発することになる。利益優先の末に、介護企業は劣悪なケアワークの環境を生み出し、利用者に弊害をもたらしている。まさに商業的な運営環境、利益目標、コスト削減戦略、サービスの撤退や削減といった新自由主義的なマネジメントは介護の不公平を助長させている。

　近年、入居施設での虐待の報告は増加しており、懸念が強まっている。2014年には、CQC に寄せられた虐待の申し立ては 3 万 7,060 件であったが、2018年には 6 万 7,590 件に激増している。この 4 年間の申し立ての総数は 25 万 1,679件にも達しており [10]、実に 82％の増加である。施設職員による虐待は家族が持ち込んだ隠しカメラでテレビでも放映され、話題になった。映像では、居住者は平手打ちされ、他の居住者は罵られ、乱暴に扱われているシーンが映し出された（2014 年 4 月 30 日 BBC ニュース）。介護企業は利益を最大化する動機を持つために、コスト削減に走り勝ちで、提供するケアの質を二の次にしている。過酷な労働環境のもとで、プレッシャーを受けた職員のごく一部には入居者に手をあげる者がいる。

（2）ケアワーカーの劣悪な労働環境

　イングランドでは、ケアワーカーの 78％が民間の介護企業で雇用されており、7％が地方自治体の雇用である。規制当局である CQC は、民間企業と非営利団体を区別していないが、民間企業が占める業務は介護全体の約 75％を占めるものと推定している（Bayliss and Gideon Op Cit）。

介護の労働力の構成については、イングランドでは 82％が女性であり、平均年齢は 43 歳で、4 分の 1 が 55.58 歳以上である。同じくイングランドでは、アフリカ系、アジア系、少数民族系の BAME（Black, Asian, Minority, Ethnic）が成人社会的ケア部門の 21％を占めている。特にロンドンでは BAME が 67％を占めるのに対し、イングランド北東部では BAME は 4％と多様性は低い。ロンドンの社会福祉では移民労働者に依存しており、2010 年代初頭では、介護部門の移民労働者の出身国の上位 3 か国は、フィリピン、インド、ポーランドであった（Bayliss and Gideon Ibid）。

　ケアワーカーのほとんどは女性で、ジェンダーの問題を呈している。大半はマイノリティであるため、人種問題も関わってくる。多くの場合、英語は第一言語ではない。彼女たちは労働条件の改善を求めているが、その声は届かない。英国は階級社会でもあり、ケアワーカーは高い地位にはなく、介護の民営化により搾取の対象になっている。

　また賃金については、IPPR のデータによれば、2016 年に国民生活賃金が導入されたにもかかわらず、イングランドのケアワーカーの半数は依然として生活賃金を下回っている。時給の中央値がわずか 7.76 ポンドである民間企業のケアワーカーと、時給が 9.80 ポンドである自治体ケアワーカーとの間で賃金に差が出ている。時給の中央値は、民間企業とボランタリーセクターの施設で著しく低い。他の報酬やトレーニング、年金を考慮する場合、格差はさらに拡大する（Bayliss and Gideon Ibid）。

　問題は「ゼロ時間契約（zero hour contract）」である。IPPR によれば、労働者に最低時間数を保証しないゼロ時間契約の利用は、他のどこよりも社会的ケアで高い。労働力調査データを引用して、IPPR は施設ケアの労働者の 6.1％、ケアワーカー全体では 9.7％がゼロ時間契約を交わしており、経済全体の労働者の 2.3％と比べて格段に高いことを示している。また、イングランドの民間介護企業が雇用するケアワーカーは、地方自治体のそれよりも 3 倍以上ゼロ時間契約を交わしていることを明らかにしている（前者 34.8％、後者 10.1％）（Bayliss and Gideon Ibid）。

　同じく IPPR によれば、在宅ケアのスタッフは、挨拶などの会話や移動に要する時間が無給で、長時間の断片化された時間のもとで働いている。そのため、

ケアの効果を生み出せない。このような制約に対し、ウェールズでは、在宅ケアのスタッフのゼロ時間契約を廃止する方向で動いており、移動時間がないために自宅訪問が短縮される「コールクリッピング（call clipping　訪問の短縮）」を制限しようとしている。2018年4月に、ウェールズ政府は雇用主に3か月の雇用後の保証時間の選択を与えるか、希望する場合にはゼロ時間契約を維持できる法律を発出している。同法はまた、移動時間がコールクリッピングを回避するための措置を設けている（Bayliss and Gideon Ibid）。

　入居施設の職員離職率については、公共部門の施設での11.6％と比較して、民間セクターでは25.6％、ボランタリーセクターで20.9％である。特にゼロ時間契約を結んでいるケアワーカーは、通常契約のワーカーよりも離職率が高い傾向がある（前者31.4％、後者27.4％）（Bayliss and Gideon Ibid）。

　政府は規制を強化して、介護供給業者に対して社会的および経済的に責任を負うように働きかける必要がある。今後の是正策としては、まずはゼロ時間契約の禁止である。ケアワーカーのキャリアパスの保障も欠かせない。介護企業に対して、最低賃金よりも低い賃金を認めないことである。また政府に対しては、公平に賃金が支払われることを保証する法律を制定していく必要がある。規制政策には、企業の取締役と労働者の賃金の具体的な比率の公表と両者のバランス措置が求められる。

5．考察

　新自由主義と言えば、我々の記憶に新しいのは、リーマン・ショックである。投資銀行のリーマン・ブラザーズはサブプライム・ローンを商品として売り出したが、経営破綻した。このような投資銀行では、超レバレッジや高額報酬が横行し、すさまじい競争を繰り広げる業界であった。世界金融危機、世界同時不況の大きなきっかけとなったのは、まさに投資銀行の行き過ぎた経営戦略であった。

　ハーヴェイ著『新自由主義　その歴史的展開と現在』では、新自由主義国家について次のように語られている。すなわち、新自由主義は経済第一主義を掲げ、各国が国境を越えた資本の運動に対する障壁を縮小し、市場（商品市場と

資本市場の両方）をグローバルな取引関係に開放する。金儲けに有利になるよう常識さえもつくりかえる（ハーヴェイ 2007）。

もちろん「市場の失敗」が発生する。労働や環境を単なる商品として扱い、職場で身体的危険に放置し、人間の健康が被壊される。その職場から健康な労働者層が激減する場合さえある。それでも、国際競争とグローバリゼーションは突き進むのである。典型的な新自由主義国家は、労働者の集団的権利（生活の質）や環境の再生能力よりも、儲かるビジネス環境をつくることを優先させる。労働組合などの集団的介入を追求する社会運動は否定されていく。金融機関が世界のあらゆるところから剰余を吸い込むことから、新自由主義国家は規制緩和を通じて金融機関の影響力を拡大し、福祉や環境保全を犠牲にする。

市場での人格的・個人的自由が保障される一方で、各人には自己責任が強調される。社会保障は民営化され、福祉・介護・教育・医療・年金といった分野にまで市場の原理が拡張され、福祉から国家は手を引いていく。個人の責任を重視する思潮とその制度化により、社会的セーフティネットは最低限にまで圧縮されている。

英国の介護制度では財源が常に不足し、サービスの不足と利用者制限といった課題を抱えてきた。特に過去数十年にわたっては、グローバル資本が介護市場に参入し、市場化を強めて、不平等な構造がさらに悪化している。

まとめ

高齢者ケアの市場化は介護を経済的問題にすり替え、市場と効率の観点から矮小化した仕組みにつくり替えた。またケアワーカーは、ケアの質に深くかかわることはできず、単なる事業の間接費として扱われている。その結果、スタッフの定員抑制、士気の低下、労働慣行や勤務条件の切り下げ、失業や解雇といった圧力にケアワーカーは直面している。地方自治体も含めて、新自由主義的経営モデルは、介護制度の意思決定プロセスから民主主義を切り離し、透明性を欠如させている。少なくとも監視体制の充実が図られなければならない。

ウィットフィールドは、新自由主義的経営モデルは介護の脱政治化をもたらしていると指摘している。脱政治化とは意思決定プロセスから民主主義を奪う

統治戦略と定義され、金融化とパーソナライゼーション（福祉の個別化）は、この脱政治化を推し進めてきた（Whitfield 2012）。ここに、国家から個人へと決定権の移行がみられるのである。福祉のみならず公共サービスの民営化は、民間セクターに主導権を移しており、サービスの提供者と利用者との間に商業的な関係を確立することで、公共部門の脱政治化を促している。脱市場化への途を切り開かなければならない。

執筆分担：1．4．5．資料 山本惠子、2．3．山本隆

■資料■
ディー・ケンプ氏のインタビュー調査 —その質疑内容

Q：英国の福祉では、「市場の失敗」が起こっています。それは本当でしょうか？
A：はい、残念ながら本当です。民間企業の活動の動機は利益を最大化するものであり、多くの場合、ケアの質を損なうことを意味します。2011年、居住施設の大手チェーンのサザンクロスが破産し、3万1,000人の入居者を在宅に戻すことになりました。

Q：あなたの自治体では、どのように高齢者サービスをアウトソーシングしていますか？
A：マートン区のロンドン自治区では、アセスメントが最初にソーシャルワーカーによって行われます。個々の介護ケースは「自治体予算管理審査会（予算パネル）」という機構に持ち込まれ、居住施設に入居させるという合意が成立した段階で、個別のケースが仲介チームに照会されます。仲介チームは、介護事業者（プロバイダーと呼ばれる）と施設コストを交渉します。マートン区では、カウンシルが支払う額は週あたり852ポンドになっています。

Q：ケアワーカーはどのような労働環境で仕事をしていますか？
A：英国のケアワーカーは、低賃金と劣悪な労働条件の下に置かれています。政府がこの問題に率先して取組まないために、問題の解決に進展はありません。

ケアワーカーの大半はアフリカ系、アジア系、少数民族の人たちで、最低賃金8.72 ポンドが支払われることが多いのが現状です。

Q:「ケアの質委員会（CQC）」はどのような仕事をしていますか？　「不適切」と判断した後は、どのような指導をしていますか？
A: ケアの質委員会は高齢者ケアにとって、とても必要な組織です。例えば入居者が体に打撲傷を負った場合、ソーシャルワーカーと帯同して、保護の問い合わせをします。CQC の検査官は、保護に関する対策会議に出席し、責任を負う介護組織が適切に役割を果たすように働きかけ、入居者を危険にさらさないように指導します。高齢化が進んでいるため介護施設の需要は高く、施設が「不適切または要改善」と判断された場合には、施設運営の改善が勧告されます。CQC は改善プログラムを実施しますが、介護の空白が生じないように施設閉鎖を避ける措置がとられます。

Q: 介護市場の形成は、自治体福祉、特にソーシャルワーカーの重要な職務のひとつですか？
A: コミッショニング（委託）チームと契約監視チームは、主に市場の形成を担当します。チームマネージャーとして、ケアの質について、事業者とフィードバックし、情報を交換します。同時に、民間医療の需要も高く、事業所の選択が不足している状態です。最近では、政府の予算が縮小されており、さらに COVID-19 の影響は、市場の形成に関して地方自治体に負荷をかけています。

Q: ユーザー組織はありますか？
A: ユーザー組織は、資金の削減、および COVID-19 の財政的および社会的影響のために苦しんでいます。親戚と入居者協会と呼ばれる組織があります。この組織は、入居施設入居者とその家族 / 友人に支援、情報、擁護を提供する全国的なチャリティ団体です。

Q: ソーシャルケアのスタッフが民間企業に雇用されるのは、グローバルな傾向だと思いますか？　公的セクターの従事者が合理化されるのは当たり前なの

でしょうか？　自治体資産の売却の後は、どのような状況が生まれていますか？

A: マーガレット・サッチャーと保守党は、最初に社会福祉の民営化を実施しました。労働党は 1997 年に政権を握り、民営化のパターンは継承されています。2008 年のリーマン・ショックによる財政破綻後、現行の緊縮財政のもとで、地方自治体は資産を売却しましたが、その多くは一等地の介護施設でした。ロンドンでは、不動産開発業者がその土地を購入し、高級マンションとして転用しました。したがって資産が失われた後、これを回収する方法はないように思います。在宅ケアでは、外部委託するのが安上がりと判断して、地方自治体の在宅介護チームは解散しました。

Q: 福祉の民営化の波はとまりませんね？

A: 民営化は世界的な傾向で、利益を最大化する動機に歯止めがかかりません。例えば、リチャード・ブランソン氏の傘下のひとつヴァージン・ケアは、公的資金による地域保健と社会サービスの民間企業です。サリー、バース、ノースイーストサマセット、ケント、ランカシャーで契約を結んでいます。

Q: 金融緩和により資金があふれ出し、福祉に投資するという状況はありますか？

A: 地方自治体は確かに介護施設に社会的投資を行い、多くの地域で介護保障を履行しています。同時に、介護施設の自己資金提供者（self-funder 自費グループ）はまた、介護費用に多くの費用を負担していますが、制度内での同じ価格帯のケアを受けています。

Q: 自治体資産の売却の後は、どのような状況が生まれていますか？

A: 地方自治体は歳入を拡張するために、無謀な投資に走っています。例えば、クロイドン市は破産しており、6,600 万ポンドの財政赤字を抱えていると報告されています。市はホテル、ショッピングセンター、住宅プロジェクトに投資しましたが、これらの投資はすべてリターンを生み出していないのです。自治体資産は民間部門に売却されています。ロンドンでは、不動産開発業者が土地を購入し、マンションを建てています。一部では開発から生じる利益は大き

いのですが、地方自治体は資産を売却したことで追加的な利益を生み出すことはできないのです。

Q: ケアワーカーの劣悪な労働条件は社会問題になっていますか？
A: パーソナルケアは、障がいを持つ人たちの主たるニーズの 1 つです。在宅訪問し、ケアを提供しているケアワーカーは、多くの場合、移動費用を支払われていません。厳しいスケジュールのために、ケアワーカーは可能な限り早くケアコールを完了する必要があり、その結果、高齢者のための介護時間とケアの質が損なわれることが多くあります。

Q: 介護労働者への搾取に対する労働組合の反対運動はありますか？
A: 最大の労働組合ユニゾンは介護者を代表していますが、労働条件の改善と賃金体系の見直しにほとんど成功していません。スターバックスでバリスタとして働く人たちはケアワークと同じ給与水準で、ケアワーカーの仕事ははるかに過酷なのです。

Q: それはジェンダー差別と関係していますか？
A: ほとんどの介護者は女性で、ジェンダーの問題を呈しています。私たちの社会は思いやりに高い価値を置きません。また、介護者の大半はアフリカ系、アジア系、少数民族出身であるため、人種問題でもあります。多くの場合、英語はケアワーカーの第一言語ではなく、介護者はより良い労働条件を求めています。また、階級の問題でもあります。英国では、介護者 / 付き添い者は、社会で高い地位にはなく、介護の民営化により搾取の対象になっています。

Q: それは階級格差の問題と関係していますか？
A: イギリスの階級システムは根深く、貧しい人々はしばしば発言権や法的にアピールする機会を持っていません。

Q: ダイレクトペイメント（直接支払い）やパーソナルバジェット（個人予算）は介護サービスの市場化を助長したのでしょうか？

A: ダイレクトペイメントはケアの提供という面で肯定的な評価を受けています。給付の受け手は、文化的に適切なサポートを利用でき、当事者とパーソナル・アシスタントがサービスの手配をします。また当事者の都合にあわせた時間にケアを受けることができ、ケアが個別化されています。現状ではパーソナル・アシスタントは不足しており、賃金もかなり低いため、魅力的な職種にはなっていません。

質問者：山本惠子
回答者：ディー・ケンプ氏（ロンドン・マートン区高齢者ケア主任ソーシャルワーカー）
インタビュー調査の実施日：2021 年 2 月 13 日
Zoom 形式

注

1　マートン区は労働党支配の革新系自治体である（2022 年 2 月現在）。

2　Nick Triggle, 2018, BBC: health correspondent reporting on the NHS and social care

Accessed on 2020-10-10

3　ADASS Budget Survey 2018　https://www.adass.org.uk/adass-budget-survey-2018 さらに次の文献も参考にした。AgeUK:ageuk_later_life_uk_factsheet 2019 Accessed on 2020-10-10 file:///F:/Age%20UK%20later_life_uk_factsheet%202019.pdf

4　The Gurdian:https://www.theguardian.com/society/2019/sep/19/84-of-care-home-beds-in-england-owned-by-private-firms

Accessed on 2020-10-10

5　ADASS Budget Survey 2018 Ibid

6　Independent Age: What's your problem, social care? The eight key areas for reform' − Simon Bottery（2019）

https://www.kingsfund.org.uk/publications/whats-your-problem-social-care

Accessed on 2020-10-10

7　エクイティファイナンスとは、企業が株式を発行することにより、事業に必要な資金を調達する手法で、エクイティ（株式資本）の増加をもたらす資金

調達である。

8　スコットランド、ウェールズ、およびフランスやデンマークなどの他の
EU 加盟国を含む多くの EU 加盟国は、タックス・ヘイブンに拠点を置く企業
がコロナウイルス救済基金にアクセスすることをブロックしている。同様の制
限を介護供給業者に課す必要がある（Bayliss and Gideon : 38）。

9　直近 5 年間の企業構造と資金調達の完全な開示が必要である。これには、
企業間ローン、サービスに対する企業間支払い、株主の身元の詳細が含まれる
必要がある。利用料金と納税者の資金がどこに行き着き、利用者が何を支払っ
ているのかを見定めるために、資金フローの明確な経路を「見える化」するこ
とが民主的な手続きになる（Bayliss and Gideon : 39）。

10　Independent 紙、23 June 2019、https://www.independent.co.uk/news/health/
abuse-care-home-cqc-autism-learning-disability-whorlton-hall-police-a8969026.html

Accessed on 2021-04-10

※初出論文：山本惠子・山本隆（2021）「英国の福祉の市場化 —ここまで市場
化は進んだ」『賃金と社会保障』No.1788　本書では、大幅に加筆している。

第11章
日本の介護保険制度と準市場

山本　惠子

はじめに

　高齢者の介護を社会全体で支える仕組みとして、2000年に介護保険制度が創設された。措置から契約の動きを受けて、社会福祉の基礎構造改革の一翼を担った大きな制度改変であった。この最も新しい社会保険は、介護の社会化や分権化を実現するものとして国民から大きな期待を集めた。その基本的な考え方は、自立支援・利用者負担・社会保険方式である。しかし、介護保険制度には課題が山積している。65歳以上の高齢者数の増加は続いており、さらには認知症高齢者、世帯主が65歳以上の単独世帯や夫婦のみの世帯も増え続けている。

　介護保険制度は創設以来度重なる改変を遂げてきた。在宅支援の強化、医療と介護の連携が求められる中で、近年では地域包括ケアシステムの構築など地域ケアが重視されている。国は地域包括ケアシステムについて、地域における「住まい」「医療」「介護」「予防」「生活支援」のサービスを一体的に提供できる体制と位置づけ、市町村も介護保険事業計画において中心的なテーマに据えている。国は、地域住民の複雑化・複合化したニーズに対応するために、相談支援、参加型支援、地域づくりに向けたサポート体制を一体的に実施しようとしている。

　この地域包括ケアシステムは地域共生社会構想と並走している。例えば、地域住民がつながりの場を増やし、住民の支えあいによる介護予防や生活支援をつくり出すために、地域の互助機能を活かしている。確かに地域ケアの強化

は大切であり、行政と専門機関と並行して住民組織が側面支援を担うことに合理性はある。ただし、地域のリソースや住民の力量には、大きな地域差がある。住民主体の地域ケアは互助に依存するあまり、介護の社会化の目標を薄めさせてはいないだろうか。この「インフォーマルのフォーマル化」は前向きなのだろうか[1]。介護保険制度の基本はやはり公的介護サービスの充実にあり、これを後退させることがあってはならない。本章では、今課題となっている介護労働や介護財政の現状に焦点を当てて、公的介護のあり方を考察していく。

1. 介護保険制度の20年間の軌跡

―相次ぐ制度改変と複雑化への歩み

　ここでは介護保険制度施行20年を経て、その課題を明らかにしてみたい。焦点を当てるのは、準市場の視点からみた、介護事業所の経営の現状である。

(1) 基本構造の再確認

　介護保険制度の基本構造は、①指定関係、②報酬関係、③保険関係、④契約関係からなる。図11－1が示すように、第1の指定関係は、介護認定を求める事業者にとって介護市場の参入の試金石となる。第2の報酬関係は、介護事業者が保険者の市町村および利用者から報酬を受けて、事業収入の基礎をなす。

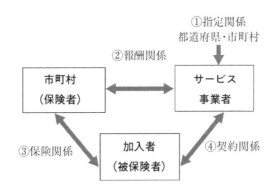

図11-1　介護保険制度の基本構造（著者作図）

第3の保険関係は、被保険者が保険料納付の見返りに、サービスを受ける権利を生み出す。社会保険はまた、給付と負担の関係を明確にする。そして第4の契約関係は、介護市場での利用者の選択により、多様なサービス提供主体から保健医療、福祉のサービスを総合化させる。これら4つの関係が介護保険制度の基本構造である。

　従来の措置制度を振り返ると、措置権者は主に生活困窮の要介護高齢者に対して、老人福祉法にもとづいてサービス提供の責任を担い、相談援助とサービスの供給を行うというものであった。介護保険制度に変わると、行政の責任は保険者としてサービス提供態勢を含む介護保険の行財政の管理へとシフトした。介護サービスを民間に大きく開放したことから、保険者はサービス提供を民間事業にゆだねた。ただし、近年の地域ケア志向のもとで、自治体高齢者福祉内部に地域支援課を設けるところが増えている。

表 11 − 1　主な介護保険改正の推移（著者作成）

年度	公的関与の内容
2005 年度	軽度者の予防給付への変更、要介護1から要支援2・要介護1への再編、地域包括支援センターの創設、食費居住費の自己負担化と補足給付、地域密着サービスの開始、グループホームや特定施設の総量規制、保険料5段階から6段階へ
2011 年度	地域包括ケアの奨励、24時間訪問介護サービス開始、介護予防・日常生活支援総合事業の創設、第1号保険料上昇を緩和する財政安定化基金一部取り崩し
2014 年度	要支援者予防給付での訪問介護・通所介護の地域支援事業移行、特養新規入所者の要介護3以上の限定、低所得者保険料の負担軽減措置の拡充、高所得者自己負担率2割へ、一部補足給付の対象外、全市町村の総合事業の義務化
2019 年度	地域共生社会の推進、地域包括ケアシステムの推進 ―保険者機能強化、介護医療院、2割負担者のうち所得の高い層は3割へ、介護納付金総報酬割―

　介護保険制度は市場化を進める一方で、公的関与を行うことで制度全体の調整を図ってきた。国は、事故（リスク）の補償という保険原理でカバーできないニーズの広がりを認識し、市場化によるサービス需要と価格の変動といった要素を縮小するために、度重なる制度改正を実施してきた。主な制度改正を示したものが、表 11 − 1 である。最大の改正は 2005 年度の改革である。それは、

保険方式と親和性の薄い「予防」への踏み込みである。先にも触れたように、保険は事後の補償をするもので、未来に予測される「予防」の給付は対象外となる。「予防」こそ、公衆衛生が典型であるように、税制で支えられる分野なのである。しかるに2005年度の改革では、軽度者の予防給付への変更、要介護1から要支援2・要介護1への再編を断行している。介護保険制度は措置から利用契約という転換を図ったはずであるが、保険主体であるにもかかわらず、予防給付の導入に踏み切ったのであるが、この決断は後の地域ケアの強化の露払いであり、その後軽度の要支援者は介護保険制度の枠から離れて、地方自治体・保険者の地域事業へと分化していくことになる。

また地域包括支援センターといった公的な相談機能の強化も準市場を補完している。そして2011年度には、ホリスティックな概念に支えられた地域包括ケアが奨励されている。ただし中核の地域包括支援センターは過重負担となっており、その結果職員の業務の実践が困難になっている。現場の悲痛な声を拾ってみると、「業務内容は新予防給付の相談や予防プランの作成が多いが、他にも新規相談、ケアマネ支援、虐待事例の相談、介護予防教室の開催、地域包括支援センター支援と多岐にわたっている。…… 相談支援業の件数の60%強が予防給付ケアマネジメントにかかっており、これでは本来の業務である包括支援事業が対応困難である。3名の職員で出来る業務の範囲を超えている」といった調査結果もある[2]。

介護保険制度の大きな転換は、介護予防・日常生活支援総合事業の創設である。2014年度に、要支援者予防給付において訪問介護・通所介護の地域支援事業への移行とその実施があり、全市町村に総合事業が義務化された。いわゆる「総合事業」では、要支援1、2のホームヘルプサービスとデイサービスを介護保険給付から外し、市町村の裁量で実施できる「サービス事業」へと移行している。国が定めた全国一律の基準と単価のサービスから、市町村が決められるサービスへと「分権化」されたのである。こうした中で、一部の市町村では、要支援者の従来のホームヘルプサービスなどを廃止し、または利用させないところが出現しているという[3]。地域共生社会という住民相互の助け合い型、つまり地域社会のインフォーマルな資源を介護保険制度に組み込もうとするフォーマル化政策は公的介護の補完代替そのものであり、この動きを慎重に見極めな

ければならない。

　一方、サービスの利用については、利用者と事業者の契約にゆだねられている。サービスの利用に至るまでには、利用の申請→訪問調査→要介護認定→ケアマネジャーと事業者の契約という一連の段階を経る。このように介護保険制度は、利用者が自らサービスの種類や事業者を選んで利用するもので、ケアプランを通して、医療・福祉・介護のサービスを総合的に利用する。と同時に、民間企業、農協、生協、NPO など多様な事業者によるサービスの提供が展開されている。サービス利用の促進として、ケアマネジャーはさまざまなサービスの利用を積極的に推奨することもある。マイケアプランの運動があるのは、利用者が主体性を保つためである。以上から、介護保険制度は、公的関与と市場化が混淆された形で、介護サービス供給の公的責任を果たすことになっている。

２．介護事業経営と介護報酬
―質の向上を制約する公的価格制度

（1）介護事業経営の現状

　先にも触れたように、介護保険制度では内部市場が導入されている。制度内部において介護市場を形成し、多様な介護事業者が競争することを奨励している。このメカニズムを準市場（quasi-market）という。

　「準市場」は英国で概念化された。英国の脈絡からは、公共サービスの供給における公共セクターの独占を廃止し（日本では措置制度にあたる）、営利・非営利の民間団体を参入させて、供給者を複数化する。そのねらいは、公共サービスの利用者がサービスを選択できるように手配することである（Le Grand and Bartlett 1993: 3）。またノーマン・ジョンソンは以下のように指摘している。

　　　準市場は公共サービスの生産と供給において機能する。準市場は資金調達と供給が分離される場合に生ずるのである。したがって、国家機関はサービスの唯一の供給者ではなくなり、条件整備者、調達者、購入者になる。国家機関には十分な量と質のサービスが供給されるように監視す

る責任が生じる。しかし、サービス供給は営利機関あるいは非営利機関
　である独立供給者によってなされるのである。ある場合には公的当局の
　供給部門がそれを担うこともあろう。… 極めて重要なことは、契約は合
　意された価格を含むことであり、質に関する多くの標準が規定されるこ
　とである。モニタリング（監視）や評価のための編成もまた特定される。

ジョンソン 2002：132

　さらには最近になり、第10章で述べた通り、準市場の「変異（mutation）」
を説く議論もあり、介護事情は複雑化している（Whitfield, D. 2020）[4]。

　準市場では競争が生命線になる。サービス供給主体の多様化を進めること
により、事業者間の競争を鼓舞し、効率化を追求するねらいが込められてい
るからである。準市場の本場である英国の組織改革は、自治体社会福祉部が
利用者のニーズ・アセスメント、外部機関の提供するサービスの購入、費用
の管理、サービスの質のモニターという新しい技術を習得するという環境の
変化を生み出した。

　一方、日本の介護市場でも競争原理は働いており、市場に残るものと退出
するものに分かれる。競争の結果、市場から退出を余儀なくされる事業所が
あり、新旧の事業者の入れ替わりは激しい。例えば尼崎市では、1年間に事
業所の半分は変わるという。

　介護保険制度の施行後、「老人福祉・介護事業」は二極化が進んでいるとい
われる。異業種からの参入も相次いでおり、一部上場企業でも、イオングルー
プやローソンなどの流通、パナソニックやソニーなどのメーカー、そのほかに
も損保ホールディングスやベネッセ、セコムなど多様な企業が参入している。

　介護市場でも競争は激しく、その結果小規模事業者の倒産が増えている。
2000年の「老人福祉・介護事業」の倒産は3件であったが、2008年に46件ま
で増えている。中小企業金融円滑化法などの金融支援が奏功して、一時は減少
に転じて、2011年は19件にとどまった。しかし新規参入が相次ぐなか、過小
資本の企業ほど人手不足が深刻さを増すこととなり、倒産は右肩上がりになっ
ている。図11－2が示すように、2016年に倒産は100件台に達し、以降4年
連続して100件台で高止まりしている。業歴が浅く、規模の小さい企業の倒産

が多く、従業員数では5人未満が全体の約7割を占める（東京商工リサーチ「2020年上半期『老人福祉・介護事業』の倒産状況」）。

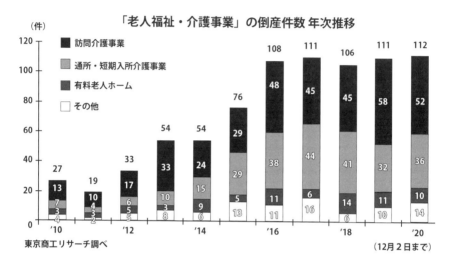

図 11- 2　2020 年「老人福祉・介護事業」の倒産状況
出典：東京商工リサーチ上半期「2020 年「老人福祉・介護事業」の倒産状況」
https://www.tsr-net.co.jp/news/analysis/20201203_02.html

　介護事業所の経営困難の理由は利益率の低下にある。特に小規模の介護事業所が利益を出せていない。デイサービスの事業所数は 2001 年には 9,726 件であったが、2015 年には 4 万 3,406 件と約 4.5 倍も増加している。過当競争により、小規模事業所の業績悪化や倒産に拍車をかけている（東京商工リサーチ 前掲報告書）。

　厚生労働省が発表している「介護事業経営実態調査結果（2017 年度）」によれば、2016 年度の介護事業の利益率は 3.3％で、前回の 2014 年度調査の 7.8％と比べて半減している。最も深刻なのは特別養護老人ホームの利益率で、8.7％から 1.6％にまで下落している。デイサービスは 4.9％と介護事業の中では比較的高い水準であるが、前回の調査時では 11.4％で、利益率は大きく落ち込んでいる（厚生労働省「令和 2 年度介護事業経営実態調査結果の概要」）。

（2）介護事業経営を左右する介護報酬

　介護保険制度は、介護報酬・事業計画・保険料の3年ごとの改定というサイクルで運営されている。保険者である市町村は、利用者と事業所の契約に基づいて、介護サービス利用に必要な費用を上限の範囲内で利用者に支給する。実際には事業所が介護報酬として代理受領する。

　介護報酬は、事業者が利用者（要介護者または要支援者）に介護サービスを提供した場合に、その対価として事業者に対して支払われる報酬のことをいう。それは、介護サービスの種類ごとに、サービス内容または要介護度、事業所・施設の所在地などに応じた平均的な費用を勘案して決定する。基準額は、介護保険法上、厚生労働大臣が審議会（介護給付費分科会）の意見を聴いて定める。

　介護報酬と介護事業経営はまさしく直結している。介護報酬が介護事業の収益率を左右するからである。表11－2が示すように、2000年以降、3年ごとに6回の介護報酬の見直しがあった。これは膨らむ介護財政への公的関与として、過剰なサービスを調整するためである。特に加算の仕組みが採用されて、介護保険の収入と支出をバランスさせる手段として利用されている。

　2003年の介護報酬改定では－2.3％切り下げられた。2006年には要支援の仕組みが始まったが、改定率は－0.5％引き下げられている。この時期には、コムスンの問題があった。介護報酬の引き下げを受けて、事業経営が難しくなった。2009年では＋3.0％、2012年では＋1.2％とプラス改定に転じている。この時期に、処遇改善加算が始まっている。しかし2015年には、再びマイナス改定となり、－2.27％となっている。2018年はプラス改定で、＋0.54％である（財務省「医療・介護について」）。株式会社のみならず社会福祉法人などの非営利法人も、介護保険法の下では、介護報酬と利用者の利用料で運営していくことが基本となることから、介護報酬の引き下げが続く場合、事業の効率化とコスト削減が不可避となる。そして2021年では、新型コロナウイルス感染症や大規模災害があり、介護事業者にとって厳しい環境が続く中、改定率＋0.70％の軽微なプラス改定となった。

　特養ホームの介護報酬について述べると、特養ホームの収入は、基本サービス費（要介護度別）＋加算（約30種類）＋利用者利用料（1～2割）＋居住費＋食費で構成されるのが一般である。加算取得には様々な要件を満たす必要

表11－2　介護報酬改定の推移（著者作成）

改定時期	改定にあたっての主な視点	改定率
2003年度改定	○自立支援の観点に立った居宅介護支援の確立 ○自立支援を指向する在宅サービスの評価 ○施設サービスの質の向上と適正化	－ 2.3%
2005年10月改定	○居住費（滞在費）に関連する介護報酬の見直し ○食費に関連する介護報酬の見直し ○居住費（滞在費）及び食費に関連する運営基準等の見直し	
2006年度改定	○中重度者への支援強化 ○介護予防、リハビリテーションの推進 ○地域包括ケア、認知症ケアの確立 ○サービスの質の向上 ○医療と介護の機能分担・連携の明確化	－ 2.3% [－ 2.4%] ※[]は2005年10月改定分を含む
2009年度改定	○介護従事者の人材確保・処遇改善 ○医療との連携や認知症ケアの充実 ○効率的なサービスの提供や新たなサービスの検証	＋ 3.0%
2012年度改定	○在宅サービスの充実と施設の重点化 ○自立支援型サービスの強化と重点化 ○医療と介護の連携・機能分担 ○介護人材の確保とサービスの質の評価	＋ 1.2%
2014年度改定	○消費税の引き上げ（8%）への対応 ・基本単位数等の引き上げ ・区分支給限度基準額の引き上げ	＋ 0.63%
2015年度改定	○中重度の要介護者や認知症高齢者への対応の強化 ○介護人材確保対策の推進 ○サービス評価の適正化と効率的なサービス提供体制の構築	－ 2.27%
2017年度改定	○介護人材の処遇改善	＋ 1.14%
2018年度改定	○地域包括ケアシステムの推進 ○自立支援・重度化防止に資する質の高い介護サービスの実現 ○多様な人材の確保と生産性の向上 ○介護サービスの適正化・重点化を通じた制度の安定性・持続可能性の確保	＋ 0.54%
2021年度改定	○訪問系サービスで在宅の看取り期の対応や医療の必要性が高い利用者への支援の充実 ○通所介護等のADL維持等加算の要件の緩和と単位数を10倍増 ○通所系サービスでの口腔機能向上、栄養改善、入浴の自立促進 ○ICT活用での居宅介護支援費の新設	＋ 0.70%

※注:「介護報酬改定の改定率について社保審－介護給付費分科会第157回（H30.1.17）参考資料1」を参考にしてデータを更新した。

がある。

　特養ホームにおける介護報酬加算については、厚生労働省は経営改善を図るためにサービスの質を向上させて、加算を取得するように奨励している。しかし、加算措置は必ずしも経営改善にはつながらないことに留意する必要がある。その理由は次の通りである。「日常生活継続支援加算」（ユニット型46単位／日、従来型個室36単位／日）は、新入居者のうち要介護度4または5が70％以上、認知症日常生活自立度Ⅲ以上が65％以上と規定している。さらに、全入居者のうち、痰の吸引が必要な人が15％以上という要件になっている。この要件を満たすように入居希望者を判定していけば、入居制限にもつながりかねない。また、一定期間の空床期間が出てくる可能性も出てくる。

　要介護4以上の場合、体調を崩して入院するリスクが高く、当然入院期間中は空室となる。空室をショートステイで転用しても、数日間の空室期間の発生は避けられない。特養の経営を安定させるために必要なことは、入居者が体調を崩しても、施設で対応できる程度の健康状態を保つことである。

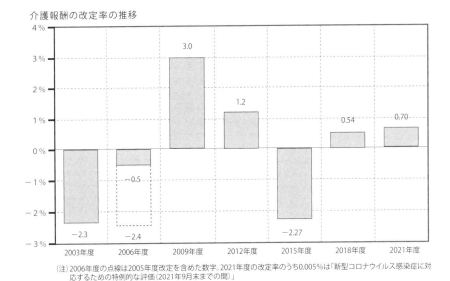

介護報酬の改定率の推移

（注）2006年度の点線は2005年度改定を含めた数字。2021年度の改定率のうち0.005％は「新型コロナウイルス感染症に対応するための特例的な評価（2021年9月末までの間）」

（資料）東京新聞2015.1.5.、2015.1.12、2020.12.18、毎日新聞2017.12.19

図11－3　介護報酬の改定率の推移（新聞記事を元に著者作成）

「生活機能向上連携加算」（200 単位 / 月個別機能訓練を行えばさらに 100 単位 / 月）は、医療機関などと連携して、医療機関の理学療法士などが施設の入居者の機能訓練のケアプランを共同で作成し、訓練を実施すると規定している。しかし 1 ヶ月月に 200 単位（2,000 円）、介護と医療でそれぞれ 1,000 円となり、連携作業に見合った報酬とはいえない。

なお、坪井良史は訪問介護における介護報酬設定を考察しているが、施設や通所系サービスの介護報酬設定（基本部分）では要介護度別の設定であるのに対し、訪問介護の介護報酬は（要介護度別ではなく）1 回当たりの設定になっている点に着目している。最近の介護報酬改定では、サービス全体における介護報酬の基本部分は低く抑えられる一方で、多様な加算が創設されている。訪問介護では、夜間・早朝加算、特定事業所加算、特別地域訪問介護加算、初回加算、生活機能向上連携加算、介護職員処遇改善加算などが設けられている。こうした介護報酬の改定では、介護報酬の基本部分が引き下げられる一方、種々の加算を算定することでサービス評価を行う傾向がみられる。このように介護報酬体系が複雑化することによって，サービスの妥当性がみえにくくなっている（坪井 2018）。

3．事例検討 ─施設経営と在宅事業経営 [5]

（1）事例 1　特養ホーム A の経営状態

社会福祉法人特養ホーム A は神戸市内にある。入居者数は 59 名（男性 12 名、女性 47 名、2020 年 10 月請求実績）である。平均年齢は 90.3 歳で、平均介護度は 3.8 で、要介護 4 以上は 63.1％を占めている。

職員配置については、施設長は常勤 1 名、副施設長は常勤 1 名である。介護課長は常勤 1 名、ショートステイ生活相談員は常勤 1 名、介護員は常勤 21 名、非常勤 14 名、派遣 3 名となっている。さらに、看護員は常勤 5 名、機能訓練指導員は常勤 1 名、管理栄養士は常勤 1 名で、その他に、常勤 1 名、非常勤 13 名である。全体で常勤 32 名、非常勤 28 名（換算 17.7）となっている。

特養ホーム A では、数多くの加算が列挙される中で、次の 9 種類─看護体制加算 I、看護体制加算 II、夜勤職員配置加算、準ユニットケア加算、栄養マ

ネジメント加算、療養食加算、看取り介護体制加算、サービス提供体制加算Ⅰイ、介護職員処遇改善加算Ⅰ—しか算定できない。加算のハードルが高いためである。

居住費・食費と介護報酬の関係をみると、2006年の介護報酬改定において、居住費（水光熱費）と食費は保険から外され、入居者負担になった。基準費（市県民税課税以下の所得者は、居住費1,171円/日額、食費1,130円/日額）があり、その他は自由に設定できる。特養ホームAの居住費は1,800円/日額で、食費は1,650円/日額、1日に3,450円、1ヶ月で10万3,500円と設定している。介護保険の自己負担（要介護4で月額約3万5,000円）を加えれば14万円になる。一方、事業者にとってはどうなるのか。食費の日額1,130円では食材費にしかならず、厨房職員の人件費は含まれない。この基準費額では特養施設の経営にとって厳しい。

特養ホームAの入居者内訳は以下の通りである（2020年9月請求実績）。
・第1段階　1名（1.6％）
・第2段階　10名（16.4％）
・第3段階　33名（54.1％）
・その他　　17名（27.8％）

介護職員の待遇であるが、近年改善されてきている。それでも、政府や行政機関にはさらなる改善策が求められる。コロナ禍で、神戸市は「コロナにより離職した者が介護事業所に就職すれば1万円の支度金、6ヶ月定着すれば10万円の祝い金」を出すという通達を発出した。この時期に適切な提案にも響くが、介護職を低く評価する発想は否定できない。介護は、人の命と生活を支える尊い感情労働であり、それに見合った処遇改善、誰もが安心して利用できる介護保険制度に発展させていく必要がある。介護報酬の充実が待たれる。

（2）事例2　リハビリテーション事業所Bの経営状態

神戸市にある有限会社リハビリテーション事業所Bは、1日定員20名で、稼働率は95％以上である。月曜日から金曜日まで20名の登録があり、体調不良などの休みがなければ、満室の状況である。

利用時間は、9時30分〜16時30分までの1日型で実施しており、7時間以

上8時間未満である。半日型であれば、介護報酬は少なくなる。加算項目があり、入浴加算（500円）、個別機能訓練加算Ⅱ（500円）となっている。また個別機能訓練加算Ⅱは、リハビリを行った場合の加算である。

・女性Xのケース

　彼女は脳卒中で右半身麻痺となった。退院後、要介護2の判定が出たが、これは衣服の着脱や入浴に介助が必要なレベルである。約1年間リハビリを行い、ある程度は自立できるようになった。過去に卓球をしていた経験から、障がい者卓球に参加している。利用から約1年を経て、要介護2から要介護1へと改善した。

・男性Yのケース

　70代の男性Yは要介護4である。脳卒中による左手の痛みの訴えが強く、退院後不安と自信の喪失がみられた。車椅子で生活しており、重度の状態である。リハビリでは、単にストレッチをするだけでなく、自立生活を目指した指導や、自信を回復させるプログラムを実施した。

　彼はもともと釣りが好きで、手先は器用である。リハビリ・プログラムとして、右手だけによる、プラモデルの組み立てやミニ四駆の製作を提案した。この作業で自信が回復し、右手を使って釣りをする方法を考えて、何度も練習を繰り返した。スタッフはリハビリの中で動作分析を行い、指導を深めた。その成果として、利用から約1年半を経て、要介護4から要介護1への改善につながった。

　以上の2つのケースから介護報酬の現場への影響を考えてみると、女性Xでは、要介護2（7,650円）から要介護1（6,480円）となったが、事業所の収益は、1回利用あたり−1,170円と減収になっている（週2回）。男性Yでは、要介護4（1万80円）から要介護1（6,480円）となったが、1回利用あたり−3,600円と減収になっている（週3回）。1ヶ月の損失総額は4万1,760円になる。

　リハビリテーション施設は、リハビリ・プログラムを通して、利用者を元気にすることが使命である。当然であるが、施設はリハビリの専門職を雇用しなければならない。男性Yの例でみたように、釣りをするための道具や残業代

など、必要なコストを伴った。結果的に、リハビリ・プログラムの効果が経営を苦しめるジレンマを生み出している。

まとめ

　介護保険制度は利用の普遍化をもたらし、利用者自らがサービスの種類や事業者を選んで利用できることを可能にした。その一方で、介護資源の無駄遣いが生じている。サービス付き高齢者住宅による需要の囲い込みが典型で、この施設供給者は介護保険制度の枠外ではあるものの、運営主体の企業が居住者に自社系列の事業者を取り込み、過剰な在宅サービスを供給する事例も見受けられる。また社会福祉法人や民間企業が運営する居宅介護支援事業所の一部には、そこに所属するケアマネジャーが多くのサービスをケアプランに盛り込んで、支給限度額をフルに使い切ろうとする事例もある。

　介護保険制度の最も憂慮すべき問題は、介護現場の疲弊である。過重な労働により、介護労働者の業務継続は困難になっており、かつ新たな担い手は見込み薄になっている。これに追い打ちをかけるかのように、コロナ禍の下で介護事業所は倒産に追い込まれている。

　本章では、現行の介護報酬が介護職員の働き方に劣悪な影響を及ぼしている実態をみてきた。通常のサービス事業の場合、労働力不足が生じれば、市場原理が作用して賃金が上昇するはずである。しかし介護保険制度では介護報酬は公定価格であり、かつ抑制される傾向がある。そのため、労働力不足が生じても賃金は上昇しない。

　介護報酬の引き上げが切に望まれるが、それは介護費用の高騰にもつながる。国は介護報酬の引き上げに慎重であり、別途、税・補助金を投入することでこの難局を乗り越えたいとしている。しかしながら、現行の介護職員の賃金引上げは決して十分ではなく、人材不足の懸念を払拭できるものではない。

　介護報酬には多くのサービスコードが設けられており、その結果、報酬を請求する際に現場は混乱する。加算は複雑で事務処理も煩雑なため、事業の効率化の視点からも見直しを図るべきである。まずは、算定率の高いものと低いものを整理する必要がある。

研修の実施や人員配置の充実などによって加算をとることができるが、加算は業務量が増加するため、基本報酬で評価するべきであろう。また、介護保険として給付すべき範囲や専門職が担うべき業務、中間的就労の場としての業務範囲、ICT・テクノロジーの活用とその評価などを議論した上で、報酬の中で適切に評価していく必要がある。

　主に準市場の観点から介護の現状を考察してきたが、公的関与の強化が求められる中で、税部分の拡充が不可欠となっている。どのような税を選択するかは、国民的議論から導き出すしかない。株式有価証券の売買から生じるキャピタルゲイン課税、いわゆる金融課税の強化[6]もひとつの選択肢であろう。また細かな税控除を整理して、法人所得や個人所得を総合的に捕捉し、「総合課税」の制度を設けることにより、そこから調達できる公的資金を介護財源に充当することが制度の安定につながると考える[7]。

注

1　フォーマリティとインフォーマリティは相互に補完する構成要素である。両者の定義はさまざまであるが、重要な点は、フォーマリティが定義されればインフォーマリティも定義されることになり、政策主体がインフォーマリティを決定している点である。第2章のピルの論考も示しているように、英国連邦圏（Common Wealth）の政府は、制度がフォーマリティ、市民社会やコミュニティがインフォーマリティと規定しているが、矛盾も多い。

2　地域包括支援センターアンケート「今後の課題」全意見
http://www.kankyo-news.co.jp/silver/06hokatuanke.pdf

検索日：2022年2月14日

3　日下部雅喜「介護保険施行20年─市町村（保険者）の役割変容と課題」月刊『住民と自治』「特集：介護保険法20年で介護保障は達成できたのか」2020年8月号
https://www.jichiken.jp/article/0177/

検索日：2021年4月10日

4　Whitfieldは、民営化の進展を通して、公共セクターの不安定化、公的な供給の脱政治化、サービス利用者の無力化といった弊害を指摘している。

5　2020年12月6日、Zoomによるヒアリング調査を実施した。回答者は神戸市内の介護高齢者施設と訪問リハビリテーションの2人の介護事業者であった。その情報と知見を参考にして、記述している。この2人の実務家から公表の承諾を得ている。また、研究倫理規程にのっとって匿名にしている。

6　キャピタルゲインとは、株式や債券など、保有している資産を売却することによって得られる売買差益を指す。

7　看護や介護、保育などの現場で働く人の収入について、政府は、2022年2月から月額で3%程度引き上げる方針を固め、新たな経済対策に必要な措置を盛り込むことになった。具体的には、介護福祉士や保育士などは月額9,000円の処遇改善を図るとしているほか幼稚園の教諭に対しても、同様の対応をとるとしている。このため、政府は、2022年2月から9月までに必要な経費については、補助金や交付金として、2021年度の補正予算案に計上し、2022年10月分以降については、診療報酬や介護報酬の改定などで財源を確保する方向で調整を進めている。これは端緒についた程度で、本格的に介護報酬を充実させていく必要がある。

あとがき

　本書を執筆しながら、日本の事情を絶えず意識していた。筆者の協同組合とのかかわりは、高校生時代に生協に所属するある方との出会いである。その方は社会活動に熱心で、地域において問題を抱えて困っている住民に手を差し伸べて、惜しまずに応援していた。その姿は私に強い印象を与え、今も思い出す。関西学院大学では人間福祉学部社起業学科に属していたが、「社会起業入門」「社会起業総論」といった科目で協同組合に触れると、受講する学生は知識がないために驚きを持って聞き入り、関心を持ち始めていた。

　日本においても、協同組合の出番が来ている。様々な協同組合がそれぞれの法律に基づいて活動している。最近では、労働者協同組合（ワーカーズコープ）の活躍の場が拡充しており、期待を呼び起こしている。ワーカーズコープはまちづくりや地域コミュニティの再生につながるとして注目されているが、その契機は2020年12月4日、労働者協同組合法が成立したことによる。与野党・全会派の合意・賛同を得て、超党派の議員立法として労働者協同組合法が衆議院に提出されていた[1]。

　ワーカーズコープの大きな転換点となったのは、2003年の地方自治体法改正による指定管理者制度の導入であった。指定管理者制度に対して、公の施設を民営化・市場化、自治体の利権化に反対する姿勢を打ち出した。市民の公共を創る社会化・市民化を掲げて、様々な自治体に提案してきたのである。地方自治体によってワーカーズコープの受け入れ姿勢は様々で、賛同する自治体から受託を広げて、現在ではコミュニティ施設や学童保育、児童館や保育園、高齢者介護や障がい者の施設など、全体で約330の施設（指定管理者260施設）を運営している。

　さらに、障がいのある児童の居場所がないという親からの相談が多数寄せられて、保護者や地域住民と協働して、放課後などデイサービスを立ち上げた（80ヶ所）。これを基盤にして、就労支援事業（就労継続支援A型、B型、移行支援、自立訓練、生活介護、グループホームなど）などが広がっている。こ

の取組みと連動して、地域と連携した子ども食堂を113ヶ所で展開している（全国の子ども食堂は、約5,000ヶ所）。

2008年のリーマンショック後、働きたくても働けない人が激増した。失業問題に呼応して、職業訓練の事業に着手し、就労困難な若者や生活保護受給者などの社会的困難者に就労支援を行ってきた。若者サポートステーション（23ヶ所）も立ち上げて、若者の「働く」居場所づくりを実施している。サポートステーションの利用者は、当時ひきこもっていたが、組合員になり力を発揮している。2015年には、生活困窮者自立支援制度を活用した事業（相談・就労・学習支援など）に乗り出し、「共に働く」実践が全国に広がっており、全国約80の地方自治体と協働している。これらの事業は切実な生活問題に応えるものであり、心強い。

このようにワーカーズコープは、多様な働き方を支える手段となっており、働き手の分断を橋渡しする機能を発揮している。その役割と任務は、平等な意思決定を確立し、あらゆる形の抑圧に対する反対するもので、今後は、生態学的な持続可能性を追求しながら、連帯して行動しながら、代替的なアプローチを促進し、システムの変更を可能にしようとしている。

前身の全日自労のスピリットは素晴らしかった。全日自労と言えば、人間裁判「朝日訴訟」を支援して、生存権を求めて闘ったことが記憶に残る。かつての全日自労の闘いの経験は、失対賃金を引き上げ、地域を基軸に組織化して、政府・労働省（当時）・地方自治体へ要求闘争を展開した。さらに地域の労働者の組織化（地区労づくり）をして、自らの子育てのために保育所づくりや失業をなくす運動、高齢者の要求闘争の基礎をつくっていった。この運動を支援した江口英一氏ならび中西五洲氏の実践理論は今の時代に再評価されるべきである[2]。

今日では、全日自労の精神をモダナイズする時代である。それは抵抗による市民のための運動であり、参加による市民活動そのものである。新たな生き方や新たな働き方を実現するオルタナティブな勢力であることは間違いない。「生きることに呻吟している青年・女性たち、4割に及ぶ非正規労働者がつくられている現代日本の状況をつくりかえるために、自らを組織した労働者・庶民のエネルギーを、ぜひ全日自労の運動から学んでほしい」これは松澤常夫氏の言葉である。

なお、日本の社会起業に触れておくと、CSRやソーシャルビジネスなど企

業社会に寄り添う社会的企業の育成が"社会起業 1.0"であり、社会問題への構造的対策や社会連帯を喚起した「闘う社会的企業」が"社会起業 2.0"と位置づけられる。そしてニューミュシパリズムの名のもとに、新自由主義に抗する基礎自治体＝社会起業の新たな同盟が、協同セクターを内実化させ、"社会起業 3.0"の実体をつくり上げるだろう[3]。

さて本書のテーマは、筆者が長年主宰しているローカル・ガバナンス研究会で着想を得た。ニューミュニシパリズムやフィアレスシティの動きは、デ・モンフォート大学ジョナサン・デイビーズ教授から学んだ。続いて、彼の研究仲間であるシェフィールド大学マデリン・ピル上級講師もその意義を伝えてくださった。デイビーズ先生は日本に二度お招きしたものの、ピル先生はコロナ禍で招聘が延期されたままである。彼女の来日を早く実現させたいと願っている。また、ローカル・ガバナンス研究会の顧問である大阪府立大学名誉教授右田紀久恵先生と同志社大学名誉教授君村昌先生からはいつも貴重なコメントをいただいている。痛み入る思いである。

最後になったが、本書の刊行までの過程で、明石書店編集部の神野斉様および今枝宏光様から貴重なアドバイスと励ましをいただいた。ここに記して感謝を申し上げる。

2021 年 1 月 25 日

執筆者を代表して

山本　隆

注

1　ワーカーズコープの現状について、日本労働者協同組合（ワーカーズコープ）連合会専務理事の田嶋康利氏からレクチャーを受けた。2021 年 7 月 18 日、Zoom 形式。お礼を申し述べる。

2　「君は知っていますか『全日自労』という労働組合」ウエブサイト資料
http://okina1.cocolog-nifty.com/blog/2017/04/post-630a.html

検索日：2021 年 4 月 19 日

3　エネルギーの自給率が低い日本において、秋田県では電力の地産地消を目指した洋上風力発電事業が進んでいる。

参 考 文 献

第 1 章

アグリエッタ, M., ジェソップ, B. ほか (2009)『金融資本主義を超えて』、若森章孝・斉藤日出治訳、晃洋書房

岩田一政・日本経済研究センター編 (2014)『量的・質的金融緩和　政策の効果とリスクを検証する』日本経済新聞出版

ガルブレイス, J.K. (1978)『不確実性の時代』、都留重人監訳、TBS ブリタニカ

―― (1988)『経済学の歴史　いま時代と思想を見直す』、鈴木哲太郎訳、ダイヤモンド社

クラウチ, C. ストリーク, W. (2001)『現代の資本主義制度　グローバリズムと多様性』、山田鋭夫訳、NTT 出版

グレーバー, D. (2016)『負債論　貨幣と暴力の 5000 年』、酒井隆史監訳、高祖岩三郎・佐々木夏子訳、以文社

ケインズ, J.M. (1995)『雇用・利子および貨幣の一般理論 (普及版)』、塩野谷祐一訳、東洋経済新報社

神野直彦 (2007)『財政学 [改訂版]』有斐閣

スミス, A. (2000 ～ 2001)『国富論 1 ～ 4』水田洋監訳・杉山忠平訳、岩波書店

スティグリッツ, J.E. (2012)『世界の 99％を貧困にする経済』楡井浩一・峯村利哉訳、徳間書店

―― (2002)『世界を不幸にしたグローバリズムの正体』、鈴木主税訳、徳間書店

野尻武敏編 (1976)『現代の経済体制思想』新評論

ハイエク, F.A. (1987)『法と立法と自由 I　ルールと秩序』、矢島鈞次・水吉俊彦訳、春秋社

―― (1987)『法と立法と自由 II　社会正義の幻想』、矢島鈞次・水吉俊彦訳、春秋社

ハーヴェイ, D. (2007)『新自由主義　その歴史的展開と現在』、渡辺治監訳、

森田成也・木下ちがや・大屋定晴・中村好孝訳、作品社

——（2011）『〈資本論〉入門』、森田成也・中村好孝訳、作品社

——（2012）『資本の〈謎〉　世界金融恐慌と21世紀資本主義』、森田成也・大屋定晴・中村好孝・新井田智幸訳、作品社

——（2016）『〈資本論〉第2巻・第3巻』、森田成也・中村好孝訳、作品社

ポールソン, H.（2010）『ポールソン回顧録』、有賀裕子訳、日本経済新聞出版

フリードマン, M.（2002）『選択の自由　自立社会への挑戦』、西山千秋訳、日経ビジネス人文庫

——（2008）『資本主義と自由』、村井章子訳、日経BPクラシックス

ポラニー, K.（2009）『大転換　市場社会の形成と崩壊』、野口建彦・栖原学訳、東洋経済新報社

宮尾龍蔵（2016）『非伝統的金融政策　政策当事者としての視点』有斐閣

宮本憲一（1981）『現代資本主義と国家』岩波書店

NHKスペシャル取材班（2012）『マネー資本主義　暴走から崩壊への真相』新潮文庫

ライシュ, R.B.（2008）『暴走する資本主義』、雨宮寛・今井章子訳、東洋経済新報社

第2章

Aulich, C. (2005) *Australia: Still a Cinderella?* In: B. Denters and L. Rose (eds). Comparing Local Governance. *Basingstoke*: Palgrave Macmillan, pp.193-210

Betts, C. (2019, 21 September) *Local government has suffered the biggest cuts of any part of the public sector over the last decade.* The House. Available from: https://www.politicshome.com/thehouse/article/britains-real-democratic-crisis-is-the-disconnect-caused-by-cuts-to-local-services-and-facilities

Accessed on 2021-02-02

Brenner, N. (2019) *New urban spaces: urban theory and the scale question.* Oxford: OUP

Clarke, J. and Newman, J. (2012) 'The Alchemy of Austerity.' *Critical Social Policy* 32(3): 299-319.

Coaffee, J. (2005) 'New localism and the management of regeneration.' *International*

Journal of Public Sector Management 18(2): 108-113

Conservative Party (2009) Control Shift: Returning Power to Local Communities. London: The Conservative Party

Davies, J.S. (2008)'Double-devolution or double-dealing? The Local Government White Paper and the Lyons Review.' *Local Government Studies* 34(1): 3-22

Davies, J.S. and Blanco, I. (2017) 'Austerity urbanism: patterns of neo-liberalisation and resistance in six cities of Spain and the UK.' *Environment and Planning A: Economy and Space* 49(7): 1517-1536

Davies, J.S. and Pill, M.C. (2012)'Hollowing-out Neighbourhood Governance? Re-scaling Revitalization in Baltimore and Bristol.' *Urban Studies* 49(10): 2199-2217

Featherstone, A., Mackinnon, D., Strauss, K. and Cumbers, A.(2012)'Progressive localism and the construction of political alternatives.' *Transactions of the Institute of British Geographers* 37(2): 177-182

Hambleton, R. (2015) 'The inclusive city: place-based innovation for a bounded planet.'*Bristol: Policy Press*

HM Government (2011) *The Localism Act.* London: HMSO

Housing, Communities and Local Government Select Committee (2019) *Local Government Finance and the 2019 Spending Review* (HC 2036, 2017-19). [Online]. London: House of Commons. Available from: https://publications.parliament.uk/pa/cm201719/cmselect/cmcomloc/2036/2036.pdf

Accessed on 2021-02-02

Katz, B. and Nowak,J. (2018) *The New Localism: How cities can thrive in the age of populism.* Washington DC: Brookings Institution Press

Lowndes, V. and Pratchett, L. (2012) 'Local Governance under the Coalition Government: Austerity, Localism and the Big Society.' *Local Government Studies* 38 (1): 21-40

OECD (Organisation for Economic Cooperation and Development) and United Cities and Local Government (2016)'Subnational Governments around the world':*Structure and finance.* Available from: https://www.oecd.org/regional/regional-policy/sngs-around-the-world.htm

Accessed on 2021-02-02

Parker, S. (2011) *Cities, politics and power.* Abingdon: Routledge

Pierre, J. (2011) *The politics of urban governance.* Basingstoke: Palgrave Macmillan

Pill, M. and Bailey, N. (2014)' The Potential for Neighbourhood Regeneration in a Period of Austerity: Changing forms of Neighbourhood Governance in Two Cities.' *Journal of Urban Regeneration and Renewal* 7(2): 150-163

Pill, M. and Rogers, D. (2019) 'Urban policy,' In: P. Chen, N. Barry, J. Butcher, D. Clune, I. Cook, A. Garnier, Y. Haigh, S. Motta & M. Taflaga (eds). *Australian politics and policy: senior edition, Sydney*: Sydney University Press

Russell, B. (2019) 'Beyond the Local Trap: New Municipalism and the Rise of the Fearless Cities.' *Antipode* 51(3): 989-1010

Schaefer, L. (2018)' The Preston model of community wealth building in the UK.' *Centre for Public Impact*, 15 November. Retrieved from: https://www.centreforpublicimpact.org/case-study/the-preston-model-of-community-wealth-building-in-the-uk/

Stoker, G. (2004) *Transforming Local Governance.* Basingstoke: Palgrave Macmillan.

Stoker, G. (2011) 'Was local governance such a good idea? A global comparative perspective.' *Public Administration* 89(1): 15-31

Sullivan, H., Williams, P., Marchington. M. and Knight, L.(2013) 'Collaborative futures: discursive realignments in austere times.' *Public Money & Management* 33(2): 123-130.

Swyngedouw, E. (2004)' Globalisation or 'glocalisation'? Networks, territories and rescaling.' *Cambridge Review of International Affairs* 17:1: 25-48

Tomlinson, R. (2017) An argument for metropolitan government in Australia. *Cities* 63: 149-153

Wills, J. (2016)'Locating localism: statecraft, citizenship and democracy.' *Bristol: Policy Press*

Wolman, H. and Goldsmith, M. (1990)'Local autonomy as a meaningful analytic concept - comparing local government in the United States and the United Kingdom.' *Urban Affairs Quarterly* 26(1): 3-27

解題

英文

Bevir, M. and Rhodes, R.A.W. (2006) *Governance Stories*, Routledge

—— (2010) *The State as Cultural Practice*, Oxford University Press

—— (eds.) (2016) *Rethinking Governance ruling, rationalities and resistance*, Rougledge

Crouch, C. (2011) *The Strange Non-Death of Neoliberalism, Cambridge*: Polity Press

Davies, J.S. (2011) *Challenging Governance Theory from networks to hegemony*, The Policy Press

Davies, J. S., & Thompson, E. (2016)'Austerity Realism and the Governance of Leicester.' in M. Bevir & R. A. W. Rhodes (Eds), *Rethinking Governance: ruling, rationalities and resistance* (pp. 144-161). Oxon: Routledge. 40-48

Dikec, M. & Swyngedouw, E. (2017) ' Theorizing the Politicizing City.' *International Journal of Urban and Regional Research*. Published online before print, 29.1.17 doi:10.1111/1468-2427.12388

Eva Sörensen E. and Jacob Torfing, J. (2007) *Theories of Democratic Network Governance*, Palgrave

Jessop, B. (2002) *The Future of the Capitalist State*, Polity Press.【邦訳】中谷義和監訳・山本隆、篠田武司、櫻井純理、山下高行、國廣敏文、伊藤武夫訳（2005）『資本主義国家の未来』、御茶の水書房

—— (2008) *State Power a strategic-related approach*, Polity Press.【邦訳】中谷義和訳（2009）『国家権力 戦略－関係アプローチ』、御茶の水書房

Kooiman,J. (ed.)(1993) *Modern Governance New Government—Society Interactions*, Sage

Meuleman, L. (2010) *Public Management and the Metagovernance of Hierarchies,* Networks and Markets, Physica–verlag

Perri 6, Leat, D., Seltzer, K., Stoker, G. (2002) *Towards Holistic Governance*, Palgrave

Peters, B. G. and Pierre, J. (2016) *Comparative Governance rediscovering the functional dimension of governing*, Cambridge University Press

—— (2000) *Governance, Politics and the State*, Macmillan Press

Pierre, J.(ed.) (2000) *Debating Governance authority, steering, and democracy*, Oxford

Rhodes, R.A.W.(1997) *Understanding Governance : policy networks, governance, reflexivity and accountability,* Open University Press

Stoker, G. (2004) *Transforming Local Governance : from Thatcherism to New Labour*, Palgrave Macmillan

Stone, C. N. (1989) *Regime Politics: Governing Atlanta 1946-1988,* Lawrence, KS:

University of Kansas Press

Thomas, P. (2009) *The Gramscian Moment: philosophy, hegemony and marxism, Leiden:* Brill

Torfing, J. and Triantafillou, P. (eds.)(2011) I*nteractive Policy Making, Metagovernance and Democracy,* ESPR Studies

和文（翻訳本を含む）

セイラー , R.H., サンスティーン , C.（2009）『実践 行動経済学』遠藤真美訳 , 日経 BP 社

フーコー , M.（2008）『生政治の誕生　コレージュ・ド・フランス講義 1978-1979 年度』、慎改康之訳 , 筑摩書房

山本隆（2009）『ローカル・ガバナンス　福祉政策と協治の戦略』ミネルヴァ書房

―――（2019）『貧困ガバナンス論　日本と英国』晃洋書房

ライターズ・フォー・ザ・99％（2012）『ウォール街を占拠せよ　はじまりの物語』芦原省一訳、高祖岩三郎解説 , 大月書店

第 3 章

英文

Akuno, K. and AkuNangwaya, A. (eds) (2017) *Jackson Rising: The Struggle for Economic Recovery and Black Self-Determination in Jackson,* Mississippi. Daraja Press

Alperovitz, G. (2012) 'The pluralist commonwealth and property-owning democracy.' In O'Neill, M. and Williamson, T. (eds) *Property-Owning Democracy: Rawls and Beyond. Malden: Wiley-Blackwell,* 266–286

Ayres, S,, Flinders, M. and Sandford, M. (2018) ' Territory, power and statecraft: Understanding English devolution.' *Regional Studies* 52(6): 853–864

Barcelona En Comú with Bookchin, D. and Colau, A.(2019) *Fearless Cities a guide to the global municipalist movement,* New Internationalist Publications

Barnett, C. (2014) 'What do cities have to do with democracy?' I*nternational Journal of Urban and Regional Research* 38(5): 1625–1643

Becker, S., Beveridge, R. and Naumann, M. (2015)'Remunicipalization in German cities:

Contesting neoliberalism and reimagining urban governance?' *Space and Polity* 19(1): 76–90

Beswick, J. and Penny, J. (2018)'Demolishing the present to sell off the future? The financialisation of public housing in London.'*International Journal for Urban and Regional Research* 42(4): 612–632

Beveridge, R. and Koch, P. (2019a)'Contesting austerity, decentring the state: Anti-politics and the political horizon of the urban.' *Environment and Planning C: Politics and Space* DOI: 10.1177/2399654419871299

Beveridge, R. and Koch, P. (2019b)'Urban everyday politics: Politicising practices and the transformation of the here and now.' *Environment and Planning D: Society and Space* 37(1): 142–157

Blanco, I., Salazar, Y., and Bianchi, I., (2019)'Urban governance and political change under a radical left government: The case of Barcelona.' *Journal of Urban Affairs* DOI: 10.1080/07352166.2018.1559648.

Bookchin, M. (2014) *The Next Revolution: Popular Assemblies and the Promise of Direct Democracy.* London: Verso

Carson, K. (2017) 'Libertarian municipalism: Networked cities as resilient platforms for post-capitalist transition.' *Center for a Stateless Society.* Available at: https://c4ss.org/content/50407

Accessed on 2019-05-05

Chatterton, P., and Pusey, A. (2019)' Beyond capitalist enclosure, commodification and alienation: Postcapitalist praxis as commons, social production and useful doing.' *Progress in Human Geography.* DOI: 10.1177/ 0309132518821173

Clarke, N. (2012b)'Urban policy mobility, anti-politics, and histories of the transnational municipal movement.' *Progress in Human Geography* 36(1): 25–43

CLES (2019)'New municipalism in London.' *Centre for Local Economic Strategies.* Available at: https://cles. org.uk/wp-content/uploads/2019/04/New-Municipal ism-in-London_April-2019.pdf

Accessed on 2019-05-07

Cumbers, A. (2012) *Reclaiming Public Ownership: Making Space for Economic Democracy.*

New York: Zed Books

Cumbers, A. (2015) Constructing a global commons in, against and beyond the state. *Space and Polity* 19(1): 62–75

Davies, J.S., and Blanco, I. (2017)'Austerity urbanism: Patterns of neo-liberalisation and resistance in six cities of Spain and the UK.' *Environment and Planning A* 49(7): 1517–1536

Dogliani, P. (2002)'European municipalism in the first half of the twentieth century: The socialist network.' *Contemporary European History* 11(4): 573–596

Ewen, S. and Hebbert, M. (2007)'European cities in a networked world during the long 20th century.' *Environment and Planning C: Government and Policy* 25(3): 327–340 DOI: 10.1068/c0640

Featherstone, D. (2015) 'Thinking the crisis politically: Lineages of resistance to neo-liberalism and the politics of the present conjuncture.' *Space and Polity* 19(1): 12–30

Gibson-Graham, J.K. (2008) 'Diverse economies: Performative practices for 'other worlds'.' *Progress in Human Geography* 32(5): 613–632

Gray, N. (2018)'Beyond the right to the city: Territorial autogestion and the Take over the City movement in 1970s Italy.' *Antipode* 50(2): 319–339

Hardt, M. and Negri, A. (2017) *Assembly.* Oxford: Oxford University Press. 【邦訳】水嶋一憲・佐藤嘉幸・箱田徹・飯村祥之訳（2022）、『アセンブリ』、岩波書店

Iveson, K. (2013)'Cities within the city: Do-it-yourself urbanism and the right to the city.' *International Journal of Urban and Regional Research* 37(3): 941–956

Lauermann, J. (2018)'Municipal statecraft: Revisiting the geographies of the entrepreneurial city.' *Progress in Human Geography* 42(2): 205–224

Leitner, H., Sheppard, E., and Webber, S. (2018)'Globalizing urban resilience.' *Urban Geography* 39(8): 1276–1284

Leopold, E. and McDonald, D.A. (2012) 'Municipal socialism then and now: Some lessons for the Global South.' *Third World Quarterly* 33(10): 1837–1853

London Edinburgh Weekend Return Group (1979) *In and Against the State.* London: Pluto Press. Available at: https://libcom.org/library/against-state-1979

Accessed on 2019-05-10

Magnusson, W. (2014) 'The symbiosis of the urban and the political.' *International Journal of Urban and Regional Research* 38(5): 1561–1575.

Purcell, M. (2002)'Excavating Lefebvre: The right to the city and its urban politics of the inhabitant.' *GeoJournal* 58(2–3): 99–108.

Purcell, M. (2006)'Urban democracy and the local trap.' *Urban Studies* 43(11): 1921–1941.

Rubio-Pueyo, B.V. (2017)'Municipalism in Spain: From Barcelona to Madrid, and Beyond.' *New York: Rosa Luxemburg Stiftung.* Available at: http://www.rosalux-nyc. org/municipalism-in-spain/

Accessed on 2019-03-04

Russell, B. (2019)'Beyond the local trap: New municipalism and the rise of the Fearless Cities.' *Antipode* 51(3): 989–1010.

Russell, B. and Milburn, K. (2018)'What can an institution do? Towards public-common partnerships and a new common-sense.' *Renewal* 26(4): 45–55.

Saunier, P-Y. (2001)'Sketches from the urban internationale, 1910–50: Voluntary associations, international institutions and US philanthropic foundations.' *International Journal of Urban and Regional Research* 25(2): 380–403

—— (2002)'Taking up the bet on connections: A municipal contribution.' *Contemporary European History* 11(4): 507–527.

Sharzer G (2017)'Cooperatives as transitional economics.' *Review of Radical Political Economics* 49(3): 456–476

Sutton SA (2019) 'Cooperative cities: Municipal support for worker cooperatives in the United States.' *Journal of Urban Affairs.* DOI: 10.1080/07352166.2019. 1584531.

Tarrow, S. (1994) *Power in Movement: Social Movements and Contentious Politics. Cambridge:* Cambridge University Press.

Thompson, M. (2020)'What is so new about New Municipalism?' *Progress in Human Geography* XX(X)

Thompson, M., Nowak, V., and Southern, A., (2019)'Re-grounding the city with Polanyi: From urban entrepreneurialism to entrepreneurial municipalism.' *Environment and Planning A: Economy and Space.* DOI: 10.1177/0308518X19899698.

Ward, B. and Lewis, J. (2002)'Plugging the Leaks.' *New Economics Foundation.* Available at: https://neweco nomics.org/uploads/files/9215d0d00f79789377_ cxm6bu0ue.pdf

Accessed on 2019-05-09

和文（翻訳本を含む）

アレント, H.（1994）『人間の条件』、志水速雄訳、筑摩書房

ハーヴェイ, D.（2013）『反乱する都市　資本のアーバナイゼーションと都市の再創造』、森田成也・大屋定晴・中村好孝・新井大輔訳、作品社

ルフェーヴル, A.（2011）『都市への権利』森本和夫訳、筑摩書房

第4章

Ada Colau Mayor of Barcelona, https://ajuntament.barcelona.cat/alcaldessa/en

Accessed on 2020-11-28

Barcelona en Comu, Bookchin, D. and Colau, A. (2019) *Fearless Cities: A Guide to the Global Municipalist Movement.* London: Verso.

Blanco, I., Salazar, Y. and Bianchi, I. (2019) 'Urban governance and political change under a radical left government: The case of Barcelona'. *Journal of Urban Affairs.* DOI: 10.1080/07352166.2018.1559648.

Boddy, M. and Fudge, C. (eds)(1984) *Local Socialism*, Macmillan

Bookchin, M. (1987) T*he Rise of Urbanization and the Decline of Citizenship.* San Francisco: Sierra Club Books.

―― (2014) *The Next Revolution: popular assemblies and the promise of direct democracy,* London:Verso

―― (1990) *Remaking society: pathways to a green future*【邦訳】藤堂真理子・戸田清・萩原なつ子訳(1996)『エコロジーと社会』、白水社

Centre for Local Economic Strategies CLES (2019) *Community wealth building 2019 Theory, practice and next steps* from https://cles.org.uk/publications/community-wealth-building-2019/

Accessed on 2019-12-17

―― (2019)'New municipalism in London.' *Centre for Local Economic Strategies.* https://

cles.org.uk/wp-content/uploads/2019/04/New-Municipalism-in-London_April-2019.pdf

Accessed on 2020-11-28

Davies, J. S. and Blanco, I. (2017) 'Austerity urbanism: patterns of neo-liberalisation and resistance in six cities of Spain and the UK', *Environment and Planning, A* 49(7):1517–1536.

Hardt, M. and Negri, A. (2017) *Assembly*, Oxford University Press.【邦訳】水嶋一憲・佐藤嘉幸・箱田徹・飯村祥之訳（2022）、『アセンブリ』、岩波書店

Harvey D (2012) *Rebel Cities: From the Right to the City to the Urban Revolution.* London: Verso.【邦訳】『反乱する都市　資本のアーバナイゼーションと都市の再創造』（2013）、森田成也・大屋定晴・中村好孝・新井大輔訳、作品社

Lefebvre, H. (2003) *The Urban Revolution*, University of Minnesota Press.

London Edinburgh Weekend Return Group (1979) *In and Against the State. London: Pluto Press.* https://libcom.org/library/against-state-1979

Accessed on 2020-11-18

Magnusson, W. (2014) 'The Symbiosis of the Urban and the Political', *International Journal of Urban and Regional Research*, 38(5): 1561–1575.

Peck, J. (2011) 'Creative Moments: working culture, through municipal socialism and neoliberal urbanism', in: McCann E and Ward K (eds) *Mobile Urbanism:Cities and Policymaking in the Global Age,* University of Minnesota Press, 41–70.

Pill, M. and Bailey, N. (2014) 'The Potential for Neighbourhood Regeneration in a Period of Austerity: Changing forms of Neighbourhood Governance in Two Cities'. *Journal of Urban Regeneration and Renewal* 7(2): 150-163

Pill, M. and Guarneros-Meza, V. (2018) 'Local Governance Under Austerity: Hybrid Organisations and Hybrid Officers' *Policy & Politics* 46(3): 409-425

Pill, M. and Guarneros-Meza, V. (2019) 'The Everyday Local State? Opening up and closing down informality in local governance' *Local Government Studies* online before print DOI: 10.1080/03003930.2019.1624256

Thompson, M., 'What's so new about New Municipalism?' *Sage Journals,* 2020 from https://journals.sagepub.com/doi/pdf/10.1177/0309132520909480

Accessed on 2020-11-28

第 5 章

Duong, B. (2021) *Despite a Rocky Start, Cleveland Model for Worker Co-ops Stands Test of Time* https://shelterforce.org/2021/03/09/despite-a-rocky-start-cleveland-model-for-worker-co-ops-stands-test-of-time/

Accessed on 2021-06-11

Howard, T. (2013) 'Ted Howard reveals the secret behind The Cleveland Model's success,' *keynote speach at the Future Co-ops 2013*

Lenihan, R. (2014) Rust-Belt Recovery: 'The Cleveland Model as Economic Development in an Age of Economic Stagnation and Climate Change.' *Pepperdine Policy Review*, Volume 7 Article 6 https://www.thenews.coop/39369/topic/democracy/ted-howard-reveals-success-behind-cleveland-model/

Accessed on 2021-06-03

The Cleveland Model—How the Evergreen Cooperatives are Building Community Wealth https://community-wealth.org/content/cleveland-model-how-evergreen-cooperatives-are-building-community-wealth

Accessed on 2021-05-29

The Cleveland Model https://atlasofthefuture.org/project/the-cleveland-model/

Accessed on 2021-05-29

Worker-Owned Cooperatives—*The Cleveland Mode*l https://sustainableconsumption.usdn.org/initiatives-list/worker-owned-cooperatives-the-cleveland-model

Accessed on 2021-5-29

Innovations for an Emerging Green Economy http://www.evgoh.com/

Accessed on 2021-5-29

Innovations for an Emerging Green Economy http://www.evgoh.com/

Accessed on 2021-5-29

第 6 章

Akuno, K. (2012) *The Jackson-Kush Plan: The Struggle for Black Self-determination and Economic Democracy.* https://jacksonrising.pressbooks.com/chapter/the-jackson-kush-plan-the-struggle-for-black-self-determination-and-economic-democracy/

Accessed on 2020-4-15

Akuno, K., and Nangwaya, A. (eds) (2017) *Jackson Rising: The Struggle for Economic Democracy and Black Self-Determination in Jackson*, Mississippi. Jackson: Daraja Press

Alperovitz, G. (2012) The pluralist commonwealth and property-owning democracy. In O'Neill M and Williamson T (eds) *Property-Owning Democracy: Rawls and Beyond*. Malden: Wiley-Blackwell, 266–286.

Baird, K. S. (2016) 'How to build a movement-party: Lessons from Rosario's Future City.' *Open Democracy* 15 November. https://www.opendemocracy.net/democraciaabierta/kate-shea-baird/how-to-build-movement-party-lessons-from-rosario-s-future-city

Accessed on 2020-04-15

Barcelona en Comú (2016) *How to win back the city en comú.* https://barcelonaencomu.cat/sites/default/files/win-the-city-guide.pdf

Accessed on 2019-02-30

——(2017) *About Fearless Cities: International Municipalist Summit.* http://2017.fearlesscities.com/about-fearless-cities/

Accessed on 2020-04-15

Barcelona en Comú, Bookchin, D., and Colau, A. (2019) *Fearless Cities: A Guide to the Global Municipalist Movement.* London: Verso.

Beswick, J., and Penny, J., (2018) 'Demolishing the present to sell off the future? The financialisation of public housing in London.' *International Journal for Urban and Regional Research* 42(4): 612–632.

Blanco, I., Salazar, Y., and Bianchi, I. (2019) 'Urban governance and political change under a radical left government: The case of Barcelona.' *Journal of Urban Affairs.* https://doi.org/10.1080/07352166.2018.1559648

Boddy, M., and C. Fudge (eds)(1984) *Local Socialism*, Macmillan

CLES (2019) New municipalism in London. *Centre for Local Economic Strategies.* Available at: https://cles. org.uk/wp-content/uploads/2019/04/New-Municipal ism-in-London_April-2019.pdf

Accessed on 2020-04-19

Colau, A. and Alemany, A. (2012) *Mortgaged Lives: From the Housing Bubble to the Right to Housing.* Los Angeles: JOAAP

Cooper, D. (2017) Prefiguring the state, *Antipode* 49(2):335–356

Cooper, D., Dhawan, N. and Newman, J. (2019) *Reimagining the State: Theoretical Challenges and Transformative Possibilities*, London: Routledge.

Davidson, M. and Iveson, K. (2015) 'Beyond city limits: A conceptual and political defense of "the city" as an anchoring concept for critical urban theory.' *City* 19(5):646–664

Davies, J. S., and Blanco, I., (2017) 'Austerity urbanism: Patterns of neo-liberalisation and resistance in six cities of Spain and the UK.' *Environment and Planning A* 49(7): 1517–1536.

Delaney, D. and Leitner, H. (1997) 'The political construction of scale.' *Political Geography* 16 (2):93–97

Featherstone, D., Ince, A., MacKinnon, D., Strauss, K. and Cumbers, A. (2012) Progressive localism and the construction of political alternatives. *Transactions of the Institute of British Geographers* 37(2):177–182

Featherstone, D. (2015) 'Thinking the crisis politically: Lineages of resistance to neo-liberalism and the politics of the present conjuncture.' *Space and Polity* 19(1): 12–30.

Featherstone, D., Strauss, K. and MacKinnon, D. (2015) Against and beyond neo-liberalism: The "crisis" and alternative political futures, *Space and Polity* 19(1):1–11

Iveson, K. (2013) 'Cities within the city: Do-it-yourself urbanism and the right to the city. '*International Journal of Urban and Regional Research* 37(3): 941–956.

Leitner, H. and Miller, B. (2007)' Scale and the limitations of ontological debate: A commentary on Marston, Jones and Woodward.' *Transactions of the Institute of British Geographers* 32(1):116–125

Leitner, H., Sheppard, E. and Sziarto, K. M. (2008) 'The spatialities of contentious politics.' *Transactions of the Institute of British Geographers* 33(2):157–172

London-Edinburgh Weekend Return Group (1979) 'In and Against the State.' *Conference of Socialist Economists.* http://libcom.org/library/against-state-1979

Accessed on 2020-08-27

London-Edinburgh Weekend Return Group (2011) *In,against and beyond labour - Interview with John Holloway.* libcom.org https://libcom.org/library/against-beyond-labour-interview-john-holloway

Accessed on 2020-08-27

Loney, M.(1983) *Community against Government The British Community Development Project 1968-78,* Heinemann Educational Books

Peck, J. and Tickell, A. (2002) Neoliberalizing space. *Antipode* 34(3):380–404

Peck, J. (2011) 'Creative Moments: working culture, through municipal socialism and neoliberal urbanism', in McCann E and Ward K (eds.) *Mobile Urbanism:Cities and Policymaking in the Global Age*, University of Minnesota Press, 41–70.

Purcell, M. (2006) Urban democracy and the local trap. *Urban Studies* 43(11):1921–1941

——(2013) *The Down-Deep Delight of Democracy.* Oxford: Wiley-Blackwell

Roth, L. and Baird, K. (2017) 'Municipalism and the feminization of politics.' *Roar Magazine* 6:98–109. https://roarmag.org/magazine/municipalism-feminization-urban-politics

Accessed on 2019-01-08

Russell, B. and Roth, L. (2018) 'Scaling up, or scaling out? Trans-local solidarity and the new municipalist movements.' *Roar Magazine* 8:81–93.https://roarmag.org/magazine/munici palist-movement-internationalism-solidarity/

Accessed on 2019-01-08

Russell, B. (2019) Beyond the local trap: New municipalism and the rise of the Fearless Cities. *Antipode* 51(3): 989–1010.

Sharzer, G. (2017) 'Cooperatives as transitional economics.' *Review of Radical Political Economics* 49(3): 456–476.

Swyngedouw, E. (1997) Excluding the Other: The production of scale and scaled politics. In L, Roger. and J, Wills. (1997) *Geographies of Economies* (pp.551–581). London: Routledge

和文（翻訳本を含む）
サッセン , S.（2004）『グローバル空間の政治経済学　都市・移民・情報化』、

　　田淵太一・原田太津男・尹春志訳、岩波書店

――（2011）『領土・権威・諸権利　グローバリゼーション・スタディーズの
　　現在』、伊豫谷登士翁監修・伊藤茂訳、明石書店

清水修二（1979）「シドニー・ウェッブと財政民主主義　都市社会主義から
　　産業国有化まで」島恭彦・池上淳編『財政民主主義の理論と思想』青木
　　書店

ハーヴェイ, D.（2013）『反乱する都市　資本のアーバナイゼーションと都市
　　の再創造』、森田成也・大屋定晴・中村好孝・新井大輔訳、作品社

ブクチン, M.（1996）『エコロジーと社会』、藤堂麻理子・戸田清・荻原なつ子訳、
　　白水社

山本隆（2003）『英国の福祉行財政　政府間関係の視点』法律文化社

山本隆編著（2014）『社会的企業　もうひとつの経済』法律文化社

山本隆（2019）『貧困ガバナンス論』晃洋書房

ライターズ・フォー・ザ・99％（2012）『ウォール街を占拠せよ　はじまりの
　　物語』、芦原省一訳、大月書店

ルフェーヴル, A.（1979）『都市革命』、今井成美訳、晶文社

――（2011）『都市への権利』、森本和夫訳、筑摩書房

第 7 章

英文

Akuno, K., and AkuNangwaya, A. (eds.) (2017) *Jackson Rising:the struggle for economic recovery and black self-determination in Jackson, Mississippi.* Daraja Press

Democracy Collaborative (2015) Community Wealth Building in Jackson, Mississippi Strategic Considerations, the paper prepared for Cooperation Jackson

2018 Year in Review. *Greetings Supporters and Allies* https://cooperationjackson.org/2018yearinreview

　　　　　　　　　　　　　　　　　　　　　Accessed on 2021-06-11

2019 Year in Review: Resistance and Reflection https://cooperationjackson.org/announcementsblog/2019yearinreview

　　　　　　　　　　　　　　　　　　　　　Accessed on 2021-06-11

Reversing Past Oppression, Cooperation Jackson builds a better future (2018) https://
cooperationjackson.org/blog/2018/7/13/reversing-past-oppression-cooperation-
jackson-builds-a-better-future

Accessed on 2021-06-02

Community Wealth Building in Jackson, Mississippi Strategic Considerations (2015)

和文（翻訳本を含む）

シュナイダー , N.（2020）『ネクスト・シェア　ポスト資本主義を生み出す「協
同」プラットフォーム』月谷真紀訳、東洋経済新報社

第 8 章

英文

Angel, J. (2021) 'New Municipalism and the State : remunicipalising energy in Barcilona,
from prosaics to process.' *Antipode* Vol. 53 No. 2 doi : 10.1111/anti.12687

Alperovitz, G. (2017) *Principles of a Pluralist Commonwealth: Introduction* https://
thenextsystem.org/principles-introduction

Accessed on 2021-07-23

——(2017) *Commonwealth*　https://thenextsystem.org/commonwealth

Accessed on 2021-07-23

——(2017) *DEMOCRATIC OWNERSHIP*　https://thenextsystem.org/ownership

Accessed on 2021-7-23

——(2017) *Money*　https://thenextsystem.org/money

Accessed on 2021-07-23

——(2017) *Markets*　https://thenextsystem.org/markets

Accessed on 2021-07-23

——(2017) *Investment*　https://thenextsystem.org/investment

Accessed on 2021-07-23

——(2017)*Cooperatives*　https://thenextsystem.org/cooperatives

Accessed on 2021-07-23

——(2017)*Pluralism*　https://thenextsystem.org/pluralism

Accessed on 2021-07-23

——(2017) *Community*　https://thenextsystem.org/community

Accessed on 2021-07-23

——(2017) *Decentralization*　https://thenextsystem.org/decentralization

Accessed on 2021-07-23

——(2017) *Planning*　https://thenextsystem.org/planning

Accessed on 2021-07-23

——(2017) *Equality*　https://thenextsystem.org/equality

Accessed on 2021-07-23

——(2017) *Evolutionary Reconstruction and Displacement*
https://thenextsystem.org/evolutionary-reconstruction-displacement

Accessed on 2021-07-23

——(2017) *Public*　https://thenextsystem.org/public

Accessed on 2021-07-23

——(2017) *Prehistory*　https://thenextsystem.org/prehistory

Accessed on 2021-07-23

——(2017) *Economic Growth*　https://thenextsystem.org/economic-growth

Accessed on 2021-07-23

Davidson, M., and Iveson, K. (2015) 'Beyond city limits : A conceptual and political defense of 'the city' as an anchoring concept for critical urban theory.' *City* 19 (5)

Featherstone, D., Ince, A., Mackinnon, D., Strauss, K. and Cumbers, A. (2012) Progressive Localism and the Construction of Political Alternatives. *Transactions of the Institute of British Geographers* 37 (2)

Hirst, P. (1994) *Associative Democracy: New Forms of Economic and Social Governance*, Polity Press

Painter, J. (2006) 'Prosaic Geographies of Stateness.' *Political Geography* 25

Rothman, B., Harding, M., Smith, R., Waghorn, T. and Warrender, K., *The battle for Kinder Scout* (2012) Willow Publishing

Russell, B. (2019) 'Beyond the local trap: New municipalism and the rise of the Fearless Cities. '*Antipode* 51(3): 989–1010.

Sharzer, G. (2017) 'Cooperatives as Transitional.' *Review of Radical Political Economics*, Vol. 49(3) DOI: 10.1177/0486613415627154 rrpe.sagepub.com

和文（翻訳本を含む）

アレント, H. (1994)『人間の条件』、志水速雄訳、筑摩書房

植村邦彦（2010）『市民社会とは何か　基本概念の系譜』平凡社

オコンナー, J. (1981)『現代国家の財政危機』、池上惇・横尾邦夫監訳、御茶の水書房

グラムシ, A. (1986)『グラムシ選集 1 〜 5』、山崎功監修、合同出版

グラムシ, A.（2006）［東京グラムシ会『獄中ノート』研究会訳］『ノート 22 アメリカニズムとフォーディズム』同時代社

ハバーマス, J.（1979）『晩期資本主義における正統化の諸問題』、細谷貞雄訳、岩波書店

ミリバンド, R. (1992)『現代資本主義国家論　西欧権力体系の一分析』、田口富久治訳、未来社

第 9 章

Arthur, L., Scott-Cato, M., Keenoy, T. and Smith, R. (2003) 'Developing an operational definition of the social economy', *Journal of Co-operative Studies*, 36(3): 163-189.

Barbier, E. (1987) 'The concept of sustainable development', *Environmental Conservation,* 14(2): 101-110.

Birchall, J. and Ketilson, L. H. (2009) 'Resilience of the Cooperative Business Model in Times of Crisis'. in *Sustainable Enterprise Programme/Responses to the Global Economic Crisis,* Geneva: International Labour Organisation.

Borzaga, C. and Depedri, S. (2014) 'When social enterprises do it better: efficiency and efficacy of work integration in Italian social co-operatives', in S. Denny and F. Seddon (eds), *Social Enterprise: Accountability and Evaluation Around the World.* London: Routledge, 85-101.

Brakman Reiser, D. (2012) Benefit Corporations - A Sustainable Form of Organization?, *Legal Studies Paper* No. 293, Brooklyn Law School, Downloaded from: https://ssrn.com/abstract=2144795.

Brundtland, G. (1987) *Our Common Future.* Oxford: Oxford University Press 【邦訳】 環境庁国際環境問題研究会訳（1987）『地球の未来を守るために』、福武書店

Chell, E. (2007) 'Social enterprise and entrepreneurship: towards a convergent theory of the entrepreneurial process', *International Small Business Journal,* 25(1): 5-26.

Conaty, P. (2014) *Social Co-operatives: A Democratic Co-production Agenda for Care Services in the UK* (Manchester: Co-operatives UK).

Conaty, P. and Bollier, D. (2015) *Towards an Open Co-operativism: A New Social Economy Based on Open Platforms, Co-operative Models and the Commons,* Report on the Commons Strategies Group, Berlin, Germany.

Defourny, J. & Nyssens, M. (2017) 'Fundamentals for an International Typology of Social Enterprise Models', *Voluntas,* 28(6): 2469-2497.

Doherty, B., Meehan, J. and Richards, A. (2015). 'The business case and barriers for responsible management education in business schools', *Journal of Management Development,* 34(1): 34-60.

Emerson, J. (2000) 'The nature of returns: a social capital markets inquiry into elements of investment and the blended value proposition', *working paper, Harvard Business School.*

Erdal, D. (2000) *The Psychology of Sharing: An Evolutionary Approach,* PhD Thesis, University of St Andrews.

Gates, J. (1999) *The Ownership Solution: Toward a Shared Capitalism for the Twenty-First Century,* Reading MA: Perseus Books.

Giddings, B., Hopwood, B. and O'Brien, G. (2002) 'Environment, economy and society: fitting them together into *sustainable development', Sustainable Development,* 10: 187-196.

Haugh, H. and Kitson, M. (2007) 'The Third Way and the third sector: New Labour's economic policy and the social economy', *Cambridge Journal of Economics,* 31(6): 973-994.

Hood, C. (1995) 'The new public management in the 1980s: variations on a theme', *Accounting, Organisation and Society,* 20(2/3): 93-109 for changes in public sector management.

ICA (2018) *Co-operative Identity, Values and Principles, Geneva:* International Co-operative Alliance, https://ica.coop/en/whats-co-op/co-operative-identity-values-principles,Accessed 14th March 2018.

Jain, P. (1996) 'Managing credit for the rural poor: lessons from the Grameen Bank', *World Development,* 24(1): 79 — 89.

Jonker, K. (2009) "In the Black with Brac", *Stanford Social Innovation Review,* Winter 2009.

Laasch, O. and Conway, R. (2015) *Principles of Responsible Management.* New York: Cengage Learning.

Laville, J. (2015) 'Social solidarity economy in historical perspective'. in Utting, P. (ed), *Social and Solidarity Economy: Beyond the Fringe,* London: Zed Books, Chapter 1 (eBook).

Leadbeater, C. (1997) *The Rise of the Social Entrepreneur.* London: Demos.

Lehner, O. (2013) 'Crowdfunding social ventures: a model and research agenda', *Venture Capital: An International Journal of Entrepreneurial Finance,* 15(4): 289-311.

Lund, M. (2011) *Solidarity as a Business Model: A Multi-stakeholder Co-operative's Manual* (Kent OH, Kent State University).

—— (2012) 'Multi-stakeholder Co-operatives: Engines of Innovation for Building a Healthier Local Food System and a Healthier Economy' *Journal of Co-operative Studies,* 45(1): 32-45.

Mason, C., Kirkbridge, J. and Brdye, D. (2007) 'From Stakeholders to Institutions: the Changing Face of Social Enterprise Governance Theory', *Management Decision,* 45(2): 284-301.

Mills, C. and Davies, W. (2013) *Blueprint for a Co-operative Decade,* Oxford: Centre for Mutual and Employee-Owned Business, https://ica.coop/en/media/library/the-blueprint-forthe-co-operative-decade.

Accessed on 2018-03-14

Moreau, C. and Mertens, S. (2013) 'Managers' Competences in Social Enterprises: Which Specificities?', *Social Enterprise Journal,* 9(2): 164-183.

Nicholls, A. (2006) *Social Entrepreneurship: New Models of Sustainable Social Change.* Oxford: Oxford University Press.

Novkovic, S. and Webb, T. (2014) *Co-operatives in a Post-Growth Era: Creating Co-operative*

Economics. London: Zed Books.

Ostrōm, E. (1990) *Governing the Commons: The Evolution of Institutions for Collective Action.* Cambridge: Cambridge University Press.

Ostrōm, E., Burger, J., Field, C., Norgaard, R. and Polcanski, D. (1999) 'Revisiting the commons: local lessons, global challenges', *Science,* 284: 278-282.

Restakis, J. (2010) *Humanizing the Economy: Cooperatives in the Age of Capital.* Gabroila Island, BC: New Society Publishers.

Ridley-Duff, R. and Southcombe, C. (2012) 'The Social Enterprise Mark: a critical review of its conceptual dimensions', *Social Enterprise Journal,* 8(3): 178-200.

Ridley-Duff, R. and Bull, M. (2016) *Understanding Social Enterprise: Theory and Practice,* London: Sage Publications.

—— (2018) 'The coming of age of the social solidarity economy', paper to *Welfare Societies in Transition - 3rd EMES-Polanyi International Seminar,* Roskilde, Denmark, April 16-17.

Ridley-Duff, R., McCulloch, M. and Gilligan, C. (2018) 'Six Forms of Wealth', in *FairShares Model V3.0a,* downloadable from http://www.fairshares.coop/fairshares-model

Accessed on 2018-03-14

Ridley-Duff, R. (2015a) *The Case for FairShares: A New Model for Social Enterprise Development and the Strengthening of the Social and Solidarity Economy,* Charleston: CreateSpace Independent Publishing Platform.

—— (2015b) 'The FairShares Model - an Ethical Approach to Social Enterprise?', *Econviews - Review of Contemporary Business, Entrepreneurship and Economic Issues,* 28(1): 43-66.

—— (2016) 'Professional development in work integration social enterprises', paper to *Osaka Social Policy Group, Kwansei Gakuin University,* 13th May, unpublished.

—— (2018) "The internationalisation of FairShares: where agency meets structure in US and UK company law", in Boeger, N. and Villiers, C. (eds), *Shaping the Corporate Landscape,* Oxford: Hart Publishing, pp. 309-332.

Rothschild, J., and Allen-Whitt, J. (1986) *The Co-operative Workplace.* Cambridge:

Cambridge University Press.

Scholtz, T. and Schneider, N. (eds) (2016) *Ours To Hack and Own: The Rise of Platform Cooperatives,* New York/London: OR Books.

Sepulveda, L. (2014) 'Social enterprise - a new phenomenon in the field of economic and social welfare?', *Social Policy and Administration,* 49(7): 842-861.

SHU (2014) *Democratising Co-operatives, Charities and Social Enterprise* REF Impact Case, Sheffield Hallam, http://impact.ref.ac.uk/CaseStudies/CaseStudy.aspx?Id=4965.

Sternberg, E. (1998) 'The Defects of Stakeholder Theory', Corporate Governance: *An International Review,* 5(1): 3-10.

Teasdale, S. (2012) 'What's in a name? Making sense of social enterprise discourses', *Public Policy and Administration,* 27(2): 99-119.

Vieta, M. (2010) 'The new co-operativism', *Affinities,* 4(1). Available at: http://affinitiesjournal.org/index.php/affinities/article/view/47/147

Accessed on 2015-04-23

Wenger, E. (1998) *Communities of Practice: Learning, Meaning and Identity.* Cambridge: Cambridge University Press.

Westall, A. (2001) *Value-led, Market-driven: Social Enterprise Solutions to Public Policy Goals.* London: IPPR.

Whyte, W. and Whyte, K. (1991) *Making Mondragon,* Ithaca NY: Cornell University Press/ILR Press.

Winn, J. (2018) 'The Co-operative University Now!', paper to *Co-operative Education Conference* 2018, Manchester, 1-2 May.

Yunus, M. (2007) *Creating A World Without Poverty: Social Business and the Future of Capitalism* (Kindle edn). New York: Public Affairs 【邦訳】猪熊弘子訳（2008）『貧困のない世界を創る　ソーシャル・ビジネスと新しい資本主義』、早川書房

第 10 章

Bayliss, K. and J. Gideon (2020) 'The privatisation and financialisation of social care in the UK.' *Working paper No. 238, The SOAS Department of Economics Working Paper Series,*

University of London, ISSN 1753 – 5816 https://ideas.repec.org/p/soa/wpaper/238.html

Accessed on 2021-01-25

CQC (2018) *How we do our job Ratings*, https://www.cqc.org.uk/what-we-do/how-we-do-our-job/ratings

Accessed on 2021-04-11

Hudson, B. (2016) 'The failure of privatised adult social care in England:what is to be done?', *The Centre for Health and the Public Interest (CHPI)*, https://chpi.org.uk/wp-content/uploads/2016/11/CHPI-SocialCare-Oct16-Proof01a.pdf

Accessed on 2020-06-18

Le Grand, J. and W. Bartlett, eds (1993) *Quasi-Markets and Social Policy*, Macmillan.

Naylor, A. and J. Magnussuon (2020) 'Data that cares' *Report for Future Care Capital*, https://futurecarecapital.org.uk/wp-content/uploads/2020/03/Data-that-cares-full-report-single.pdf

Accessed on 2021-01-25

Triggle, N. (2017) 'What is gone wrong with social care 10 charts that show what's gone wrong with social care', *BBC news*, published 24 February 2017,https://www.bbc.com/news/health-39043387

Accessed on 2021-02-13

Whitfield, D. (2012) 'The Mutation of Privatisation : A critical assessment of new community and individual rights.' *European Services Strategy Unit － Research Report No. 5.* https://www.researchgate.net/publication/294232591_The_Mutation_of_Privatisation_A_critical_assessment_of_new_community_and_individual_rights

Accessed on 2020-06-18

和文（翻訳本を含む）

グレーバー , D.（2016）『負債論　貨幣と暴力の 5000 年』酒井隆史監訳、以文社

ハーヴェイ , D.（2007）『新自由主義　その歴史的展開と現在』渡辺治監訳、森田成也・木下ちがや・大屋定晴・中村好孝訳、作品社

山本惠子（2016）『英国高齢者福祉政策研究　福祉の市場化を乗り越えて』法律文化社

山本隆（2003）『イギリスの福祉行財政　政府間関係の視点』法律文化社

ルグラン , J.（2008）『公共政策と人間　社会保障制度の準市場改革』郡司篤晃監訳、聖学院大学出版会

――（2010）『準市場　もう一つの見えざる手　選択と競争による公共サービス』後房雄訳、法律文化社

第 11 章

Le Grand, J. and Bartlett, W. (1993) *Quasi-Markets and Social Policy*, Macmillan

Whitfield, D. (2012)' The Mutation of Privatisation : a critical assessment of new community and individual rights.' *European Services Strategy Unit – Research Report No. 5*

大阪府福祉部高齢介護室（2018）「大阪府高齢者福祉計画 2018」

公益財団法人介護労働安定センター（2020）「令和元年度介護労働実態調査結果について」http://www.kaigo-center.or.jp/report/pdf/2020r02_chousa_jigyousho_chousahyou.pdf

検索日：2020 年 10 月 7 日

厚生労働省（2020）「令和 2 年度介護報酬改訂について」https://www.mhlw.go.jp/content/12601000/000518047.pdf

検索日：2020 年 10 月 7 日

――(2020)「令和 2 年度介護事業経営実態調査結果の概要」https://www.mhlw.go.jp/toukei/saikin/hw/kaigo/jittai20/dl/r02_gaiyo.pdf

検索日：2020 年 10 月 7 日

――「賃金構造基本統計調査の職種別賃金額」https://www.mhlw.go.jp/file/05-Shingikai-10701000-Daijinkanboutoukeijouhoubu-Kikakuka/shiryo2-9.pdf

検索日：2020 年 10 月 7 日

――「令和 2 年度賃金構造基本統計調査」https://www.mhlw.go.jp/toukei/itiran/roudou/chingin/kouzou/z2019/dl/05.pdf

検索日：2020 年 10 月 7 日

小竹雅子（2018）『総介護社会　介護保険から問い直す』岩波書店

財務省（2019）「医療・介護について」https://www5.cao.go.jp/keizai-shimon/kaigi/special/reform/wg1/20191114/shiryou1.pdf

検索日：2020 年 10 月 7 日

東京商工リサーチ（2020）「2020 年上半期『老人福祉・介護事業』の倒産状況」
　　https://www.tsr-net.co.jp/news/analysis/20200707_02.html

検索日：2020 年 10 月 7 日

東京地方裁判所訴状文（2019）「ホームヘルパー国家賠償訴訟」https://helper-
　　saiban.net/archive/pdf/sozyou.pdf

検索日：2020 年 05 月 16 日

坪井良史（2018）「訪問介護における介護報酬設定についての研究　基本報酬
　　の妥当性に焦点を当てて」『社会福祉学』第 59 巻第 3 号 44-54

あとがき

池上淳（1989）『福祉と協同の思想』青木書店

大高研道（1996）『現代生活協同組合論の基本視角　二元論的把握から矛盾
　　論的把握へ』北海道大學教育學紀要 71 巻 https://eprints.lib.hokudai.ac.jp/
　　dspace/bitstream/2115/29506/1/71_P97-113.pdf

小野澤康晴（2017）『経済学の動向と協同組合の位置付け』特集協同組合の
　　理論と制度『農林金融』2017 年 12 月号第 70 巻通巻 862 号　https://www.
　　nochuri.co.jp/kanko/pdf/nrk1712.pdf

賀川豊彦（2012）『協同組合の理論と実際 復刻版』日本生活協同組合連合会

清水哲朗（2007）『協同組合理論の展開と今後の課題』『農林金融』2007 年
　　12 月 号 第 60 巻 第 12 号 通 巻 742 号　https://www.nochuri.co.jp/report/pdf/
　　n0712re1.pdf

高木郁朗監修・教育文化協会・労働者福祉中央協議会編（2016）『共助と連帯
　　労働者自主福祉の意義と課題』明石書店

索引事項

地 名 事 項

人名事項

【執筆者紹介】

山本　隆（やまもと　たかし）

（執筆担当：まえがき　1〜8章　10章2・3　あとがき）
ローカル・ガバナンス研究所所長、元関西学院大学人間福祉学部教授
岡山大学大学院文化科学研究科博士課程修了（学術博士）
専門　ローカル・ガバナンス論、福祉行財政論、社会起業論

主な著書
（単著）『福祉行財政論　国と地方からみた福祉の制度・政策』中央法規、2002年
（単著）『イギリス福祉行財政　政府間関係の視点』法律文化社、2003年
（単著）『ローカル・ガバナンス　福祉政策と協治の戦略』ミネルヴァ書房、2009年
（編著）『社会的企業論　もうひとつの経済』法律文化社、2014年
（単著）『貧困ガバナンス論　日本と英国』晃洋書房、2019年
主な翻訳書
（監訳）ビル・ジョーダン『英国の福祉　ソーシャルワークにおけるジレンマの克服と展望』啓文社、1992年
（共訳）ノーマン・ジョンソン『福祉国家のゆくえ　福祉多元主義の諸問題』法律文化社、1993年
（共訳）アラン・ウォーカー『ソーシャルプランニング　福祉改革の代替戦略』光生館、1995年
（監訳）ノーマン・ジョンソン『グローバリゼーションと福祉国家の変容国際比較の視点』法律文化社、2002年
（共訳）ボブ・ジェソップ『資本主義国家の未来』御茶の水書房、2005年

山本　惠子（やまもと　けいこ）

（執筆担当　10章1・4・5・資料　11章）
神奈川県立保健福祉大学教授
立命館大学大学院博士後期課程社会学研究科応用社会学修了　博士（社会学）
専門　高齢者福祉論、英国高齢者福祉政策

主な著書
（単著）『行財政から見た高齢者福祉　措置制度から介護保険へ』法律文化社、2002年
（共編著）『社会福祉行財政計画論』法律文化社、2011年
（単著）『英国高齢者福祉政策研究　福祉の市場化を乗り越えて』法律文化社、2016年
（共編著）『貧困プログラム　行財政政策の視点から』関西学院大学出版会、2019年
（共訳）イギリス保健省・社会サービス監査庁・スコットランド庁・ソーシャルワークサービスグループ編『ケアマネジメント─実践者とマネジャーの指針』学苑社、1996年

八木橋　慶一（やぎはし　けいいち）

（執筆担当　9章）
高崎経済大学地域政策学部教授
関西学院大学大学院人間福祉研究科博士課程修了　博士（人間福祉）
専門　社会起業論、ローカル・ガバナンス論

主な著書
（共著）『福祉社会デザイン論』、敬文堂、2021年
（単著）「イギリスにおける地域再生と社会的企業の動向」『ノンプロフィット・レビュー』、2021、20（2）
（単著）「イギリスにおける社会的企業振興策と「ビッグ・ソサエティ」についての一考察」『産業研究』2020年、55（1・2）

マデリン・ピル（Madeleine Pill）

（執筆担当：2章）

シェフィールド大学都市研究計画学科　上級講師

専門　公共政策学、ガバナンス論

業績

（単著）

Governing Cities ,2021, Springer International Publishing.

Neighbourhood collaboration in co-production: state-resourced responsiveness or state-retrenched responsibilisation?,*Policy Studies*. 2021

Embedding in the city? Locating civil society in the philanthropy of place,*Community Development Journal* ,2019, 54(2).

ローリー・リドリー＝ダフ（Rory Ridley-Duff）

（執筆担当：9章）

シェフィールド・ハラム大学教授

専門　協同組合論、社会起業論

業績

（単著）

The Case for FairShares: A New Model for Social Enterprise Development and the Strengthening of the Social and Solidarity Economy, 2015, CreateSpace Independent Publishing Platform.

（共著）

Understanding Social Enterprise: Theory and Practice, 3rd edition, 2019, Sage Publications.

ディビッド・レン（David Wren）

（執筆担当：9章）

シェフィールド・ハラム大学上級講師

専門　人的資源管理論、組織行動論

業績

（単著）

'The culture of UK employee-owned worker cooperatives' *Employee Relations,* 2020, http://doi.org/10.1108/ER-12-2018-0327

（共著）

'Ontologies of Employee Ownership: A Comparative Analysis of Trust-Owned, Directly-Owned and Cooperatively-Owned Enterprises' *Journal of Entrepreneurial and Organizational Diversity*, 2021, 10 (1)

ニューミュニシパリズム

グローバル資本主義を地域から変革する新しい民主主義

2022 年 5 月 26 日　初版 第 1 刷発行

編著者	山　本　　　隆
	山　本　惠　子
	八　木　橋　慶　一
発行者	大　江　道　雅
発行所	株式会社 明石書店

〒 101-0021 東京都千代田区外神田 6-9-5
電話 03（5818）1171
FAX 03（5818）1174
振替　00100-7-24505
https://www.akashi.co.jp/

組版／装丁	明石書店デザイン室
印刷／製本	モリモト印刷株式会社

（定価はカバーに表示してあります）　　　ISBN978-4-7503-5366-1

地域から国民国家を問い直す

スコットランド、カタルーニャ、ウイグル、琉球・沖縄などを事例として

奥野良知 編著

■四六判／並製／288頁 ◎2600円

一つの国家に一つのネイション〈国民＝民族〉と一つのアイデンティティしか認めない「国民国家」と対峙する少数派は吸収・統合されるしかないのか？　それとも独立か？　複数のネイションが共存する国家は可能なのか？　欧州、カナダ、中国、日本を例に考察。

グローバル資本主義と〈放逐〉の論理

不可視化されゆく人々と空間

サスキア・サッセン著　伊藤茂訳

◎3800円

社会喪失の時代　プレカリテの社会学

ロベール・カステル著　北垣徹訳

◎5500円

増補改訂版　共助と連帯

高木郁朗監修　教育文化協会、労働者福祉中央協議会編

労働者自主福祉の意義と課題

◎2500円

そろそろ「社会運動」の話をしよう［改訂新版］

社会を変えるための実践論講座編

身ごととして考え、行動する。社会を変えるための実践論

◎2100円

グローバル・ベーシック・インカム入門

岡野内正著／クラウディア・ハーマン、ディルク・ハーマン、ヘルベルト・ヤウフ、ヒルマ・シンドントゥ、モテミ・ゴリ、ナットラスほか著

◎2000円

連帯経済とソーシャル・ビジネス

貧困削減・富の再分配のためのケイパビリティ・アプローチ

池本幸生、松井範惇編著

◎2500円

世界を動かす変革の力

アリシア・ガーザ著　ブラック・ライブズ・マター共同代表からのメッセージ

人権学習コレクティブ監訳

◎2200円

世界の危機と再編のシナリオ

日本政治の役割は何か

向井豊明著

◎2500円

〈価格は本体価格です〉

ローマクラブ『成長の限界』から半世紀
Come On!
目を覚まそう！

環境危機を迎えた「人新世」をどう生きるか？

エルンスト・フォン・ワイツゼッカー、アンダース・ワイクマン 編著

中村秀規 訳者代表

林良嗣、野中ともよ 監訳

森杉雅史、柴原尚希、吉村皓一 訳

■ A5判／並製／328頁 ◎3200円

地球と人類の未来に向けて提言を続けるローマクラブが、ミリオンセラーとなった『成長の限界』から50年を経て、両共同会長を編者に35名の著名会員の執筆を得て贈る、20世紀文明がもたらした大問題を総括するレポート。人新世・SDGsの時代に、地球環境と人類社会の持続のため何ができるかを様々な視点から探究する。

—→ 内容構成 ←—

日本語版 はじめに

第1章　人類の今の歩みが持続可能だなんて言わないでください！

第2章　合わなくなった世界観にしがみつかないで！

第3章　さあ！持続可能な世界を目指すわくわくするような旅に参加しよう！

結論──わたしたちと一緒に始めよう！

スモールマート革命　持続可能な地域経済活性化への挑戦

マイケル・シューマン著　毛受敏浩監訳 ◎2800円

貧困克服への挑戦　構想　グラミン日本

グラミン・アメリカの実践から学ぶ先進国型マイクロファイナンス

菅正広著 ◎2400円

福祉NPO・社会的企業の経済社会学

商業主義化の実証的検討

桜井政成著 ◎4200円

図表でみる世界の保健医療　オールカラー版

OECD編著　鐘ヶ江葉子監訳　村澤秀樹訳 ◎6000円

図表でみる世界の年金

OECDインディケータ(2019年版)

OECD編著　岡部史哉監訳 ◎7200円

図表でみる世界の行政改革

OECDインディケータ(2019年版)

OECD編著　平井文三訳 ◎6800円

地図でみる世界の地域格差　都市集中と地域発展の国際比較

OECD地域指標2020年版　オールカラー版

OECD編著　中澤高志監訳 ◎5400円

増補改訂版 日本ボランティア・NPO・市民活動年表

大阪ボランティア協会ボランタリズム研究所監修　岡本仁宏、

永岡正己、早瀬昇、牧口明、牧里毎治、目加田説子、山岡義典編　右田易司 ◎15000円

アフターコロナの公正社会

学際的探究の最前線

石戸光、水島治郎、張暁芳 編

■A5判／並製／200頁 ◎3200円

2020年初頭から地球規模で顕在化したコロナ禍により、「社会的公正」が改めて問われている。2021年刊行『公正社会のビジョン』（水島治郎・米村千代・小林正弥編）の問題意識を継承しつつ、国内外の研究者が政治・経済・歴史・哲学および文化面を組み合わせて探究。

● 内容構成 ●

第1章 緊急事態における正しさ〔川瀬貴之〕

第2章 COVID-19ワクチンのグローバルな配分制度COVAXと公正〔藤澤巌〕

第3章 ヨーロッパ諸国のコロナ禍への対応と社会的公正〔水島治郎〕

第4章 APECのコロナ禍への対応と社会的公正〔石戸光〕

第5章 コロナ禍における幸福度と公正〔小林正弥〕

第6章 オーストラリアにおけるCOVID-19への政策対応と市民のウェルビーイング〔レンジャーオーズ〕

第7章 地域統合とコロナ禍をめぐる哲学および事例からの考察〔ジェラルド・モシャマー／ナタナリー・ポスリトン〕

第8章 ジェンダー格差の悪循環〔アフサナ・ベゴム〕

第9章 コロナ後のグローバルな経済協力の課題と可能性〔韓葵花〕

第10章 コロナ後の環境と経済〔張暁芳〕

第11章 近代日本文学と感染症〔張永嬪〕

公正社会のビジョン

学際的アプローチによる理論・思想・現状分析

水島治郎、米村千代、小林正弥 編

■A5判／上製／312頁 ◎3800円

広がる格差、政治への不満、ジェンダー間の不平等、雇用不安。絶望感と諦めが充満するなかで、それでも「公正な社会」を実現することは可能か。政治・経済・社会・法の諸側面を融合し討議を重ねてきたプロジェクトチームが、不公正な社会状況を打ち破る新たな秩序を提言。〔水島治郎・米村千代・小林正弥〕

● 内容構成 ●

序文 「公正な社会」に向けて〔水島治郎・米村千代・小林正弥〕

第1部 公正をめぐる理論と思想

第1章 公正にできることはまだあるか〔川瀬貴之〕

第2章 公正社会論の思想的展開〔小林正弥〕

第3章 多次元的な統合的公正社会理論〔小林正弥〕

第4章 「社会的公正」をめぐる意識の変容〔金澤悠介〕

第2部 「不公正社会」の現状分析

第5章 「不公正社会」への逆襲なのか〔水島治郎〕

第6章 社会的包摂の現在〔米村千代〕

第7章 家族における平等と包摂〔濱田江里子〕

第3部 グローバル公正社会の構想

第8章 メコン川流域の開発と市民社会〔五十嵐誠一〕

第9章 深刻化する環境問題と食料安全保障〔李想・小林正弥〕

第10章 グローバルな社会サービス供給の模索〔日野原由未〕

第11章 地域統合と社会的公正の新時代〔石戸光〕

第12章 条約の脱退条項の機能〔藤澤巌〕

〈価格は本体価格です〉

マルクス 古き神々と新しき謎
失われた革命の理論を求めて

マイク・デイヴィス 著
佐復秀樹 訳　宇波彰 解説

■四六判／並製／392頁 ◎3200円

感染症やスラムの問題など、グローバリズム下での社会矛盾を鋭く論じてきた著者が、マルクス、エンゲルスの思想に立ち戻って読み直し、彼らの時代の階級闘争とは異なる様相を呈し、また地球環境危機の進む現代における新たな変革の可能性を追究する。

マルクス主義理論のパラダイム転換へ
マルクス・エンゲルス・レーニン国家論の超克

大藪龍介 著

■A5判／上製／280頁 ◎5000円

二世紀におよぶマルクス主義の歴史の中で『資本論』を頂点とする経済学研究に比して成果の乏しい政治理論・国家論に焦点を当て、マルクス、エンゲルスの原基からその後の展開の総体について新たな視角から根底的に再検討し、新たな人間解放の理論を探究する。

〈価格は本体価格です〉

左派ポピュリズムのために

シャンタル・ムフ 著

■四六判/上製/152頁 ◎2400円

山本圭、塩田潤 訳

私たちはまさに「ポピュリスト・モーメント」の只中にいる――。「ポスト政治」的状況において左派ポピュリズムの可能性とは何か。「少数者支配」に対抗する「人民」を構築し、民主主義を回復・深化させるためのラディカル・デモクラシー戦略を提示する。

● 内容構成

ポピュリズムの理性

エルネスト・ラクラウ 著

■四六判/上製/416頁 ◎3600円

澤里岳史、河村一郎 訳 山本圭 解説

政治理論家ラクラウによるポピュリズム論の金字塔的著作。ポスト・マルクス主義の政治理論を深化させ、侮蔑的に論じられがちなポピュリズムを政治的なものの構築の在り方として精緻に理論化。根源的、複数主義的な民主主義の構築のために、政治的主体構築の地平を拓く。

● 内容構成

〈価格は本体価格です〉

BREXIT

「民衆の反逆」から見る英国のEU離脱

緊縮政策・移民問題・欧州危機

尾上修悟 著

■四六判/上製/400頁 ◎2800円

本書は、イギリスのEU離脱を、世界的なナショナリズム・排外主義によるものと同一視することなく、緊縮政策と労働政策により困窮した大衆によるイギリス・EUのガヴァナンスに対する抵抗ととらえ、政治・経済的な深い分析のもとに論ずる。

ドイツ社会国家における「新自由主義」の諸相

赤緑連立政権による財政・社会政策の再編

福田直人 著

■A5判/上製/216頁 ◎3800円

ドイツにおける2002-2005年の第二次赤緑連立政権（社会民主党・緑の党）期に焦点を当て、財政・課税改革、社会保障・社会政策改革の実相を明らかにすることを通じて、同国における新自由主義の諸相とその相克を詳細に分析する。

〈価格は本体価格です〉

不平等と再分配の経済学

格差縮小に向けた財政政策

トマ・ピケティ 著
尾上修悟 訳

■四六判／上製／232頁 ◎2400円

大著『21世紀の資本』の原点ともいえ、1990年代に刊行後改訂を重ねる概説書の邦訳版。経済的不平等の原因を資本と労働の関係から理論的に分析するとともに、その解消のために最も重要な方法として、租税と資金移転による財政的再分配の役割を説く。

コロナ危機と欧州・フランス

医療制度・不平等体制・税制の改革へ向けて

尾上修悟 著

■四六判／上製／352頁 ◎2800円

コロナ流行の一大震源地になった欧州、中でも感染が極度に拡大したフランスを中心対象とした複合的危機を生んだメカニズムを分析するとともに、政治、経済、社会すべての複合的危機を生んだメカニズムを分析するとともに、西洋・グローバリゼーションモデルに対する、今後のポストコロナの世界を展望する。

〈価格は本体価格です〉